우리는 기자였다

우리는 기자였다

고대신문 창간 70주년 동인문집

사진·고대신문

고대신문 창간호 1947년 11월 3일, 1면

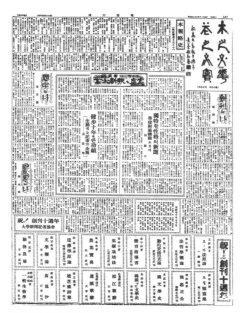

158호 2면 창간 10주년 기념호

238호 2면 4.19당시 고대신문

372호 1면 한일회담 규탄 시위 보도

829호 최초의 해외특별 취재 보도

"보다 많은 사람에게 보다 많은 의료혜택을"

싼값으로 의료수요를 충족시킬 수 있는 보건의료 전달체계개발 시급

947호 전면 가로쓰기로 전환

살아있는 言語로 영원한 眞理의 塔을 쌓자

지령 1000호 1면

내멋대로 한다? 네멋대로 해라!

1240호 주제탐구 중심으로 지면 개혁

"우리는 고려대의 발전을 소망한다"

2년 만에 열린 세종 전학대회

1663호 베를리너 판형 채택

1966년
편집실 풍경

1972년
편집실 풍경

1976년
조판 모습
왼쪽에서 부터 박현철(정외 73), 편집국장
김창욱(국문 69), 현인택(정외 74),
박보균(정외 73), 최미숙(사회 74),
조석균(무역 74) 동인

1977년
조판모습

1979년
편집실 풍경

1982년
편집실 풍경

1983년
편집실 풍경

1984년
편집실 풍경
뒤줄 왼쪽부터 안철홍(경제83), 임성수(정외84), 김민기(법83), 심재섭(식공83),
김신성(인문사회84), 송제훈(사회83), 이순범(철학84)

1986년
편집실 풍경

1987년
편집실 풍경

1991년
편집실 풍경

2017년
고대신문 편집실

2017년
고대신문 편집작업

1960년 4월
4.19 후 오천석 문교부장관 인터뷰
이용묵 취재부장

1962년 3월
전 국문총리 변영태 교수 신당동 자택에서
인터뷰

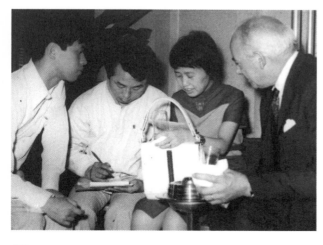

1973년 6월
로스토우 박사와 인터뷰 중
김수인, 박종렬, 이인호, 로스토우

1979년 1월
대학신문 최초의 해외특별 취재
취재팀 김방웅(사학 59)부주간, 임양원(사학
76)편집국장, 정윤석(국문 76)총무국장,
김대호(경제 77)취재2부장

1979년 8월
2차 해외특별 취재
시애틀 교우회 간부들과 함께
사진 왼쪽부터 김용태 동인, 이정기 동인,
김방웅 부주간, 시애틀 교우회 임원, 시애틀
교우회 임원, 박호식 교우회보 국장, 서진영
정외과 교수(서진영 교수는 당시 박사학위
취득한 뒤 모교 부임 직전이었다.)

1980년대
고대신문 사진기자가 사용했던 헬멧과
방독면

1962년 5월 5일
제1회 역사상 인물 가상재판

1963년 5월 5일
제2회 석탑축전 역사상 인물 가상재판
중간의 재판장(석탑대왕)은 목정균 동인

1965년 5월 5일
제4회 역사상 인물 가상재판에 선 피고인들

1968년 5월 5일
제7회 역사상 인물 가상재판

1968년 5월 5일
역사상 인물 가상재판의 청중

1970년 5월 5일
역사상 인물 가상재판에 입장하는 청중

1970년 5월 5일
역사상 인물 가상재판 단체사진
주요 출연진 : 석탑대왕 장병기, 무학대사 이방우, 와리바시 이동진, 디오게네스 김완태, 처용 최종귀

1974년 5월 5일
역사상 인물 가상재판 단체 사진
오랜 중단 끝에 다시 열려 학내는 물론 전 대학가, 전 사회적으로 큰 반향을 불러 일으켰다.
앞줄 왼쪽부터 장병기, 정병규, 정병길, 김효중, 우병동, 강명주, 한 사람 건너, 문경모
뒷줄 선사람 왼쪽부터 최숙자(서무), 최종귀, 이주윤, 장재성, 고명화, 고금석, 이강식, 박보균, 이범조, 김창욱, 변춘애

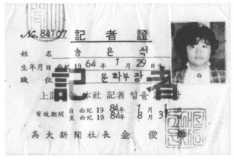

1967년 5월 5일
제6회 역사상 인물 가상재판 판결문과 대본
대본은 인쇄되어 길게 붙여진 것.
해학과 풍자의 소극 복사본 포함.
판결문은 필사본

1980년 5월 5일
13회 역사상 인물 가상재판 포스터

1984년
고대신문 기자증
82학번 송은석

1959년
고대신문 회식
오주환 선생(주간) 단골 '청풍옥'에서,
이용묵(경제 58) 신입기자 환영회
조항언(정외 56), 이양섭(상학 57), 박찬세(법학 55), 김석 (농과 57)
동인 등과 오주환 교수(정치 46)의 모습이 보임

1962년
광화문 네거리 고대신문 제작을 마치고 가자회원들과 회식 후
찍은 사진. 박노준 선생의 손에 되들이 소주병이 들려있는 모습이
인상적이다.
왼쪽부터 이광훈(국문 60), 박찬세(법학 55), 윤장근(국문 56),
목정균(국문 60), 이정원(경제 59), 박노준, 구본형, 이현희 등과 함께.

1952년
잔디밭에서
왼쪽부터 신원균(법52), 이정명(경제51),
장익태(경제52)

1961년
고대신문기자들과 함께,
교내 체육대회를 마치고.
서 있는 줄 왼쪽부터 안예환(사학60),
박명식(행정60), 민경찬(국문60), 김재정
(농학60), 정재원(정외59), 윤장근(국문56),
이정원(경제59), 김갑식(상학59)
아랫줄 왼쪽부터 변해수(정외60),
목정균(국문60)

1962년 2월 25일
졸업식 단체사진
의자에 앉은 분 좌부터 최락훈 사무처장,
유진오 총장 현승종 학생처장, 오주환 주간,
선 사람 좌부터 목정균(국문 60), 김신실
고대신문사 서무, 한 사람 건너, 변해수 기자(
정외 60), 윤장근 동인(국문 56),
뒷줄 좌부터 안예환(사학 60), 박명식(행정
60), 한현수(생물 56), 원종익 동인(농학
58), 장영호 기자(경제 60), 김부국(경영 60),
이정원(경제 59) 등

1962년
마니산에 올라 찍은 사진
왼쪽부터 목정균(국문 60), 이용묵(경제 58), 한현수(생물 56), 김현일
(경제 59)

1962년
광화문분실 옥상 고대신문 일동 - 지령 300호 신문 제작을 마치고
함께한 고대신문 기자들
뒷줄 왼쪽부터 이광훈(국문 60), 안예환(사학 60), 박명식(행정 60),
둘째 줄 왼쪽부터 한현수(생물 56), 변해수(정외 60), 윤장근(국문 56)

1960년대
고대신문 편집국장 출신 세 동인이 한자리에
오충수(국문 62), 오탁번(영문 64), 신근수(불문 65)

1979년 4월
4.18 20주년 때 기자들과 4.18기념비 앞에서
앞줄 왼쪽부터 김용태(사회 77), 김봉섭 옹(작고), 손연이(영문 79), 신승기(국어교육 79)
뒷줄 오른쪽부터 황호곤(중문 79), 정한영(의학 78), 박광온(사회 77), 금교돈(교육 79),
김대호(경제 77), 박보영(사학 79), 한 사람 건너, 김수인(사학 73)

1983년 겨울 첫눈 내리던 날
김준엽 총장님과 고대신문 기자들
왼쪽부터 정찬훈(경영 83), 신용우(화공 83) 안철훈(경제 83), 김우철(사학 83),
김승룡(국문 83) 김정태(독문 83), 김준엽 총장님, 송제훈(사회 83), 노영국(정외 82)
원준형(경제 82), 안정(국문 83), 천규정(인문국문 83), 한지수(심리 83), 김교만(정외 82)

1985년 8월
제주도 여름 MT에서 두 만화기자
'고타비' 장현덕(금속 84), '고민이' 박상욱(국문 85)

1986년 2월
편집실 풍경
왼쪽부터 김진국(심리 85), 유동진(의학 85), 이병곤(교육 85), 박상욱(
국문 85), 온종훈(경제 85), 박학래(철학 85), 권순회(국문 85)

1987년 11월 3일
고대신문 창간 40주년 기념식
차락훈, 정재각, 이항녕, 신일철 교수와 오경희 동인, 박찬세 동인
모습이 보임

1987년
고연전에 참석한 기자들과 동인들

1988년
역사상 인물 가상재판 준비 격려차 강당에
들른 동인들과 현역기자들

1988년 봄
신문사를 찾아온 동인들
왼쪽부터 김수언(경제 86), 양성동(심리 82),
최기인(경제 84), 김우철(사학 83), 강재형
(영문 82)

1988년 7월
오주환 선생 추도비 건립기념

1998년 1학기
제작부 기자들
왼쪽부터 임효택(국문 97), 서경은(일문
96), 서금영(산림자원 97), 김기용(국문 96),
오효림(지교 97)

2000년
고대신문 소동인회 '호경회' 회원들
왼쪽부터 이용묵(경제 58), 조덕연(법학
59), 신근재(법학 51), 박찬세(법학 55),
오충수(국문 62), 그 앞 이정원(경제 59) 동인

1968년 9월
홍보관

1986년
고대신문 배포금지

1970년 초
홍보관, 고대신문배포

1985년
고대신문 축쇄판
제1권 - 10권, 1947년부터 1985년까지
기획 홍지웅, 사진·자료 이임숙 이주현, 디자인 정병규

1987년
사진고대학생운동사 1905년 - 1985년
기획·편집 김용태, 사진·자료 송제훈 정동희
이주현 최인호, 디자인 정병규

2007년 11월
고대신문 창간 60주년 기념특별전 포스터

따따부따

오탁번

영문 64 | 고려대 명예교수, 시인

최루탄 가스 가득한 1965년 봄날
오충수 편집국장이 나를 부르더니
고대신문 견습기자 하지 않겠느냐 했다
대학생활이 통 재미없어서
술이나 마시며 갈팡질팡하던 나는
그냥 무턱대고 그의 말을 따랐다
이때부터 나의 생애는
운명이 시키는 대로 살별처럼 흘러갔다
내 젊은 날의 사진첩에는
같은 학과 친구는 하나도 안 보이고
고대신문 기자들만 올망졸망 하다
임종만 정운성 이화복 이윤희 정원교 이주윤 박용수
정영준 신근수 이창묵 박영호 김미혜 양혜경 신영원……
진짜 기자가 된 줄 알고
최루탄 가스 가득한 캠퍼스를 누비며
따따부따 시시콜콜
대학과 사회와 국가의 미래를 논하면서
시간 가는 줄 모르고 막걸리에 취했다가
하루걸러 통금에 걸렸다
학점은 겨우 턱걸이 하면서

곡필아세 뿌리치는 무관의 제왕이 된 듯
존재하지도 않는 관을 머리에 쓰고
북악산 기슭 안암의 언덕에서
광화문에서 신촌에서 청파동에서
공술 마시며 잘 놀았다
고대신문 기자니까
그래도 됐다 그래야 했다
오주환 선생과 박찬세 목정균 이태영 선배도
기자들의 앞날이 어둠 뿐이라는 걸 알면서도
고분고분한 학생기자들만 데리고는
핏빛 고대신문 깃발 펄럭일 수 없다 믿었다
당신들도 왕년에 그런 몽상의 세월을 지나
다들 제 자리에 우뚝 우뚝 섰으니까
넌지시 웃으면서 고개 끄덕였다
기사가 좀 문제 돼 배포금지되면
언론탄압 분쇄하자며 주먹을 쥐고
대학신문의 효시 고대신문이
유일무이한 반독재 신문이라 믿으면서
하늘 높은 줄 모르고 이리저리 뛰었다
역사상 인물 가상재판이 열릴 때면
대법원 재판 하는 검사나 판사라도 된 듯
역사의 반역자들을 깡그리 부관참시하였다
유진오 총장과 이종우 총장도
조지훈 현승종 조동필 이항녕 윤세창 선생도
고대신문 기자들이 아니면
자유 정의 진리의 석탑이 와르르 무너진다 믿고
등록금도 감면해주면서
맛있는 불고기도 심심찮게 사주셨다
'나가자 폭풍같이 고대 건아여'

피 끓는 응원의 노래 부르면서
불의와 위선을 잡도리하였다
대학을 졸업하고
바람 부는 사회에 나와 홀로 섰을 때
아아, 이거 큰 일 났구나!
대학생활 헛했다는 생각이 들긴 했지만
그러나 고대신문 기자의 깡다구는 여전했다
고대신문 기자 출신인데
그까짓 일간지 견습기자 시험을 본다고?
반항과 허세로 똘똘 뭉친
막무가내 고대신문 기자는 용감했다
견습기자, 기자, 문화부장, 편집국장
기자의 한 생애를 3년 만에 뚝딱 마친
뼛속까지 진짜 기자였던
그때 그 고대신문 기자가
반세기가 지난 지금도
여전히 세상만사 따따부따 따진다
시시껄렁한 명리에
눈비음하지 않은 채
한 생애를 낙낙히 건너가고 있는
아아!
2017년 11월 3일
고대신문 창간 70주년의 아침

우리는 열정을 어디에서 배웠나

최광식
고대신문동인회 회장

모든 고대인의 정론지 고대신문(高大新聞)이 올해로 창간 70주년을 맞았다. 대학신문의 효시로 1947년 창간된 이래 정론직필(正論直筆)의 자세로 달려온 고대신문의 70년은 고려대학교 역사뿐만 아니라 한국 대학언론사에 빛나는 금자탑이라고 해도 과언이 아닐 것이다.

고대신문이 창간되던 무렵은 내부적으로 모교가 해방과 더불어 보성전문에서 고려대학이라는 4년제 종합대학으로 승격된 영광의 시기였다. 그러나 나라 전체로 볼 때에는 일제강점기에서 막 벗어나 정부가 새로 수립되어 기반을 잡기도 전에 좌우대립으로 날을 지새우던 혼란한 해방공간이었고, 민족분단을 가져온 전란의 포화가 가득했던 환란의 시절이었다.

이런 어지러운 시절에도 고대신문의 선배들은 '진리와 인격의 일원적 탐구연마'와 '역사적인 것과 비논리적인 것의 본질 파악'이라는 기치를 높이 들고 고난과 환란에 굴하지 않는 군건한 도전정신으로 대학언론의 기틀을 잡고, '아카데미즘과 저널리즘의 조화'라는 대학언론 본연의 목적에 충실한 길을 일관되게 걸어왔다.

한국 현대사가 산업화와 민주화라는 다소 모순되어 보이는 두 가지의 시대적 여망을 역동적으로 구현해내는 과정에서 고대신문이, 구체적으로는 고대신문 기자들이 맡아 행하였던 역사적 역할 또한 막중하였음은 자타가 공인하는 바이다. 오늘 고대신문 기자 출신들의 모임인 '고대신문동인회(高大新聞同人會)'에서는 창간 70주년을 맞아 '우리는 기자였다'라는 제하의 문집을 펴낸다. 이 문집 속에는 수많은 인물들의 다채로운 역사적 경험이 그들이 살아왔던 시절만큼이나 다양하고 개성 있는 문체로 펼쳐지고 있다.

고대신문 동인들은 모두 '나는 고대신문 기자였다'는 실존적 경험을 공유하는 사람들이다. 그러므로 이 문집은 우리 사회 곳곳에서 고대신문 시절의 열정과 그때 연마하고 함양했던 불굴의 기자정신과 저항의식을 바탕으로 우리 사회 발전을 위해 헌신해 온 분들의 지나온 70년의 뜻깊은 기록이라 할 수 있다.

오늘 고대신문 창간 70주년을 자축하며, 70주년 기념 문집 출간의 기쁨을 고대신문 창간 동인들을 위시하여 지금까지 고대신문을 만들고 지켜왔던 수많은 선후배 동인 여러분과 다 함께 나누고 싶다.

2017년 11월 3일

창조적 교육운동의 연병장

김인환
1984~1986년 주간 | 고려대 명예교수

교육의 핵심은 꼭 필요한 것이 아닌데도 불구하고 학생들에게 부과되는 과잉 억압의 제거에 있다. 토마스 아퀴나스의 말대로 인간은 기쁨이 없이는 살 수 없는 동물이다. 나날의 기쁨을 박탈당한 학생들은 지겹게 되풀이되는 학교생활로부터의 일탈을 시도하게 된다.

교육의 기본 문제는 억압의 부재가 아니라 억압의 과잉에 있다. 가계부채 때문에 학자금이 부족한 학생들은 아르바이트로 시간을 다 보내고, 빚을 얻어 해외연수를 하고 와도 취직이 불가능한 상황에서, 학생들에게 천박한 실용주의 이외에 다른 목표를 요구하는 것 자체가 죄 짓는 것 같이 여겨지는 것이 현재 한국 대학의 실정이다. 강제 주입교육뿐 아니라 이러한 생활상의 곤란도 학생들에게 억압이 되지 않을 수 없다.

교육내용에 있어서도 문제는 쓸데없이 중요하지 않은 내용을 많이 가르치는 것이다. 기본개념을 확실하게 이해하게 하고 외국어를 정확하게 사용할 수 있도록 구성된 체계와 단계의 설정은 두말할 나위도 없이 교육의 핵심에 속하는 것이지만, 그 과정에서도 우리는 언제나 학생들의 관심과 흥미를 중요한 요인으로 고려하지 않으면 안 된다.

인간에게 흥미보다 신비로운 힘은 없다. 친구와 재미있게 이야기하고 있는 시간은 유난히 빠르게 지나간다. 누가 시키지 않아도 흥미 있는 일에는 저절로 몰두하게 된다. 만일 대학생이 자기가 배우는 학문에 흥미를 느낀다면 그것은 가장 바람직한 대학 생활의 조건이 될 것이다. 어떻게 보면 일상생활 자체가 흥미의 연속이라고 할 수도 있다. 삶은 사물에 대하여 관심을 지니고, 타인에 대하여 염려하는 과정 이외의 다른 것이 아니기 때문이다. 학문에 대한 흥미는 이러한 일상생활의 관심에 비교할 때 교제 같은 활동과는 동일하게 볼 수 없을 정도로 순수한 것이지만, 지식도 생활의 일부라는 관점에서는 생활의 관심과 통하는 면을 가지고 있다고 인정해도 무방할 것이다. 사람들은 서로 다른 대상에 흥미를 느낀다. 예를 들어, 기술에 대해 흥미를 지닌 사람과 예술에 대해 흥미를 지닌 사람은 전혀 다른 방향의 삶을 구상한다.

1965년 이스라엘 정치가 다비드 벤구리온은 이스라엘의 네게브 사막 스데 보케르 지역에 사막 개발을 위해 대학촌을 설립하였다. 과학과 기술로 훈련된 청년들을 사막에 끌어들이고 있는 이 대학촌은 1만 명의 학생과 이들을 가르칠 교수들을 위해 설계되었다. 이 대학촌의 일차적인 목적은 사막 개발 사업에 필요한 기술자를 양성하는 데 있었다. 주로 과학과 기술에 의존하고, 원자재에 크게 의존하지 않는 개발 방법을 결정하여 그 방법에 따라 실제로 사막을 개발하는 것이 이 대학에 부여된 임무였다. 대학과 기업을 하나로 통합하려는 이러한 실험은 직업 체계의 재생산에 성공한 대학의 예로서 기억될 만하다.

그러나 1968년 5월에 프랑스의 대학생들은 학생들의 창조력을 저하시키는 기술 교육에 반대하였다. 그들은 다음과 같이 주장하며 지식 중심의 교육 대신에 예술 중심의 교육을 요구하였다. "학생들이 자신의 능력을 자각할 수 있도록 학생들에게 더 많은 자유를 주어야 한다. 대학은 지식과 기술을 습득하는 장소가 아니라 책임 있게 생활할 수 있도록 준비하는 장소가 되어야 한다. 학생들이 경쟁심을 억제하고 연대감(連帶感)을 느낄 수 있도록 집단정신과 창조적 상상력을 함양해야 한다. 인격이라는 전체로부터 그 일부만을 계통적으로 분리하는 일을 당장 중지해야 한다."

대학은 교육의 목적을 획일적으로 설정하려고 하지 말고, 학생들이 보여 주는 흥미의 차이를 최대한으로 존중하려고 해야 한다. 환경과 접촉하면서 인간은 환경의 전체에 대하여 반응하지 않고 환경의 일부를 선택하여 그 일부에 대하여 반응한다. 반응할 환경을 적절하게 선택하지 못하여 흥미의 대상이 너무 산만하게 흐트러지면 정신이 혼동 상태로 떨어진다. 흥미들이 충돌을 일으키면 대학 생활이 불행하게 된다. 흥미들은 조화롭게 활동할 수 있도록 선택되고 조직되지 않으면 안 된다. 기회가 결여되어 불행한 경우보다 정신이 혼란하여 불행한 경우가 더 많은 법이다.

흥미를 조절하려 할 때에 취하는 방법에는 억압하는 길과 타협하는 길이 있는데, 억압은 대체로 피하는 것이 좋다. 도덕적 자아를 유지하려고 무의식의 욕망을 억압하면 참다운 흥미가 환기되지 않는다. 여러 흥미들을 타협시키면서 학문에 대한 흥미를 함양하는 것이 더 좋은 방법이다. 최선의 대학생활은 적극적인 흥미를 최대한도로 활동하게 하는 상태이고, 최악의 대학생활은 아무 데도 흥미를 느끼지 못하는 상태이다. 무기력하고 타성적인 생활을 스스로 위로하여 지식인의 고민이라고 하는 것은 일종의 자기기만이다. 학문에 대한 흥미를 기르기 위해서 대학생은 세 가지 기초 실력을 갖추려고 노력해야 한다.

① 고등학교에서 수학을 충실하게 훈련하지 못하고 대학에 들어와 학습에 애로를 느끼는 학생들은 화이트헤드의 『수학입문』 같은 책을 통하여 우선 수학의 기본 개념을 확실하게 체득해야 한다.

② 세 개의 외국어에 대하여 말하고 듣고 읽고 쓰는 최소한

의 능력을 단기간에 조직적으로 개발해야 한다. 영어·독일어·프랑스어를 제외하더라도 서반아어·러시아어·중국어·아랍어들은 모두 아우타르키(자급자족)을 형성할 수 있는 사회 경제적 배경을 지니고 있다. 이러한 언어를 사용하는 나라들에 비하여 한국은 그들의 언어를 통하지 않으면 지식과 상품을 그들과 교환할 수 없는 처지에 있다.

③ 인턴 과목을 확대하여 농촌과 공장에서 일하는 삶의 결을 체험하게 해야 한다. 이론과 실천의 분리는 한국 사회가 안고 있는 큰 병폐이다. 학생들은 판단하고 비판하기에 앞서 이 나라의 구석구석을 있는 그대로 보아야 한다. 대학생들에게는 지식을 현실의 불 속에서 단련할 수 있는 정열이 필요하고, 이 나라의 어디에 가서 누구를 만나더라도 함께 어울려 살 수 있는 능력이 필요하다. 대학생들은, 한 손으로 유럽의 기하학과 물리학을 분석하고, 한 손으로 무너져 가던 토지 문제를 분석하면서 주자학의 번쇄주의(煩瑣主義)에 반대하여 공자의 수사학(洙泗學)을 근원적으로 되살리려 하였던 정약용의 생애에서 배우는 바 있어야 할 것이다.

2004년 가을에 참석했던 일본 아키타 국제교양대학의 교양교육회의에서 불가리아의 건축가 게오르게 스타니셰프로부터 유럽의 학습자 주도 건축교육에 대해서 들을 기회가 있었는데 그것은 유럽 각 대학의 건축전공 학생들이 모여 교과과정을 만들고 담당 교수를 위촉하는 교육 프로그램이었다. 1년 단위로 교육 장소가 유럽의 이 대학에서 저 대학으로 바뀐다는 것이 다소 불편한 점인 듯했으나 그것조차도 에라스무스 장학기금에 의해서 여비와 숙식비가 제공되므로 언어와 국가를 넘어선 대화와 토론의 새로운 조건을 제공하는 기회가 될 수 있을 것 같았다.

우리의 경우에는 대학 간의 대화는 고사하고 같은 학과 안의 대화조차도 점점 축소되고 있는 것이 부인할 수 없는 실정이다. 고대신문을 통하여 학생과 교수는 하나의 대화공동체를 형성할 수 있다. 상호이해와 상호비판의 대화 공동체야말로 우리가 고려대학의 전통이라고 상정해 왔던 가치의 본질이다. 고대신문은 학과와 학부를 넘어서 고려대학교 구성원 전체에게 대화와 소통의 기회를 제공하는 교육 프로그램이 되어야 할 것이고 주간 교수는 학생 기자들과 함께 고대신문이 중심이 되는 고려대학 전체의 교육 프로그램을 조직하고 시행하는 공동주체가 되어야 할 것이다.

사람들과 어울려 함께 더 잘 살자는 것이 교육이므로, 교육에는 남의 자유를 존중하고 쓸데없이 남에게 간섭하지 말아야 한다는 타인 존중의 도덕이 내재한다. 정직과 관대의 기율은 교육의 기본 원칙이며, 이 원칙은 학생과 학생 사이에서 뿐만 아니라 교수와 학생 사이에서도 통해야 하고, 교수와 교수 사이에서도 통해야 한다. 교육의 진정한 적은 독단이다. 세상에 두루 통하는 진리를 매개로 하여 교수와 학생이 만나는 장소가 교육의 현장이다. 교육에는 어느 개인에게만 통하는 독단이 허용될 여지가 없다. 21세기의 한국 사회는 대중운동과 기술 혁신을 두개의 초점으로 삼고 타원형으로 회전하게 될 터인데, 독단은 대중 운동에도 방해가 되고 기술 혁신에도 방해가 된다. 노동 운동·여성 운동·환경 운동 등의 대중 운동은 차이를 무시하고 획일적으로 작용하는 국가 권력에 대항하여 소외된 사람들의 권리를 옹호하는 것인데, 대중 운동을 하는 사람들이 독단적 자아 편향에 사로잡힌다면 다양한 대중 운동들의 접합은 애초에 기대할 수 없게 된다. 또 기술 혁신을 통하여 생산 능률이 높아지고 이윤율이 올라가지 않으면 실업 수당·아동 수당·양로 연금이 늘어나지 못할 것이고, 의료 환경·교육 환경·주거 환경도 개선되지 못할 것인데, 자본가와 경영 간부들이 과거의 생산 기술에 독단적으로 집착한다면 기술은 혁신될 수 없을 것이다.

　현재 한국사회의 교육 불평등은 어느 모로 보더라도 용인의 정도를 넘어서 있다. 19세기에 장동 김씨 일문이 권세를 독점하여 동학란이 일어났는데, 21세기에는 서울 강남 반포 일원의 고등학교가 소위 SKY 대학을 독점하고 있으니 장차 무슨 난이 일어날지 예측할 수 없다.

　창조적 교육은 오래된 질문에 새롭게 대답하는 데서 나오는 것이 아니라 질문 자체를 새롭게 제기하는 데서 나오는 것이다. 자연을 이해하려면 먼저 자연 이해의 바탕 관념에 대하여 투철하게 숙고해 보아야 한다. 한국 교육 일반의 병폐는 바탕 관념에 대해서는 말하지 않고 문제 풀이 중심으로 수행되는 데 있다. 먼저 바탕 관념을 이해한 후에 제 손으로 실험하고 제 머리로 생각하면 누구나 과학자나 예술가가 될 수 있다는 사실을 우리는 베네수엘라의 엘 시스테마 프로그램에서 확인할 수 있다. 세계적인 지휘자 두다멜을 배출한 이 프로그램은 우범지대인 빈민가의 청소년을 교화할 목적으로 시작한 음악교육 프로그램인데 최소한의 바탕 관념을 철저하게 이해시키고 스스로 악기를 가지고 놀게 한 결과 범죄율이 감소했을 뿐 아니라 세계적인 연주자와 지휘자가 그곳에서 배출되었다.

　가르치는 것은 최소한의 바탕 관념으로 한정하고 모든 작업을 학습자 자신이 스스로 하게 하는 교육 프로그램의 개발은 우리 사회의 시급한 과제이다. 많이 가르치는 것보다 더 중요한 것은 가르치지 말아야 할 것을 가르치지 않는 것이다. 과학은 앎을 바탕으로 이미 알려진 사실들을 딛고 넘어서서 참을 추구하는 작업이다. 참을 추구하려면 앎이 내 삶에 궁극적으로 어떻게 연관되는가에 대하여 고심하지 않으면 안 된다. 문학은 상식과 통념을 넘어 삶의 새로운 의미와 가치를 발견하는 작업이다. 삶을 새롭게 바라보려면 과학이 알아낸 새로운 사실과 엄밀성을 수용하지 않으면 안 된다. 과학자는 과학의 기본전제에 대하여 반성하고 작가는 문학의 기본전제에 대하여 반성할 수 있는 겸손한 자세로 과학이 최고다라든가 문학이 최고라든가 하는 독단에서 한발 물러서서 자연과 인간의 통합적 이해를 향하여 대화를 시작해야 한다. 과학과 문학의 이러한 상생적인 형성과정에 고대신문이 담당해야 할 몫이 있을 것이고 이러한 역할의 보조자가 되는 데 고대신문 주간교수의 사명이 있을 것이다.

진정한 교육은 모든 사람의 친구가 되는 행동, 남의 신음 소리에 귀를 기울이는 행동을 통해서만 실현된다. 교육은 만나는 모든 사람을 친구로 대하고 그들의 고통을 자기의 상처로 여기는 생활 태도와 분리될 수 없다. 현재의 한국 교육이 전제로 삼고 있는 경쟁주의와 이기주의는 좀 더 합리적인 원리로 바뀌지 않으면 안 된다.

고대신문은 고려대학교의 교육뿐 아니라 한국 교육 전체를 창조적 교육으로 변형하는 위대한 교육운동의 연병장이 되어야 한다.

차례

005   사진·고대신문

고대신문 창간 70주년 기념시

033   **따따부따**

     오탁번   고려대 명예교수, 시인

발간에 부쳐

036   **우리는 열정을 어디에서 배웠나**

     최광식

고대신문의 교육적 의미

038   **창조적 교육운동의 연병장**

     김인환   고려대 명예교수

051   **만화 '타이거' 그리며 배운 역발상,
내 삶과 사업을 일으켰다**

     강명주   지지옥션·지지자산운용 대표이사

057   **운명입니다, 고대신문**

     강재형   MBC 아나운서

062   **뜨겁게, 거침없이, 그리고 용기 있게**

     권민정   위담한방병원 기획팀장

071 　김인환·오탁번 선생님과의 인연
　　　권순회　한국교원대학교 국어교육과 교수

080 　모든 날이 좋았다
　　　권혁철　한겨레신문 기자

085 　두 번째 기자생활
　　　김기용　동아일보 기자

090 　나를 키운 9.9할은 고대신문
　　　김민배　TV조선 대표이사 전무

095 　지금도 꿈에 나타나는 고대신문
　　　김영준　TBN 서울방송센터장

103 　'80년 5월의 언어' 지령 866호, 민주화
　　　기록 후회 없이 담았다
　　　김용태　전 조선매거진 경제미디어본부장

110 　고백하노니, 체포하시라
　　　김우철　서울역사편찬원장

119 　자신만의 틀 속에 세상을 꾸겨 넣으면
　　　안 된다는 걸 배운 시절
　　　김진국　융합심리학연구소장

131 　국회의원 배지와 고대 배지를 바꾸며 했던 약속
　　　김효중　전 출판인

137 　두 가지 상황 속에서 건진 행복
　　　박성덕　연리지가족부부연구소장

146 　고대신문과 '4.18 고대 선언문'
　　　박찬세　전 통일연수원장

151 　'우리는 기자가 아니었다'는 MBC 기자들
　　　앞에서 '우리는 기자였다'고 말하기
　　　박철우　전 서일대 교수·소설가

156 냉탕과 온탕 사이: 고대신문 지진아의 부적응 보고서
배진석 고려대 국제교육원 연구교수

163 님아, 그 블랙홀에 빠지면 큰일 나오
서금영 공존연구소 책임연구원

171 떠나지 않는 향냄새의 기억
성기영 통일부 통일정책협력관

176 84년 봄 가을, 내 인생의 화양연화
송은석 돈암정릉구역 주택 재개발 정비사업조합 상임이사

181 시뻘건 색 트라우마를 넘어서
안 정 명지전문대 문예창작과 교수

185 고대신문의 기자정신이여, 영원하라
윤주영 사진작가·전 문화공보부 장관

190 기자생활 60년째
이강세 광주MBC 사장

194 분노가 이끌어준 삶
이동진 차세대 리더 육성 멘토, 전 롯데계열사 CEO

202 나는 어떻게 잡종 교수가 되었는가
이욱연 서강대 중국문화학과 교수

208 새벽 4시30분 홍보관 204호
이지영 고대신문 재학동인회장

212 치마 입고 취재 다니면 뭐 어때서!
정민정 서울경제신문 기자

225 30년 만에 졸업하기
정병규 북디자이너

231 첫 키스와도 같은 고대신문과 만남
정세균 국회의장

236   고대가 곧 고대신문이었던 시절
정윤석   강남대 문헌정보학과 석좌교수

245   지금도 나는 기자를 꿈꾼다
조영석   아시아나항공 상무이사

250   10월 유신 이후 최초의 시위와 첫 농성 취재
최광식   전 문화부 장관, 고려대학교 사학과 교수

255   28년 전 대학생의 낭만, 그리고 최백호의 낭만에 대하여
최재현   스타트업 Bezib 대표

262   자물쇠 없는 문
한지수   SM Culture & Contents 프로듀서

276   백 투 더 퓨처(Back to the Future)
현인택   고려대 정외과 교수, 전 통일부 장관

282   고대신문아, 끝내 버텨라
황보경   중국어 번역가

292   '서울의 봄', 3중고의 청춘이 그립다
황호곤   대한체육회 100주년 기념사업부장

301   고대신문 연혁

우리는 기자였다

만화 '타이거' 그리며 배운 역발상,
내 삶과 사업을 일으켰다

강명주

축산 65 | 지지옥션·지지자산운용 대표이사

　나는 법원경매 정보 회사인 지지옥션 대표이사를 맡고 있다. 지지옥션은 1983년 창간한 계약경제일보에서 출발한 회사이다. 계약경제의 영어 표기 첫 글자 GG를 따서 2000년도에 회사명을 지지옥션으로 정해 새롭게 출발했다. 2010년에는 부동산펀드 운용회사인 지지자산운용을 설립해 역시 대표이사를 맡고 있다.

　언론에서는 나를 '한국 최초 부동산경매정보사업 창시자', 지지옥션을 '국내 최초 경매정보업체'라고 소개한다. 1983년 계약경제일보를 창간할 무렵, 경매정보를 사업 아이템으로 생각한 사람은 아무도 없었다. 채무자가 은행에서 빌린 돈을 갚지 못해 강제로 집행되는 법원경매는 당시 소수의 사람들이 그 정보를 독점하고 있었다. 나는 법원경매에 관한 정보가 더 많은 사람에게 공개돼야 한다고 판단했다. 경매물에 대한 정확한 정보가 있어야 사고자 하는 사람도 안심하고 입찰에 나설 것이고, 빚을 갚아야 하는 채무자도 높은 가격에 집을 팔 수 있기 때문이다.

　당시 내가 다른 누구도 생각하지 못했던 경매정보사업이라는 아이템을 떠올리고, 신문이라는 형태로 사업을 시작할 수 있었던 데에는 고대신문 만화기자로 활동했던 것이 가장 큰 힘이 되었다.

'타이거'를 아시나요?

나는 고대신문 1968년 3월 2일자 제493호부터 1974년 6월 18일자 제695호까지 네컷만화 '타이거'를 연재했다. 재학시절부터 시작해 졸업 후까지 7년 간, 정확히 200회를 끝으로 연재를 마쳤다. 고대신문 역사로도 그렇지만 아마도 대학신문 만화연재로는 전무후무한 기록이 아닐까 생각한다.

연재 당시 만화 제목은 한자 '打二巨'로 표기했다. 고려대생을 상징하는 호랑이 '타이거'를 만화 주인공으로 삼아 "폭력과 독재라는 거대한 두 가지 악을 타도한다"라는 뜻을 담았다. 당시 많은 이들이 학생운동을 통해 권력에 맞섰듯이, 나는 '타이거'를 통해 독재정권을 풍자하고 비판했다.

실제로 학생운동에 가담하고 고대신문 만화가 문제가 돼 경찰에 잡혀간 적도 있었다. 혹독한 고초를 당하면서도 나는 구치소에서 만화를 그려 다른 고대신문 기자에게 전달했다. 1969년 4월 21일자 고대신문에 게재된 그 만화에서 나는 네 컷 중 세 컷을 빈 칸으로 둔 채 마지막 컷에서 정보부의 감시를 받고 있는 '타이거'를 그린 후 "4월은 침묵을 지켜야만 하는 달"이라고 적었다.

어려서부터 만화를 그리는 데에 취미가 있었다. 선생님이 없어서 혼자 만화를 그려보곤 했다. 고대신문 만화 연재에 이어 졸업 후엔 고려대학교 졸업생들에게 발송되는 월간지 고대교우회보에도 만화를 그렸다. 교우회보 '타이거' 연재는 1990년 3월호부터 1999년 2월호까지 총 97회 게재했다. 학생 타이거가 교우 타이거가 된 셈이다. 민주화 시대인 만큼 교우회보 만화 '타이거'는 시대풍자보다는 고려대 졸업생들의 학교에 대한 애정과 선후배 문화를 주제로 다뤘다.

고대신문 만화 200회 연재, 고대교우회보 만화 9년 연재 덕

분인지 고려대 출신들이 모인 자리에서 가끔 '타이거' 이야기
가 나온다. 그럴 때면 나로선 그저 기쁘고 반갑다.

'광고 없는 선불제 신문'을 창간하다

나는 살면서 월급쟁이 생활을 1년 해봤다. 1973년 졸업 후
고대신문사 간사로 한 해 동안 근무한 것이 전부다. 졸업 후에
도 고대신문에 만화 '타이거'를 연재했던 이유이기도 하다. 직
장생활보다는 내 일을 해보고 싶은 욕망을 이기지 못하고 사업
을 시작했다.

첫 사업은 석유곤로를 제조하고 판매하는 일이었다. 아는 사
람의 소개로 곤로 생산 공장에 갔을 때, 철판을 자르는 굉음과
기름 묻은 장갑, 젊은이들의 이마에 맺힌 땀방울을 보면서 '내
가 해야 할 일이 이런 일이구나' 싶어 가슴이 두근거리기까지
했다. 하지만 결과는 3년도 못 가서 파산이었다. '곤로 만들다
가 골로 간 것'이다.

이후 다른 사업을 시작해야겠는데 자금이 없었다. 평생을 갚
아도 다 못 갚을 빚을 지고 재기해야 할 상황에서 자꾸만 고대
신문 시절 만들었던 신문 활자가 눈앞에 어른거렸다. '그래 신
문사를 하자.' 사무실 한 칸 마련할 돈도 없는 빈털터리가 신문
사를 차릴 꿈을 꾼 것이다. 공용 사무실에 책상 하나 놓고 나는
아내와 둘이서 법원경매 정보 신문을 만들기 시작했다. 신문이
라기보다는 찌라시가 맞는 표현일 것이다. 그게 우리나라 부동
산경매 정보사업의 출발이자 최초의 법원경매 정보신문인 '계
약경제일보'였다.

고대신문을 만들어본 경험이 계약경제일보 창간의 원동력이
었고, 만화 연재를 통해 배운 '역발상'이 사업의 성공을 가져왔
다. 나는 이런저런 일로 법원을 드나들며 경매 관련 정보가 소
수에게 독점되고 있다고 판단했다. 이 정보를 많은 사람들에게
공개해서 경매 브로커들로 인한 부조리를 해결하고 위기에 처

강명주

한 채무자들에게 도움을 주고 싶었다.

나는 계약경제일보를 '광고 없는 선불제 신문'으로 발행했다. 광고 없는 선불제 신문 발행이라는 기상천외한 일을 하게 된 것은 현실적인 이유와 함께 고대신문 만화기자로서 익힌 '역발상'이 작용한 결과이다.

영세한 신생 신문사에 와서 일할 광고장이도 구할 수 없었겠지만, 당시 유력 일간지를 비롯해 수많은 전문지와 주간지가 광고 유치에 혈안이 되어 있는데 그들과 경쟁하지 않는 유일한 방법은 아예 광고 없는 신문을 만드는 것이었다. 고대신문 간사 시절 '광고장이에 의존하는 신문은 망한다'라는 것도 배웠다. 광고 없이 내용만으로 승부하는 정보신문을 만들기 위해, 나는 서울에서 제주까지 법원이 열리는 곳마다 발로 뛰어 다녔다. 경매당한 집을 직접 찾아 조사하고 사진 찍고 등기부도 넣고 법원에서 누락시킨 정보까지 포함시켰다.

법원 경매장에 가서 200여 명의 입찰자들에게 뿌렸더니 줄을 서다 말고 뺏어가다시피 했다. 1,000원에 팔다가 2,000원으로 가격을 올렸는데도 금세 동이 났다. 천원짜리 지폐가 한 보따리가 됐다. 구독신청도 받았는데 하루에 몇 십 건에 이르렀다. 쏟아지는 구독신청에 신나는 것도 잠깐, 몇 달간 보내주었지만 수금이 안 됐다. 조선일보, 동아일보도 몇 개월씩 무가로 받는 입맛에 길들여진 사람들이 구독료를 내겠는가.

나는 한 번 더 승부를 걸었다. 바로 선불제로 전환한 것. 그런데 선불을 내고 구독을 하겠다는 독자들이 끊이지 않았다. 오히려 밀린 돈도 내고 들어오기 시작했다. 신문 구독료 선불제는 34년이 지난 지금까지도 우리나라 어떤 신문사도 이루지 못한 사건일 것이다. 회사 창설 이래 미수금이 제로인 회사, 외상 없는 회사가 있을까? 맨손에서 떠올린 꿈을 결국 이뤘고 그것이 지지옥션 34년 역사의 시작이었다.

역발상으로 역전하라

내 경영철학 혹은 좌우명은 '역발상으로 역전하라'이다. '뒤집다'라는 뜻의 역(逆)을 기업 경영에 접목해, 기존의 기업 운영 형태를 뒤집기 위해 혁신하고 새로운 성장 동력을 발굴해야만 성공할 수 있다고 확신했으며, 이를 실천해 왔다.

광고 없는 선불제 신문을 만들면서 나는 정보가 곧 산업임을, 말하자면 정보산업이라는 길이 있음을 사람들에게 보여줬다. 나는 스스로를 경매정보 관련 정보기술(IT)업자라고 여긴다. 처음 경매정보지를 만든다고 했을 때 주위 사람들 모두가 불가능하다고 만류했다. 남들이 보지 못한 곳에서 아이템을 찾고, 남들이 하지 않은 방식으로 사업을 했다. 역발상으로 역전을 이뤘다.

요즘 나는 "사람이든 기업이든, 퍼주고 망하는 곳은 없다"라는 말을 자주 한다. 당장의 수익성을 생각하면 손해로 보이지만 시간이 지나면 더 큰 결실로 돌아올 수 있는 일을 자주 경험한다.

지지옥션배 바둑대회는 2007년 시작해 올해 제11기 대회를 치렀다. 신사 대 숙녀 팀 대항전 형식으로 열리는 이 대회는 바둑을 좋아하는 사람들 사이에서 큰 인기를 모으고 있다. 작은 기업으로서는 부담될 만큼 큰 액수를 후원하는 행사이지만, 회사 지명도를 크게 높여줬다. 지지옥션 직원들에겐 출산 장려금으로 첫째에겐 100만원, 둘째에겐 300만원, 셋째에겐 500만원씩 지급하고 자녀 이름으로 통장을 개설해 매달 5만원씩 용돈을 지급한다. 매달 적지 않은 비용이 발생하지만 그만큼 직원들이 자부심을 갖고 일한다. 경주에 지은 지지호텔에서는 신혼 부부에게 2박3일간 무료로 방을 내준다. 젊은이들의 결혼 비용을 줄여주고, 국내 여행을 권장하려는 의도에서다. 이런 일들은 지금 당장은 손해로 보이지만, 길게 보면 기업 이미지도 좋게 하고 나라에도 좋은 일이기에 더 큰 결실을 맺을 것이다.

강명주

이런 역발상을 나는 고대신문에서 배웠다. 고대신문에 네컷 만화 '타이거'를 연재할 때 늘 마지막 컷에서의 반전을 노렸다. 그렇게 익힌 역발상이 내 삶과 사업을 일으켜 세웠다. 고대신문 창간 70주년을 맞아 만화기자로 일한 사람들이 모였다. 고대신문 만화기자 동인회(약칭 고만회)를 만들었는데, 나를 초대 회장으로 추대했다. 나는 기꺼이, 그리고 기쁘게 이 일을 맡았다. 때론 추억을 더듬겠지만, 이들과 만나며 다시 나는 젊은 시절로 돌아가는 반전을 꿈꾼다.

운명입니다, 고대신문

강재형

영문 82 | MBC 아나운서

바람 부는 어느 여름날, 막걸리 한 사발 들이켜고 동네 LP바를 찾았다. 손님끼리 술 권하며 안주 노나 먹는 일이 어색하지 않은 곳이다. 클래식에 간간히 재즈를 틀어주는 곳이니 딱 내 취향인 가게. 한창 때의 건축학도가 양해를 구하고 청한 음악이 재밌었다. 트로트인 듯 EDM(Electronic Dance Music)인 듯 묘한 음악? 어깨춤 덩실대게 하는 가수는 '꺾기 창법의 고수'인 김연자, 트로트 박자에 EDM 간주를 버무려 얹은 노래 제목은 '아모르 파티'였다. 아모르 파티는 '사랑 파티(party)'? 아니, 'Love of Fate'의 라틴어로 사뭇 철학적이기까지 한 제목이다.

'Amor Fati(운명애, 運命愛)'는 독일의 철학자 니체의 사상 중 하나로, '인간에게 필연적으로 다가오는 운명을 감수하는 것으로 그치는 것이 아니라, 이것을 오히려 긍정하고 자신의 것으로 받아들여 사랑하는 것이 인간 본래의 창조성을 키울 수 있다는 사상이다. (위키백과)

운명이라는 게 있기는 한 걸까. 아, 어쩌면 '운명'과 누구의 '한 마디'가 씨줄과 날줄로 엮어 고대신문에 홀리듯 들어갔는지 모른다. 그 덕에 어찌어찌 아나운서를 하며, 여태 카메라를 놓지 않고 있는지 또한 모르겠다.

딱 삼십 년 전 이맘 때, 어렵게 9학기 만에 교문을 나서고 군문을 거쳐 '방송쟁이'가 된 그때 일이 떠오른다. 설레고 떨리는 마음으로 나선 아나운서 공채 최종 면접. "영문학을 전공했고, 학보사 기자를 했는데 왜 아나운서가 되려 하느냐?" MBC 사장의 첫 질문이 생뚱했다. '문학 전공'과 '학내언론 경험'은 아나운서가 되기 위한 좋은 조건 아닌가, 싶었기 때문이다.

엉뚱한 질문으로 내 반응을 떠보려는 것이었을까. 순간의 침묵이 사장실 공기를 무겁게 누를 즈음 담담하게 말문을 열었다. "운명입니다." 그 '운명'의 실체가 무엇인지 지금 돌이켜 봐도 그럴 듯하게, 진지하게, 진심을 담아 답했다. 결과는 아시는 것과 같다. 높은 경쟁률을 넘어 유일한 남자 아나운서로 합격. 합격 소식을 들은 곳은 다른 곳이 아닌 홍보관 2층 편집 간사실이었다. 섬 동네 여의도에서 면접 치른 아나운서 지원자가 '물 건너고 산 넘어' 고대신문에 간 까닭은 대체 무엇이었을까. 혹시, 모천회귀(母川回歸)?

운명을 내세운 때문인지 모르지만 그렇게 아나운서가 되었다. 기자와 PD 따위는 동인 사회에 널려 있지만(?) 아나운서는 '가뭄에 콩 나기'보다 드문 일. 그렇게 고대신문 출신 두 번째 아나운서가 되었다. 첫 번째 주인공은 1976년 CBS 아나운서로 방송에 발 디딘 변춘애 동인이다. 근황이 궁금한 분은 여기로 가보시라(http://blog.naver.com/spring1). 여전히 맹렬히 살고 있다.

'운명' 아니, '아모르 파티'는 삼십 년에서 육 년을 더 거슬러 올라간, 내 나이 갓 스물 때 이미 어디인가에 똬리를 틀고 있었을 것이다. 1981년의 가을 어느 날 탑골 공원 언저리 순댓국집. 퀴퀴한 냄새 폴폴 풍겨나는 곳에 사내 몇이 소주잔을 기울이고 있었다. 대학생 한 명, 무명 배우 한 명, 재수생 한 명, 그리고 기억나지 않는 두엇. 술국을 앞에 놓고 권커니 잣거니 여러 순배 돌았을 무렵, 대학생이 솥뚜껑만한 손으로 재수생 등을 후려치듯 두드리며 연신 되뇌었다. "너, 고대신문 들어와라. 들어오면 좋다. 취재비도 주고 장학금도 준다. 무엇보다 너한테 어울린다. 고대신문, 재밌다." 남들이 들으면 '고대신문 들어가는 일'은 '고대 입학'과 무관한 것으로 오해할 법한 제안, 아니 강권이었다. '솥뚜껑 같은 손'의 주인공은 얼마 뒤 이른바 '문무대 109인 사건'으로 강제징집 당했고, 몇 달 뒤 그 재수생은 고대신문 기자가 되어 그의 빈자리를 채웠다. 그렇다, '그 재수생'이 바로 나였다.

꽃샘추위로 쌀쌀했던 1982년 3월의 어느 날 아랫목에 배 깔고 누워서 본 고대신문에 '운명'처럼 눈길이 머물렀다. '고대신문 사진기자 모집' 사고(社告)였다. 탑골 공원의 순댓국집, '학원녹화사업'으로 징집당한 벗의 '솥뚜껑 같은 손'이 굵직한 동판 제목 앞에 어른거렸다. 이튿날 홍보관 2층 편집국 문 앞에 서있는 나를 발견했다. 시험을 치르고, 곡절 끝에 '사진의 ㅅ도 모르고' 사진기자가 되었다. 그래서 사진기자 노릇은 잘 했을까. 카메라 들고 교정 안팎을 누비고 암실 들락거린 과정은 의미 있었다. 사진부장 문경모 동인의 '빳따'와 사진 제대로 하던 동기 이주현(농학 82) 동인에게 빚진 결과는 팔목할 만했다. 진짜? 궁금하신 이는 고대신문(1982~1983)에서 직접 확인하시기 바란다. 아래 사실을 보는 것만으로도 충분할지 모르겠지만.

1983년 10월 13일 여의도 광장. 버마 아웅산 국립묘지 폭발사고 희생자의 '합동 국민장'이 엄수되고 있었다. 장례위원장은 1982년까지 모교 총장이었던 김상협(金相浹) 국무총리였고 '순국 17위' 중에는 모교 교수 출신인 서상철(徐相喆) 동력자원부 장관이 있었다. 그의 딸은 영자신문 '그래니트 타워(The Granite Tower)'의 기자 서미혜(신방 83)였다. 현장 취재에 나서기로 했다. 당국의 허가를 받은 '공동취재단' 기자만 근

강재형

접촬영이 가능했던 상황이었지만 포기할 수 없었다. 교수 출신 장관의 비보(悲報)와 '동지애(同志愛)' 때문일까. '무허가'로 겁도 없이(?) 현장을 누비며 촬영했다.

영결식장은 여의도광장(현 여의도공원) 서쪽 중앙에 마련되었다. 폭탄 테러 뒤끝이라 경비는 그 어느 때보다 삼엄했다. 식장과 일반 추모객의 자리는 해자처럼 빈 공간으로 나뉘어 있었다. 100만의 인파를 헤치고 영결식장 가까이 접근했다. 축구장의 골에어리어처럼 직사각형으로 정복 경찰이 늘어서 있었다. 왼쪽에서 오른쪽에서 측면 공략을 해봐도 '앵글'이 나오지 않았다. 출입 통제선 뒤에서는 '200mm 망원렌즈'도 무용지물. '예까지 와서 밋밋한 사진을 찍을 수는 없는 일', '기자정신'이 꿈틀댔다. 쭈뼛거리면 잡히거나 쫓겨날 게 분명했다.

눈 딱 감고 텅 빈 통제구역 안으로 뚜벅뚜벅 걸어 들어갔다. 경찰과 경호·정보 요원의 눈총이 내게로만 향하는 느낌. 아무려나, 식장 양쪽 전면에 우뚝하게 설치된 '사진기자석' 층계를 당당하게 딛고 올라섰다. 쿵쾅거리는 심장을 추스르며 몇 커트나 찍었을까. 한숨 몰아쉬며 진정되어갈 즈음 누군가 내 팔을 잡아끌었다. 뿌리칠 수 없는 악력이었다. 광장 한 켠 인적 없는 곳으로 속절없이 끌려갔다. 어디에서 나타났는지 알 수 없는 손길이 머리끝부터 발끝까지 내 몸을 훑었다. 첩보 영화에서 보았던 그 장면이 내게 일어난 것이다.

당연히(?) 내게서 무기 따위의 위해물(危害物)은 발견되지 않았다. 그런 뒤 다른 곳으로 옮겨―다행히(?) 열린 공간이었다―간이 테이블 앞에 섰다. 너는 누구냐, 왜 왔느냐, 통제구역인 걸 알고 있느냐……. 쏟아지는 짤막 질문에 최대한 '착한 표정'으로 답했다. 현장 책임자인 듯한 '사복'에게 고대신문 기자증과 학생증을 제시하고, 낡은 카메라 가방 속의 취재수첩을 열어 보였다. 몇 대 맞더라도―이미 성북경찰서에서 경험한 바 있었으니―필름만은 빼앗기지 않기를 바랄 뿐이었다. 고대신

문의 위상 때문이었을까, 내 '착한 표정' 때문이었을까. '훈방'
으로 현장에서 쫓겨나는 것으로 마무리.

가슴 쓸어내리며 쫓기듯 돌아온 고대신문사 암실.
ASA400의 코닥 흑백 필름을 조심조심 현상 롤에 감았다. 노
심초사, 현상한 필름을 보니 몇 커트 건질 게 있었다. 1면 좌상
단의 '카메라 사계(四季)'는 '오열 삼키는 유족'의 클로즈업 샷
으로 결정했다. 문제는 '캡션(사진설명)'이었다. 장황하지 않게,
비장하지 않게? 간결하게, 담담하게? 둘 다 아니었다. '백판에
흑발'—텍스트 없는 캡션. 편집국장과 주간교수의 우려 없지
않았지만 독자의 반향은 컸다. '검열 당국이 (캡션을) 겁게 지
웠다'는 풍문이 학교 안팎에 한동안 떠돌았다.

이 글을 탈고하려 퇴고할 무렵, 그 LP바에 들렀다. 단골손님
아무개의 조촐한 '환송식'이 열리고 있었다. 아메리카로 먼 길
떠나는 주인공이 손수 만든 안주를 내었다. 그리고 '아모르 파
티(Amor Fati)'를 들었다. 어깨 들썩이고 팔을 휘저으며 덩실
거렸다. 불현듯 '고대신문 들어와라' 되뇌었던 대학생이 떠올랐
다. 고등학교 때 '절친'이었던, 나와 나란히 1~2학기 반장을 했
던, 박귀현(사학 81) 동인이다. 전방 부대에 복무하면서도 '카
메라 四季' 얘기를 담아 편지를 보냈던 그. 박 동인은 왜 그리
서둘러 세상을 떠났을까. 지금, 여기 함께 있었다면 솥뚜껑 같
은 손 뒤적이며 더불어 흥 돋웠을 터인데…….

강재형

뜨겁게, 거침없이, 그리고 용기 있게

권민정
가교 01 | 위담한방병원 기획팀장

홍보관에서 만난 운명의 남자

사람은 가던 길로만 가는 습성이 있다. 익숙해지면 더 그런 법이다. 사범대생인 내가 정경대 후문을 갈 때도 그랬다. 사범대 신관을 나와 중앙도서관 앞을 지나 다람쥐길을 걷다 보면 국제어학원 건물이 나오고 폭풍의 언덕을 통과해야 정경대 후문에 도착한다. 나는 그렇게 3월 입학 이후로 7개월 동안 늘 같은 길로만 갔다. 그런데 그날은 달랐다. 왜 그랬을까. 시작은 우연이었을지 몰라도 내 생을 지배한 운명이 되었으니 이제는 필연이었다고 말하고 싶다.

2001년 10월 15일. 아직도 잊을 수 없는 날이다. 그날은 월요일이었다. 과 동기들과 마지막 7교시 교양국어 수업을 마치고 참살이길에서 저녁을 먹기로 했다. 참살이길로 가려면 정경대 후문을 거쳐야 한다. 한데 지난 7개월 동안 한길 인생이던 내가 그날만은 달랐다. 지금도 왜 그랬는지 설명되지 않는다. 갑자기 국제어학원이 아닌 민주광장 쪽으로 걸음을 옮겼다. 그 덕분에 민주광장 한쪽에 자리 잡고 있던 홍보관 앞을 지나게 되었고, 그곳에서 나는 수북하게 쌓여 있던 고대신문과 만나게 된다.

"나, 박광온의 졸업증명서에는 고려대 사회학과를 마친 것으로 되어 있다. 그러나 유신 말기의 어두운 시대 상황 속에서도 나를 키운 건 8할이 고대신문이었다. 사건 현장 속의 프로 저널리스트가 된 지금 돌이켜보건대 몸에 밴 나의 기자정신은 이미 고대신문의 학생기자 시절 터득한 것이었다. 은사님들께는 죄송스럽지만 나는 고대 사회학과가 아니라 고려대학교 고대신문학과의 졸업생이다.”

고3시절 유일하게 허락된 일이 바로 뉴스시청이었다. 캄캄 어둠이던 고3 시절, MBC ‘뉴스데스크’는 내가 세상과 소통할 수 있던 유일한 창구였다. 당시 뉴스데스크를 진행하던 박광온 앵커는 네모난 교실에 갇혀 있던 열아홉 소녀와 세상을 연결해주는 징검다리였다. 한마디로 그는 내 어린 날 가장 크게 빛나던 영웅이었다.

그런데 그 영웅을 키운 8할이 고대신문이라니! 당장 이곳에 가고 싶어졌다. 아니 가야만 한다고 생각했다. 모집기간을 확인했다. 16일. 그러니까 내일이 마감이었다. 원서 마감 전날 고대신문을 보게 된 것도, 1면에 내 어린 날의 영웅이 나온 것도, 모두 우연은 아니라는 생각이 들었다. 이것을 운명으로 만들기 위해서 필요한 것은 단 하나, 나의 의지뿐이었다. “오늘 저녁은 너희끼리 먹어. 갑자기 할 일이 생겼어.”

그리고 일주일 뒤, 나는 고대신문학과에 입학하게 되었다. 새로운 세계가 열리는 순간이었다.

심장은 뛰었다. 셔터를 누를 때마다

처음은 언제나 강렬한 기억을 남기기 마련이다. 그럴 때 사람들은 보통 첫 키스나 첫사랑 이야기를 하기 마련인데 나의 경우는 조금 달랐다. 내 영혼까지 흔들었던 처음을 이야기하라고 하면 나는 늘 첫 취재에 대해 이야기한다. 그때의 강렬함이란! 마치 나무 한 그루 없는 벌판 위를 홀로 걷다 갑자기 번개가 내 머리 위로 꽂힐 때의 기분이랄까. 순간의 번쩍임과 이어진 혼미함. 그것이 첫 취재에서 내가 겪은 감정이다.

권민정

신문사에 합격하고 2학년으로 올라가던 겨울방학. 나는 날마다 고대신문사 편집실이 있는 홍보관 2층으로 '출근'했다. 수습기자가 되기 위한 트레이닝이 있었기 때문이다. 선배들을 모셔서 강의도 듣고, 표기준칙도 외우고, 발제를 하고 기사 쓰기 연습도 하고. 빡빡한 시간표에 맞춰 하루가 굴러갔다. 그 중에서도 가장 재밌는 시간은 사진 트레이닝 교육이었다. 수습기자들에게는 니콘 FM2 카메라가 주어졌는데, 무척이나 클래식한 이 수동 카메라를 들고 나서다 보면 꼭 영화 '러브레터'의 주인공 후지이 이즈키라도 된 것만 같았다. 그래서 그 시간이 더 좋았는지도 모르겠다.

2002년 졸업호를 준비하는 과정에서 나는 동기들 가운데 가장 먼저 취재에 나섰다. 백혈병으로 투병하고 있는 법대 99학번 김남호 학우를 인터뷰하라는 부장의 지시가 떨어졌기 때문이다. 김남호 학우가 장기 입원한 강남성모병원을 가던 날, 아스팔트 빛을 하고 있던 하늘에서는 비까지 내렸다. 병원 홍보팀 직원의 도움으로 난생처음 무균실에 들어갔다. 따로 소독해둔 옷과 모자를 쓰고 카메라와 취재수첩, 그리고 볼펜까지 소독했다.

무균실에는 환자가 여럿 있었는데 유난히 젊은 한 사람이 눈에 들어왔다. 직감적으로 알았다. 이 사람이 오늘 내가 취재할 사람, 바로 김남호 학우라는 사실을. 내게 주어진 시간은 10분 남짓으로 짧았기에 준비한 질문들을 빠르게 던졌다. 그리고 헤어지기 전 사진을 찍어야 했다. 빠르게 FM2 카메라에 렌즈를 장착하고 초점을 맞추기 시작했다.

그런데 이상했다. 방금 전만 해도 김남호 학우는 장기 치료에 지쳐있던, 한없이 작고 메마른 사람이었는데. 짧은 순간 무슨 마법이라도 일어난 것일까. 카메라 렌즈를 통해 만난 눈빛은 그렇지 않았기 때문이다. 잠시 파인더에서 눈을 떼었다가 다시 붙였다. 그의 눈에서 지금 막 타오르기 시작한 불꽃이 보였다. 그것은 어떤 고난도 이겨낼 수 있다는 의지 혹은 생명력이 기도 했다. 셔터를 누를 때마다 내 심장은 100m를 전력 질주한 바로 직후처럼 터질 듯이 뛰었다. 내 눈이 놓친 것들이 카메라 렌즈를 통해서는 보이다니! 눈에 보이는 것만 믿겠다던 신념이 한번에 무너지는 순간이었다. 카메라는 참으로 위대한 존재였다. 앞으로 진실에 더 가까이 다가갈 수 있도록 나를 돕는 존재가 될 것이라는 확신이 들었다. 이렇듯 가지 않던 길로 나는 조금씩 들어서게 되었다.

역사를 기록하다

내게 사진을 찍는 일은 단순히 기억하기 위함이 목적이었다. 그런데 신문사에 들어오고 보니 그것은 '순간'을 '영원'으로 기록하는 위대한 작업이었다. 2002년 3월 23일, 나는 그 사실을 다시 한 번 몸소 체험하게 되었다.

월요일 신문 발행을 위해 토요일 저녁까지 신문사에 남아 오탈자를 보고 있었다. 오후 5시 반쯤 됐을 거다. 해가 저물며 긴 그림자가 편집실에 드리워지는 시간이었다. 쿵쿵쿵쿵. 처음 듣는 소리였지만 단박에 알 수 있었다. 단단한 신발을 신은 수백 명의 사람이 한꺼번에 뛰고 있다는 것을. 창밖을 보니 경찰병력들이 대강당으로 움직이는 모습이 보였다. 대강당에서 전국공무원직장협의회총연합이 창립대의원대회를 열었다고 하는데, 이를 저지하기 위해 투입된 병력이었다. 학내에 공권력이 투입된 적이 있었던가. 3개 중대 이상은 되는 것 같다는 목소리가 들렸다. 군사독재 시대에나 볼 법한 풍경이었다. 더 고민할 새도 없이 빠르게 장비를 챙겨 달려 나갔다. 그리고 그날의 고대신문 사진은 서울발 AFP통신을 통해 온 세계로 타전되었다. 꽤 많은 시간이 흘렀지만 '그곳에 내가 있었다'는 사실은 지금도 무척이나 황홀한, 그래서 뜨거운 경험으로 남아 있다.

그 뒤 나의 목표는 사진부에 입성하는 것에서 사진부장이 되

권민정

는 것으로 바뀌었다. 물론 그때마다 선배들은 고대신문 55년 역사상 여자 사진부장은 단 한 명 뿐이었다는 퉁을 주곤 했다. 그 작은 체구로 집회 때 어떻게 한쪽 어깨에는 카메라를, 또 다른 한쪽에는 사다리를 메고 뛰어다닐 수 있겠냐는 이야기도 들었다. 어쩌면 체력적으로 많이 힘들 텐데 괜찮겠냐는 말을 아끼는 마음에서 돌려서 한 것인지도 모르겠다.

그즈음 잊고 있던 어린 시절 추억 하나가 떠올랐다. 아빠와 집 앞 북한산을 오를 때, 나는 늘 3분의 2지점쯤에서 더는 못하겠다며 격투기 선수처럼 탭아웃 사인을 보내곤 했다. 그때마다 아빠는 이렇게 말씀하셨다.

"끝까지 오르다 보면 결국엔 도착할 수밖에 없단다. 중요한 건 끝까지 해야 한다는 것이지."

그때의 아빠 말씀처럼 나는 끝까지 가기로 결심했다. 고대 입학생 가운데 최초로 체육교육과 이중전공을 신청하게 된 계기에는 '체력 좋은' 고대신문 사진부장이 되고 싶다는 꿈도 한몫했던 것 같다.

그리고 2002년 여름방학. 드디어 나는 사진부 정기자 직함을 달게 되었다. 내 생애 가장 신나고 뜨거웠던 여름방학이었다. 그날의 사건을 제외하면 말이다.

2002년 7월 9일. 아침 9시가 조금 넘은 시간으로 기억한다. 취재부장 김민욱(한국사 01) 동인에게서 다급한 전화가 왔다. "안암 1구역이 철거됐어. 지금 용역 깡패들 오고 난리도 아닌데 찍다가 우리는 필름 다 뺏기고 얼굴 노출됐거든. 남은 사람이 너 뿐이라서 빨리 와야 할 것 같아."

안암 1구역은 고대병원 뒷길 쪽에 작은 집들이 옹기종기 모여 있는 곳을 말했다. 재개발을 앞두고 이곳 사람들은 철거대책위원회를 구성하여 투쟁을 벌이고 있었다. 그런데 오늘 아침 용역 깡패 100여 명이 들이닥쳐 강제철거 작업을 갑작스레 진행한 것이다. 편집실에 도착하여 장비를 챙겨 서둘러 나서는데 김민욱이 낮은 목소리로 당부했다. "조심해서 취재하고 돌아와."

녹지캠퍼스와 고대병원 사이 뒷길에 도착했다. 멀리서 뭔가 두드리고 깨지는 소리가 들렸다. 이미 산산이 부서진 판잣집의 잔해를 둘러보며 빠르게 셔터를 눌렀다. 그렇게 조금씩 소리가 들리는 곳을 향해 걸어가다 보니 수십 명의 남자들이 날카롭거나 단단해 보이는 장비로 집을 부수고 있는 장면이 포착됐다. 황급히 벽 뒤로 몸을 숨긴 뒤 사진을 찍을 때만 잠시 몸을 내밀기로 했다. 그렇게 몇 장 찍었던가.

"야야야, 니 일루와 봐라. 니 머꼬?" 그렇다. 나는 생각보다 이르게 발각되고 말았다. 쓰러진 벽돌 더미 사이로 각진 어깨의 남자들이 하나 둘씩 나오기 시작했다. 그들의 늘어진 셔츠 사이로는 승천하기 직전의 용들이 보였다. 거칠게 숨을 쉴 때마다 용들도 몸부림을 치는 듯했다. 온 몸의 피가 다 빠져 흐르는 기분이었다.

"니, 니 여기가 어디라고, 뭐할라꼬 이거, 이거 말이다. 이거 들고 여까지 왔나?"

카메라를 막대기로 툭툭 치며 한 남자가 물었다. 순간 필름을 다 뺏기고 내려왔다는 민욱이의 목소리가 머릿속에 왕왕 울리기 시작했다. 불과 5분 전만 해도 이 남자들한테 끌려가면 어떡하지, 하는 극단적 상상을 하던 나였다. 그런데 5분 후의 나는 분명 달랐다. 오늘 취재한 사진은 어떻게든 지켜야한다는 사명감에 불타올랐으니 말이다.

"방학 숙제하러 여기 왔는데요. 근데 아저씨들은 누구세요?" 갑자기 뜬금없이 방학숙제라니. 그때부터 용역깡패들과 나 사이의 스무고개가 시작됐다. "무슨 방학숙제인데?" "우리 동네 환경오염 실태에 대해 조사하라는 방학숙제 때문에 돌아다니다가 여기가 제일 지저분해 보여서 올라오게 됐어요." "니 학교가 어딘데?" "저기 밑에, 그러니까 종암동에 있는 서울사대부고요. 혹시 저희 학교 아세요?"

권민정

당시 나는 머리가 짧았고, 아직 21살 밖에 되지 않아 고등학생이라는 거짓말이 통할 수 있었다. 또 사범대생이라 고대 근처 중고교에 대해 자세히 알고 있었기에 구체적으로 신분을 속일 수 있었다. 덕분에 그들에게 나는 단지 방학숙제를 열심히 하고 있던 모범생이 될 수 있었던 것이다. 그리고 이왕 이렇게 됐으니 마지막까지 대차게 가기로 마음먹었다. 아무것도 모르니 위험한 것도, 또 무서운 것도 없는 '고딩'이 되기로 결심한 것이다. "저 위쪽에는 뭐 좀 지저분하고 그런 것들 없어요? 오늘 다 찍어서 가야할 것 같거든요. 다음 주부터는 제가 학원 가야해서 시간이 안 나서요." 아직도 생각나는 그들의 짠한 멘트는 다음과 같다. "그래. 니는 숙제도 열심히 할라카고 뭘 해도 되겠다. 사진 찍고 가도 좋다. 근데 우리는 나오게 하면 안 된다. 알 긋나?"

권민정 기자의 연수관 출입을 금하라

수습기자 시절부터 나는 체육교육과 전공 수업을 듣기 시작했다. 그러면서 알게 된 새로운 사실이 있었다. 바로 체육특기생들이 수업에 나오지 않는다는 것. 고대에는 5개 운동부(축구부, 농구부, 야구부, 럭비부, 아이스하키부)가 있는데, 각 팀에 적을 둔 이들은 선수였지만 또 학생이기도 했다. 그런데 하루 2번, 많게는 4번까지 진행되는 훈련과 지방에서 열리는 각종 대회 참가로 인해 수업에 나오지 못하고 있었다. 선수학생이 아닌 학생선수로 살아가는 삶은 다분히 문제가 있어보였다.

그래서 수습기자 시절 처음 제출한 아이템도 체육특기생 관련 문제였다. '체육특기생을 위한 교양강좌의 필요성'에 대해 쓰고 싶다고 하였고, 아이템이 채택된 뒤에는 강의 출석 실태를 알아보기 위해 5개 운동부 선수 88명에게 설문조사를 실시했다. 그 결과, 체육특기생의 73.8%가 강의에 나가지 않는데도 불구하고 60.2%는 학사경고를 받지 않다고 답했다. 이러한 특혜 속에서도 87.3%는 체육특기생 수준에 맞는 강의가 필요하다고 답해 좋은 기사를 쓸 수 있었다. 돌이켜 보건대, 그 기사는 내 인생이 스포츠와 함께하는 삶으로 변한 터닝 포인트가 되어 준 것 같다.

사진부 정기자 시절에는 고연전 사진특집을 준비하며 당시 축구부를 지도하던 김병수 코치와 친해질 수 있었다. 그 인연 덕에 취재를 이유로 고대축구부가 참가한 전국대회를 자주 찾게 됐다. 당시 고대에는 연령대별로 대표팀을 섭렵한 젊은 스타들이 많았다. 그래서인지 고대 경기에는 매번 시원한 골들이 연속해서 터졌고, 선수들은 그때마다 아낌없는 박수와 주목을 받곤 했다. 그러나 우리가 알지 못하는 진짜 주인공도 있었다. 가장 먼저 매일같이 작전판 앞에서 전술 고민에 뜬 눈으로 밤새우는 지도자를 손꼽고 싶다. 여기에 먼 거리를 달려와 모텔에서 쪽잠을 자며 마음 졸인 채 아들의 경기를 챙겨보는 부모 또한 빼놓을 수 없겠다. 축구부를 취재하지 않았다면 영원히 알지 못했을지도 모른다.

이때의 경험은 졸업 후 프로축구단 강원FC에서 홍보 담당자로 일하는 동안 훌륭한 밑거름으로 작용했다. 전지훈련에 가서는 선수뿐 아니라 코칭스태프의 이야기에 귀 기울이는 자세를 가질 수 있었고, 이것은 팀 소식을 전할 때 중요한 길라잡이 역할을 해주었다. 나아가 중요한 경기에 앞서 선수들의 부모를 초청해 그라운드에서 자신의 아들을 격려하게 해준다거나 라커룸을 방문할 수 있게 하는 등의 깜짝 이벤트를 열기도 하였다. 강원FC를 사람 향기 깊게 풍기는 팀으로 홍보할 수 있던 기저에는 고대신문에서의 경험이 다분히 한몫을 했다고 생각한다.

물론 오매불망 꿈에 그리던 사진부장이 되고 나서는 위기도 있었다. 2003년 1월 고대 야구부 신입생 한 명이 송추훈련장 실내연습장에서 스스로 목숨을 끊는 일이 있었다. 나는 이것을 학원스포츠에 만연되어 있는 구타문화와 연결시켰다. 근원적인 해결을 위해서 학교 당국부터 체육특기생을 선수가 아닌 학생으로 생각하고 제대로 된 교육의 기회를 제공해야 한다는 내용의 칼럼을 썼다.

'연수관에서는 무슨 일이 일어날까?'라는 제목의 내 칼럼 때문에 5개 운동부가 숙소로 쓰고 있던 연수관이 발칵 뒤집혔다. 연수관장은 내게 전화를 걸어 "이것은 연수관과 우리 선수들에 대한 모욕"이라며 "권민정 기자의 연수관 출입을 금하겠다"고 소리쳤다. "연수관이 아닌 학원스포츠 내 근본적인 문제에 대해 쓴 칼럼입니다"라는 나의 설명은 힘없이 허공에서 흩어질 뿐이었다.

그러나 가슴 저 아래에는 뜨거움이 밀려왔다. 이 끈적끈적한 배타성 앞에 결코 굴하지 않겠다는 오기가 발동했기 때문이다. 이때의 사건은 훗날 강원FC에서 7년이나 홍보 업무를 맡을 수 있는 원동력이 되었다. 이제껏 K리그 프로구단 가운데 여성이 무려 7년이나 홍보 업무를 전담해서 맡은 일은 유례가 없었다. 그런 역사를 만들 수 있었던 이유를 누군가 묻는다면 나는 고대신문에서 성장한 시간들 덕분이라고 당당히 말하고 싶다.

이렇게 나는 고대신문 덕분에 뜨겁고, 거침없이, 그리고 용기 있게 사는 법을 배울 수 있었다. 그래서 지난 시간을 떠올리면 감사하고, 살아갈 날들을 상상하면 가슴이 뛴다. 앞으로도 고대신문에서 배운 대로 뜨겁게 일하고, 거침없이 달리며, 무엇보다 용기 있게 사는 내가 되고 싶다.

김인환·오탁번 선생님과의 인연

국문 85 | 한국교원대학교 국어교육과 교수

1.

돌이켜 보면 나를 키운 것은 8할이 고대신문이다. 나는 세상
을 보는 눈을 고대신문에서 떴다. 그 중심에 고대신문에서 맺은
인연들이 있었음은 물론이다. 그 인연의 끈이 어찌 선후배뿐이
랴? 고대신문이 남달랐던 것은 바로 주간을 맡으셨던 선생님
과의 돈독한 관계가 아닐까 한다. 당시 대학신문의 주간은 총
장을 대리해 기자를 지도하는 입장이었지만 내부검열자의 입
장을 겸했던 것도 사실이다. 때문에 몇몇 대학신문에서는 주간
과 기자가 자주 충돌했고 심지어 불미스런 상황으로 치달은 예
들도 적지 않았다. 하지만 고대신문은 달랐다. 당시 주간을 맡
으신 선생님들께서는 우리를 전적으로 믿어주셨다. 그 바탕 위
에서 우리들은 소신껏 역량을 펼쳤고 최고의 신문을 만들 수
있었다. 비유하자면 주간 선생님과 기자들은 너울대는 파도를
헤쳐 나가는 고대신문이라는 작은 배에 동승한 동지 같은 관계
였다. 우리가 주간을 맡으셨던 선생님들과 30년 넘게 스승과
제자로서 수많은 기억의 지층을 쌓아올 수 있었던 것은 바로
이러한 경험 때문이다.

나는 고대신문에서 3학기 남짓 활동하면서 두 분의 주간 선
생님으로부터 지도를 받았다. 국어국문학과 김인환(金仁煥),

국어교육과 오탁번(吳鐸藩) 선생님이시다. 배포금지라는 악령이 횡행하던 암울했던 검열의 시대에 두 분은 우리의 방패막이를 자처하셨다. 권위를 전혀 내세우지 않았음은 물론이고 우리를 마치 동무처럼 다감하게 대해 주셨다. 수습기자 시절 우리 동기 가운데 대취한 누군가가 인환이 형이라고 부르자 이에 선생님이 다정하게 응대한 사건은 두고두고 회자되는 장면이다. 대취해서 오탁번 선생님과 나란히 노상방뇨를 자행한 것은 또 몇 번이던가?

이제 두 분 모두 고희를 넘기시고 백발이 성성하시다. 자주 찾아뵙지 못해 송구할 따름이다. 하지만 당시에 기자로 활동했던 우리 모두는 지금껏 두 분과의 인연을 무엇보다 소중하게 간직하고 있다. 제자로서 스승에 대해 언급하는 것은 한없이 외람된 일이지만 나는 언젠가는 두 분과의 인연을 글로 쓸 작정이었다. 마침 고대신문 창간 70주년을 맞이하여 이런 자리가 마련되었다. 이에 우리들이 두 분에 대해 간직했던 소중한 기억 가운데 몇 장면을 되돌리고자 한다.

2.
'회송(懷松)'. 김인환 선생님의 호(號)이다. 우리 가운데 김인환 선생님 호를 아는 사람은 많지 않을 것이다. 선생님께 직접 들은 바로는 한문학과 이동환(李東歡) 선생님께서 지어주셨다고 한다. 선생님의 고향인 송도(松都)를 늘 마음에 간직하라는 의미라고 한다.

국어국문학과를 대학원까지 다녔음에도 불구하고 내 마음 속에 선생님은 여전히 고대신문 주간으로 자리하고 계시다. 국어국문학과에 입학했을 때 선생님은 가까이하기 어려운 분이셨다. 지적이면서도 도회적인 풍모가 나 같은 시골 출신 남학생들에게는 상당이 낯설었다. 하지만 동기 여학생 대부분이 선생님의 광팬이 되는 데는 오랜 시간이 걸리지 않았다. 심지어 선생님 강의만 찾아 듣는 여학생도 등장했다. 이들은 급기야 2학년 때 3, 4학년이 주로 듣던 한국문학비평론 수강을 감행했다. 물론 성적은 참담했다. 심지어 이런 일도 있었다. 다들 기억하겠지만 그때 선생님 댁은 정대 후문 지금의 참살이길 뒤편에 있었다. 그런데 선생님 팬을 자처하던 여학생 한 명이 밤늦은 시간 만취해서 비틀거리며 댁으로 돌아가시는 선생님을 목격하고 크게 낙담했던 모양이다. 그 여학생은 선생님 강의가 시작되기 직전에 큰 소리로 이 사실을 떠벌려 모두를 당혹하게 했다. 그 여학생은 지금은 모 지방의 교대 교수로 재직하고 있다.

이처럼 어려웠던 선생님과의 인연은 뜻하지 않게 찾아왔다. 고대신문에 입사하면서부터이다. 수습기자 시험 날 면접을 보면서 주간이 김인환 선생님이란 사실에 적잖이 당황했던 기억이 생생하다. 하지만 기우였다. 선생님은 어려운 질문 대신에 대학신문에 대한 원론적인 질문과 학교생활의 소소한 것들에 대해 자상하게 물으셨다. 마치 옆집 아저씨 같이 친근하게 대해주셨다. 내가 가지고 있던 선생님에 대한 이미지가 반전되는 순간이었다.

군사정권의 서슬이 시퍼렇던 시절 선생님은 우리가 좀 더 자유로운 분위기에서 신문을 만들 수 있도록 조력자 역할을 자처하셨다. 학교신문으로서의 균형을 고려하면서도 늘 기자의 입장에서 문제를 합리적으로 풀어가셨다. 기사 내용에 문제가 있을 때나 기자의 주장이 과도할 경우에도 조곤조곤 논리적으로 설득하셨고 우리는 대부분 수긍했다. 서로 간에 시대정신을 담은 최고의 대학신문을 만든다는 믿음이 굳건했기에 가능했던 일이다. 1014호(1986년 2월 25일자)와 1017호(1986년 3월 31일자)가 배포금지되고 편집실 분위기가 가라앉자 선생님은 문인들의 단골 술집으로 유명한 삼선교 쌍과부집으로 우리를 불러 위로의 자리를 마련해 주시기도 했다.

신문을 만드는 틈틈이 이어지는 선생님의 담론은 우리의 영혼을 살찌웠다. 강의 시간에 접할 수 없었던 정신분석학이나 문학과 경제학을 넘나드는 선생님의 호한한 담론을 들으며 우리는 세상을 보는 눈을 좀 더 크게 뜰 수 있었다. 요즘으로 치면 학문적 통섭의 세계를 이미 몸소 보여주신 것이다. 토요일 조판 후 밤늦은 시간에 돼지집으로 이어지는 술자리는 그래서 더욱 풍성했다.

당시 나는 고전문학을 공부해볼 요량으로 국문학과 한문반에 적을 두고 있었지만 정작 관심은 이성복, 황지우 등 젊은 시인들에게 가 있었다. 하지만 시를 온전하게 해석하는 일은 쉽지 않았고 늘 텍스트에 매몰되어 헤어나지 못했다. 그런데 선생님은 경제학, 정신분석학, 주역 등을 주석으로 활용하며 텍스트를 읽는 것이 아닌가? 물론 당시에는 선생님 말씀이 이해되지 않는 구석도 적지 않았다. 하지만 나에게는 정말 신선한 충격이었다. 지금은 고전시가를 전공하고 있지만 그때 받은 지적 충격은 여전히 유효하다. 얼마전 EBS 통찰이라는 프로그램을 통해 오랜만에 선생님의 강연을 들으면서 그때를 다시 떠올려 보았다.

김인환 선생님은 85학번 11월기가 수습기자를 끝내던 1986년 1학기 말에 주간을 그만두셨다. 이후 학생처장, 교무처장 등을 지내셨다. 우리는 이후에도 가끔 선생님을 찾아뵈면서 인연의 끈을 이어갔다. 돼지집에서의 담론은 종종 정경대 후문 꼴뚜기집으로 이어졌다. 85학번 유동진 동인이 미국에서 돌아와 급작스레 결혼할 때는 흔쾌히 주례를 서주셨다. 선생님은 극구 마다하셨지만 회갑 때는 85학번 주도로 83, 84학번들이 모여 인사동에서 조촐한 자리를 마련하기도 했다.

나는 대학원에 진학한 덕분에 이후에도 선생님을 뵐 기회가 자주 있었다. 전공은 달랐지만 선생님은 지도학생 못지않게 내가 공부하는 것에 관심을 보이셨다. 민족문화연구원에 근무할 때 선생님은 종종 우리 방에 오셔서 담배를 찾으셨다. 그때 우리 방에는 담배를 피우는 연구원이 없었다. 하지만 우리는 선생님을 위해 담배를 비치해두고 찾으실 때마다 드렸다. 선생님은 담배를 피우시면서 우리와 이런저런 말씀을 한참 나누시다 돌아가셨다. 그때 선하게 웃으시던 선생님의 모습이 지금도 눈에 선하고 그립다.

3.

'원서(遠西)'. 오탁번 선생님의 호(號)이다. 원서는 선생님의 고향인 충북 제천 백운의 옛 이름에서 따온 것이다. 제천에서 서쪽으로 가장 멀다고 하여 붙여진 이름이라고 한다. 선생님은 지금 그곳 원서헌(遠西軒)에 계신다.

오탁번 선생님은 1986년 1학기가 끝날 때 부임하셨다. 내가 막 수습 딱지를 떼고 기획부 기자를 맡을 때다. 우리는 신문사 선배님이 주간으로 부임한다는 사실에 적지 않은 기대를 했다. 선생님을 처음 뵌 후 편집실에서는 기대와 달리 상당히 깐깐한 분일지도 모른다는 우려 섞인 목소리가 나왔다. 하지만 그 기우를 지우는 데는 채 하루가 걸리지 않았다. 이후 선생님은 고대신문의 선배로서 우리에게 무한 애정을 쏟으셨다.

벌써 13년 전의 일이다. 나는 사십이 다 되어 전임교수로 임용된 후 부임하기 전에 인사차 사범대 본관의 선생님 연구실에 들렀다. 선생님께서는 마치 당신 일처럼 기뻐하시며 격려의 말씀을 해주셨다. 그러시고는 선생님 특유의 어법으로 다음과 같이 일갈하셨다.

"요즘 재미없어 선생질 못해먹겠다."

"무슨 일 있습니까?"

"무슨 강의 출석률이 80%가 넘어. 학생들이 그렇게 할 일이 없나. 요즘 애들은 연애도 안 하나봐. 내가 하도 답답해서 학생들한테 한나라당 당사에다 불 좀 확 지르고 오라고 했어. 학생들은 과감하게 사고치고 교수들이 뒷수습하는 재미도 있어야

권순회

하는 것 아닌가? 대학이 왜 이래."

　선생님의 말씀은 이상을 잃고 점차 현실로 균형추가 기울던 당시의 대학의 상황을 질타하신 것일 터이다. 더욱이 내가 현실 안주의 경향이 농후한 교육계열 학과만 있는 대학에 부임하기 때문에 기우의 말씀을 들려주신 것이리라. 나는 이 말씀을 들으면서 신문을 알리바이 삼아 거의 수업을 작파하던 그때를 떠올리며 웃었다. 그리고 1987년 1학기 선생님을 모시고 신문을 만들던 때의 몇 장면이 스틸컷처럼 눈앞에 아른거렸다.

　주지하는 바 1987년 5월 고 박종철군 고문치사사건 조작이 밝혀지면서 전국은 분노로 들끓었다. 이런 상황에서 열린 1051호(1987년 5월 25일자) 편집안을 검토하는 부장회의 분위기는 더없이 무거웠다. 그때 강범석 편집국장은 부장회의에서 1면 권두논문을 내리고 고 박종철군 고문치사사건 조작을 보는 대학인의 분노의 목소리를 있는 그대로 전달하자고 파격적인 제안을 하였다. 비상 상황이었다. 우리 가운데 누구도 이의를 제기할 이유가 없었다. 일은 일사천리로 진행되었다. 당시나는 권두논문 담당의 기획부장이었지만 편집실의 모든 기자가 나서 고대인의 목소리를 취재하였다. 이렇게 해서 극히 짧은 시간에 교수 28분과 대학원생, 학부생 14인의 분노의 목소리를 1051호 1면에 담을 수 있었다. 이들 가운데는 평소에 현실 참여적인 발언을 많이 하신 분들도 계시지만 그렇지 않은 분들이 더 많았다. 하지만 1051호는 곧바로 배포금지 되어 세상의 빛을 보지 못했다. 이에 대해 우리는 학내 구성원들에게 부당함을 호소하고 배포금치 철회 서명을 받는 등 여러 조치를 강구하였다. 그때 대책을 강구하는 회의 자리에서 대식가로 소문난 사진부장 최인호 동인이 아주 진지한 표정으로 제발 단식만은 하지 말자고 제안하던 장면이 떠오른다.

　이처럼 우리가 신속하게 의사를 결정하고 실행에 옮겼던 데는 선생님의 말씀 한 마디가 결정적인 역할을 하였다.

"문학을 하는 내가 분노할 정도면 분명 전 국민이 분노할 것이네. 대학신문을 만드는 자네들이 가만히 있다면 오히려 더 이상한 것 아닌가?"

선생님은 한 인간으로서 그 상황에 대해 누구보다 분노하셨다. 대학신문이 그 분노를 외면한다면 직무유기라고 판단하시고 우리를 독려하셨던 것이다. 선생님 작품의 애독자나 직접 뵌 많은 분들은 선생님을 상당히 낭만적인 분으로 이해하는 경우가 많다. 하지만 이와 같이 선생님은 역사 현실 앞에서 누구보다 강단을 보이시던 분이셨다.

1987년 1학기 종간호였던 1053호(1987년 6월 8일자)도 잊을 수 없다. 당시에 나는 4면에 수록할 기사의 내용을 놓고 편집간사와 심하게 대립했다. 기사는 사학과 학생회 편집부에서 작성한 베트남 민족해방운동의 역사적 의의를 재고찰하는 내용이었다. 지금 보면 별것 아니지만 당시에는 검열에 걸릴 위험한 내용이 다수 포함되어 있었다. 두 사람의 대립은 토요일 오후 조판이 마무리되는 시점까지 이어졌고 헤럴드 외간부 조판실의 분위기는 싸늘했다. 급기야 편집간사가 우기는 내 뺨을 때리는 지경에까지 이르렀다. 오랜 시간 아무런 말씀 없이 상황을 지켜보기만 하시던 선생님이 결정을 내리셨다. 문제가 되면 당신이 책임질 터이니 그대로 실으라는 것이다. 나는 선생님의 용단에 적이 놀랐다. 다행이 1053호는 무사히 발행되었다. 나는 1053호를 끝으로 임기가 만료되어 신문사를 떠났다.

이 글을 쓰며 그 기사를 다시 보았다. 학부 학생들이 세미나를 한 내용을 정리한 다소 조잡한 글이었고, 그때 내가 왜 그렇게 편집간사한테 철없이 우겼던가 하는 회한도 없지 않다. 하지만 오탁번 선생님은 그런 상황을 다 간파하시고도 기자의 의견을 전폭적으로 존중해주셨던 것이리라. 이처럼 선생님은 우리가 과감히 사고를 칠 수 있도록 늘 방패막이 역할을 자처하셨다. 주간이라는 직분으로 우리를 지도하시면서도 늘 신문사 선

권순회

배로서 우리를 보듬었다. 그래서 우리는 검열의 서슬이 시퍼렇던 시절에도 누구의 눈치도 보지 않고 당당하게 신문을 만들었고 늘 최고의 대학신문을 만든다는 자부심을 간직할 수 있었다.

선생님은 담론의 와중에도 어려운 개념이나 용어를 잘 쓰지 않으셨다. 물론 학생들 앞에서 교수의 권위를 잡는 일도 없었다. "박경리의 『토지』가 소설이냐?"와 같이 선생님의 말씀엔 금기란 없었고 늘 촌철살인이 넘쳤다. 마치 동무에게 말을 건네는 듯하면서도 삶의 한 단면을 예리하게 도려내는 느낌과 같았다. 이러한 선생님의 말씀은 우리들의 상상력의 지평을 무한히 넓혀주었다.

하지만 내가 본 선생님은 누구보다도 꼼꼼하고 정확한 분이셨다. 선생님 정년 기념으로 발간된 시전집과 문집은 지금도 가까이 두고 가끔 펼쳐본다. 거기에 선생님의 삶의 기록물이 초등학교 때 받은 상장에서부터 자녀 결혼식 하객들에게 보낸 답례장까지 아주 꼼꼼하게 정리되어 있다는 사실에 놀랐다. 언젠가 술자리에서 선생님은 젊은날 시간이 아까워 1주일에 하루는 댁에 들어가지 않고 여관에서 밤을 새워 글을 쓰셨노라고 말씀하셨다. 수도여사대(현 세종대)에 근무하실 때 학교 근처 여관에서 밤새 글을 쓰고 나서는 선생님을 같은 과 여학생이 발견하고 학교에 신고하는 해프닝도 있었다고 한다. 젊은날 얼마나 치열하게 글을 쓰셨나 짐작할 수 있는 대목이다. 나는 지금도 논문 마감에 쫓겨 밤을 지새울 때 가끔 선생님의 그 말씀을 떠올린다.

선생님과의 추억 가운데 당연히 빼놓을 수 없는 것이 술자리이다. 술자리는 충무로 헤럴드 외간부 근처나 학교 주변, 그리고 선생님 단골 술집 등으로 수 없이 이어졌다. 술자리에서 주간과 기자 사이의 격식은 없었다. 선생님은 학부생이던 기자들에서 아무런 가식 없이 당신의 모습을 있는 그대로 보이셨다. 우리를 동무처럼 여기셨던 것이다. 그때 우리는 선생님을 모시고 술집에서 자주 소란을 피웠고, 길거리를 방황했다. 또 노상 방뇨를 무수히 자행하였다. 1987년 1월 속리산 MT에서 벌어졌던 상황은 여기에 굳이 적지 않아도 다들 아시리라.

이후 나는 현 직장에 있는 청주로 내려오면서 선생님을 거의 뵙지 못했다. 비록 거리는 멀지만 같은 충북에 살면서도 찾아뵙지 못해 송구할 따름이다. 이 글을 쓰며 올 가을이 가기 전 85학번 동인들과 함께 제천으로 선생님을 뵈러 갈 작정을 해 본다.

4.

이처럼 우리는 젊은 날의 한 대목을 김인환·오탁번 선생님과 함께 통과했고 두 분은 우리 마음에 영원한 낙인으로 남아 있다. 나도 어찌하다 보니 지금은 선생님들과 같은 길을 걷고 있다. 이제 대학은 우리가 젊은날 꿈꾸던 그곳이 아니다. 현실 앞에서 대학은 한없이 왜소한 상황이다. 사제 관계는 그 시절과 달리 기능적 관계로 전락한 지 오래다. 이런저런 일로 학생들과 부딪히는 일도 잦다. 나는 학생과의 문제가 잘 풀리지 않을 때 가끔 두 분을 떠올려본다. 선생님들은 이런 상황에서 어떻게 판단하셨을까? 이처럼 두 분은 여전히 나의 버팀목으로 건재하시다. 두 분이 내내 강녕(康寧)하시기를 기원한다.

권순회

모든 날이 좋았다

권혁철

경제 87 | 한겨레신문 기자

그리워도 뒤돌아 보지말자
작업장 언덕길에 핀 꽃다지
나 오늘 밤 캄캄한 창살 아래
몸 뒤척일 힘조차 없어라
진정 그리움이 무언지
사랑이 무언지 알 수 없어도
퀭한 눈 올려다본 흐린 천정에
흔들려 다시 피는 언덕길 꽃다지

'꽃다지'는 80년대 후반 '노동자 노래단이 발표했다. 1989년 2학기 고대신문 편집국장 임기를 마친 당시 나는 1989년 겨울과 1990년 봄을 이 노래를 부르며 간신히 넘겼다. 당시 나는 '그리워도 뒤돌아보지 말자, 홍보관 언덕길에 핀 꽃다지……'라고 노래 가사를 내 처지에 맞게 바꿔 부르곤 했다.

나는 고대신문 편집국장을 그만둔 뒤에도 한동안 홍보관 근처를 맴돌았다. 고대신문 후배들에게 진 마음의 빚이 너무 무거웠기 때문이다. 나는 1989년 2학기 편집국장으로 있으면서 학교 당국과 마찰로 신문을 거의 만들지 못했다.

1989년 전국 대학신문들 사이에서는 광고질서 회복운동이

권혁철   080

벌어졌다. 고대신문이 이 운동의 선두에 서게 됐다. 나는 7월 여름방학 때 만들던 신문(방학호)에 고대신문사 기자 명의로 광고질서 회복운동에 동참을 알리는 의견광고를 실었다.

학교 당국은 이 의견광고를 문제 삼아 신문 제작중지 조치를 내렸다. 군사독재정권에 의한 제작중지나 배포중지가 아닌 학교 당국의 제작중지는 전혀 뜻밖이었다. 신문 제작중지는 그해 11월까지 이어졌다. 사실상 2학기에는 고대신문이 발행되지 못했다.

나는 후배 기자들과 제작중지 해제를 요구하며 집회와 시위, 단식농성을 벌였다. 하지만 싸움은 실패했다. 11월말 학교 당국에 백기 투항했다.

28년이 지나 당시 상황을 돌이켜보면, 여러 가지 생각이 든다. 당시 내 판단만이 옳았다고 고집할 생각은 없다. 내가 좀 더 현명하게 대처했더라면 최악의 상황은 막을 수 있었을 것이란 회한이 남는다.

나는 1989년 12월 편집국장 임기가 끝나 고대신문사를 떠났지만 남은 후배들은 신문제작 방향을 놓고 새로 부임한 주간 교수와 큰 갈등을 빚었다. 몸 고생, 마음 고생하는 후배들을 보며 아무 도움이 되지 못되는 내 신세가 처량하고 서글펐다. 당시 나는 민주광장에서 불 켜진 홍보관 2층 고대신문사를 바라보며 줄담배만 피우곤 했다. 당장이라도 홍보관 2층으로 달려가고 싶은 마음을 '그리워도 뒤돌아보지 말자'는 노래를 부르며 달랬다.

자책과 자학으로 몸과 마음이 매우 힘들었던 당시 내 곁을 지켜준 사람이 아내 최남숙(신방 88) 동인이다. 최남숙 동인은 내가 1988년 가을 취재부장을 할 때 교육시키고 일을 시켰던 수습기자였다. 최남숙 동인과는 1996년 11월 결혼해 아들(20)과 딸(17)을 두고 있다.

권혁철

대학생이 된 아들은 엄마와의 '첫날밤'이 언제였는지 묻는다. 돌이켜보면 최남숙 동인과의 첫날밤은 안암동 우신향병원 응급실이었다. 1988년 가을 수습기자로 고대신문사에 입사한 최남숙 동인은 신고식 때 소주 1병을 나발 불고 정신을 잃었다. 결혼하고 보니, 처가 식구들은 모두 소주 1잔만 먹어도 얼굴이 벌게지는 등 엄청나게 술에 약한 체질이었다. 아내에게 소주 1병 원샷은 치사량이었다.

혼절한 최 동인은 박홍순(행정 87) 동인 등에 업혀 우신향병원 응급실로 옮겨졌다. 나는 신고식이 끝나자마자 우신향병원 응급실로 갔다. 최 동인은 여전히 의식이 없었다. 응급실 의사는 최남숙 동인의 위세척을 방금 마쳤다고 했고 군용 반합 통 같은 알루미늄 통을 주면서 환자가 토할 테니 턱에 대고 있으라고 지시했다. 나는 최 동인의 응급실 침대 옆에 앉아 최 동인 턱에 통을 받치고 있었다. 아침이 밝아올 무렵 최 동인은 정신을 차렸고, 무슨 일이 있었냐고 묻길래 "(밤새 오바이트한 것 빼곤) 아무 일도 없었다"고 답했다. 최 동인과는 이런 저런 인연들이 쌓이고 이어져 부부의 연을 맺게 됐다.

나는 고대신문사에서 일할 때는 신문을 잘 만드는 것이 가장 중요하다고 생각했다. 그런데 지금 생각해보면, 정말 중요한 것은 당시 만난 사람인 선후배들이었다. 정현종 시인의 시처럼 '사람이 온다는 건 실은 어마어마한 일이다'. 고대신문사에서 사람(선후배)을 만난 것은 어마어마한 일이라고 나는 믿는다.

30년이 흘렀으니 고백하자면, 1987년 5월 나는 '도피처'가 필요했다.

내가 입학했던 1987년 3월 고대는 전두환 정권에 맞서 개헌 요구로 들끓고 있었다. 입학한 다음날인 3월 3일이 물고문으로 숨진 박종철 열사 49재였다. 3월 3일 고대생 수백 명이 학생회관 앞 민주광장에서 추모제를 지내고 정문 앞에서 전경들과 대치했다. 이 장면을 멀찍이 지켜보며 나는 '앞으로 대학생활이 만만치 않겠다'는 예감이 들었다.

그 봄 내 마음속에는 '역사의 현장에서 두 눈 부릅뜨고 실천하며 살자'는 다짐과 '출세해 가난한 집안을 일으켜야 한다'는 욕망이 충돌하고 있었다.

입학 직후인 3월 중순에 나는 과 친구의 소개로 '문예사랑'이란 서클에 들어갔다. 나는 대학 가면 문학 서클에 들어가 시를 쓰고 싶었다. '예랑'이란 약어로 불리던 서클 이름만 봐선 시와 소설을 쓰고 품평하는 순수 문예서클 같았다. 실제는 이른바 운동권 서클이었다. 선배들은 학내 집회와 시위는 물론이고 서울 시내와 다른 대학에서 열리는 집회와 시위에도 빠짐없이 참석했다. 가끔 가명을 사용하는, 졸업했거나 학교를 떠난 선배들이 찾아오면 새벽까지 함께 소주를 마셨다. 술자리는 국내외 정세 분석, 투쟁 방향 등을 놓고 이야기했는데, 나로선 달나라 소식처럼 도무지 알아들을 수 없는 이야기였다.

전두환 정권은 개헌 요구를 정면으로 거부한 4.13 호헌조치를 내놓았다. 대학가의 대통령 직선제 개헌 요구 시위는 더욱 격렬해졌다. 나는 써클 선배들과 학생회관에서 밤을 새워 유인물을 롤러로 등사하고 낮에는 학교 안팎 집회와 시위에 참석했다.

나는 시나브로 학생운동 속으로 들어가고 있다는 느낌을 받았다. 선배들은 3학년쯤에 시위를 주도하다 구속된 뒤 노동현장으로 진출하고 있었다. 이 서클에서 계속 활동하면 나도 비슷한 경로를 밟게 될 가능성이 높았다. 나는 솔직히 두려웠다. 이 길이 내가 원하고 받아들일 수 있는 삶인지 확신이 서지 않았다. 내심 서클을 떠나고 싶었지만, 군사독재에 맞서 투쟁해야 한다는 대의와 가시밭길을 걷고 있는 선배들에 대한 의리 때문에 떠날 수 없었다.

나는 '이쯤에서 학생 운동에서 발을 빼자'와 '내 앞에 놓인 길

권혁철

을 가야 한다'는 갈등과 고심 속에 있었다. 이런 나에게 5월 고대신문사 수습기자 모집 공고는 탈출구였다. 나는 선배들에게 '고대신문사 일이 바빠 서클을 그만둘 수밖에 없다'는 핑계를 대기로 했다. 고대신문사 입사 경쟁은 꽤 치열했다. 내 기억으론 10대 1의 경쟁률이었고 상식 필기시험, 작문, 면접 등을 치렀다. 햄버거를 먹으며 시험을 본 88년 5월기 동기들 모습이 기억에 선한데 벌써 30년 전 일이다.

나는 운 좋게 고대신문사 수습기자로 합격했다. 그 후 나는 학교로 등교하는 게 아니라 고대신문사로 매일 출근했다. 고대신문사 일을 하면서 학생회관 3층에 있던 서클과는 발걸음이 멀어졌고 관계도 끊어졌다.

나는 고대신문사에 입사하고 몇 달은 '치열한 전선에서 이탈했다'는 자격지심에 시달렸다. 총장이 발행인을 맡은 고대신문이 얼마나 독립적인 목소리를 낼 수 있을까 궁금했다. 만약 학교 당국이 하라는 대로 기사를 쓴다면, 더 이상 고대신문사에서 일할 수 없다고 생각했다. 두려움 때문에 서클을 떠나온 내가 고대신문사에서는 지레 부끄러움을 걱정했다.

고민은 그해 여름방학 때 전북 고창 농민들이 고대에서 벌인 시위를 계기로 해결됐다. 학교 재단인 고려중앙학원 쪽인 삼양사 농지를 소작해온 고창 농민들은 1987년 8월 상경해 '소작답 무상양도' 투쟁을 벌였다. 학교재단의 치부를 다루는 기사인데도 고대신문은 고창 삼양사 소작농 이야기를 빠짐없이 보도했다. 보도 이후 나는 고대신문이 자랑스러웠다. 30년이 흐른 지금도 그렇다. 드라마 '도깨비'의 대사처럼 고대신문에서 보낸 시간은 날이 좋아서, 날이 좋지 않아서, 날이 적당해서 모든 날이 좋았다.

두 번째 기자생활

김기용

국문 96 | 동아일보 기자

 김기용 씨는 우리 나이로 마흔한 살이다. 2003년부터 신문기자 생활을 시작해 올해 동아일보 차장이 됐다. 6년 전 동아일보가 방송국 채널A를 개국했을 때는 2년 간 파견돼 방송기자 생활을 하기도 했다. 김기용 씨는 동아미디어그룹에서 후배 기자들과 일할 때 항상 고대신문을 떠올린다. 2015년 1월 동아일보 팀장을 맡아 후배 기자 4명과 일할 때도 그랬다. 뭔가 의견 충돌이 생길라치면 자동으로 1999년 1학기 고대신문 편집실이 생각났다. 그리고 나면 스스로 생각하기에도 썩 괜찮아 보이는 답이 내려지곤 했다. 지금 김기용 씨의 기자 생활은 복잡한 상황과 수식어를 다 빼면 고대신문 생활과 비슷하다. 기실 두 번째 기자생활인 셈이다. 솔직히 말해 첫 번째는 그다지 성공적이지 못했다. 그래서 김기용 씨는 고대신문이 고맙다. 지금 그나마 나름 기자답게 사는 건 8할이 고대신문 덕이라고 생각한다.

 #장면 1-1 : 1998년 12월, 편집국장 책상에 다리를 올리다
 김기용 씨는 고대신문 국장실에 있었다. 이 방이 자기 방이 된 날이었다. 크고 깔끔했다. 이 방엔 고대신문에서 가장 좋고 가장 편안한 의자가 있었다. 의자에 앉자마자 김기용 씨는 오래전부터 해 보고 싶었던 것을 기어이 했다. 엉덩이를 앞으로 쭉 빼고 뒷목을 의자 목받이에 찰싹 붙인 채 다리를 꼬아 들어 책상 위에 '척' 놓았다. 순간 뭐라고 표현하기 어려운 낮은 숨소리가 새 나왔다. 운명의 절정을 맞는 순간이랄까.

만족감 쾌감 자신감 책임감 뭐 그런 느낌들이 뒤섞인 감정이었다. 이제 대학 4학년, 성적 진로 취업 군대 연애……, 어느 것 하나 제대로 하는 게 없었던 김기용 씨였다. 여느 학생들 같으면 걱정 때문에 잠 못 드는 날을 보냈을 게다. 김기용 씨는 아니었다. 왜냐고? 고대신문 편집국장이었으니까. '할 수 없는 게 없다'고 생각했고, 30여 명의 학생 기자들은 그런 김기용 씨의 손끝을 따라 움직였다. 김기용 씨는 고려대학교의 1999년 1학기를 자신이 책임져야 한다고 생각했다. "20세기를 마감하는 이 시기에 고대신문 기자인 우리에게는 시간 그 자체가 부여한 사명이 있다"고 늘 말했다. 당연한 말을 불편하게 했다. 다리를 꼬아 쭉 뻗어 책상 위에 올린 것과 비슷한 거만함을 숨기지 못했고, 강압적이었다. 어느 날 편집회의 때는 후배에게 재떨이를 던지기도 했다. 후배들의 불만이 쌓여갔다. 아무것도 모르던 김기용 씨는 한 학기가 지나 고대신문 편집실을 떠나고 나서야 조금씩 깨달았다.

#장면 1-2 : 2015년 1월, 팀워크로 특종을 만들다

김기용 씨는 동아일보 팀장이었다. 쟁쟁한 후배 기자 4명과 함께 일했다. 팀장으로서 하고 싶은 것들이 많았고 성과도 내고 싶었다. 그렇지만 '다 할 수는 없다'고 생각했다. 후배들이 다양하게 생각하고 적극적으로 움직일 수 있도록 해줘야 한다고 다짐했다. 의견을 나누기 위해 함께 술도 많이 마셨다. 김기용 씨는 '당연한 말을 꼰대처럼 하지 말자'는 생각을 하루에도 몇 번씩 되뇌었다. 16년 전 고대신문에서 했던 실수들을 다시 해서는 안 된다는 생각도 했다.

후배들은 크고 작은 특종을 쏟아냈다. 개개인의 역량이 뛰어

난데다가, 좋은 팀워크가 뒷받침됐다. 김기용 씨의 팀은 부서 내 5개 팀 가운데 가장 주목을 받았고 가장 좋은 성과를 냈다. 역설적이게도 뭘 하지 않음으로써 뭘 해냈다. 김기용 씨의 직속 상사는 "팀장이 잘해서 좋은 성과가 났다"고 칭찬했다. 김기용 씨는 팀원들에게 구체적으로 말은 안 했지만 자신이 예전과는 많이 달랐다고만 얘기했다. 그러면서 재떨이까지 던졌던 1999년 1학기 고대신문 편집실을 생각했다.

#장면 2-1 : 1997년의 고민

김기용 씨는 살아온 41년 가운데 1997년을 꽤 뚜렷하게 기억한다. 고대신문은 창간 50주년을 맞았고, 편집국장은 고대신문 최초로 여성이 맡았다. 고대신문은 변화의 전기를 마련하기 위해 몸부림쳤다. 많은 고민을 했지만 쉽지 않았다.

김기용 씨는 매주 일요일 저녁이면 1톤 트럭을 타고 고대신문을 학교 곳곳 배포처에 갖다 놨다. 월요일 오전이면 동이 나야 할 신문이 수요일, 목요일이 지나도 남아 있는 경우가 많아졌다. 고대생들은 예전만큼 고대신문을 읽지 않았다. 민주화니 학생운동이니 하는 거대 담론은 사그라졌다. 대신 서태지, H.O.T 등으로 대변되는 대중문화는 폭발적으로 성장했다. 학생들의 관심사는 아랑곳하지 않고 오랜 투쟁 관성만 따랐던 과격한 학생운동은 1997년 사실상 종말을 맞았다. 90년대 후반 학번은 그 이전과 확연하게 달랐다. 전대협으로 대변되는 80년대 학번, 한총련 전성기를 거친 90년대 초반 학번들은 이해 못할 것이다. 1998년에 터진 IMF 사태는 이 같은 분위기에 기름을 부었다. 고대신문도 새로운 길을 찾아야 했다.

과격한 운동권 총학생회보다는 훨씬 나았던 고대신문은 조금씩 변화를 시도하고 있었다. 학생들의 다양한 관심사를 깊이 있게 다루기 위해 '주제탐구'를 시작했다. 과거보다는 다소 연성화된 아이템을 잡기 위해 노력했다. 1999년 1학기 고대신문 편집국장이 된 김기용 씨는 운동권 총학생회와 대립각을 세웠다. 일부러 그런 건 아니다. "어떻게 하면 학생들이 읽는 신문을 만들 수 있을까" 1997년 고민의 연장선이었다. 학생들을 따르려 했던 고대신문과 학생들을 계도하려 했던 총학생회의 차이라고 생각했다.

#장면 2-2 : 2017년의 고민
"어떻게 하면 동아일보 콘텐츠를 더 많은 독자들이 읽게 할 수 있을까." 2017년 동아일보 차장으로 승진한 김기용 씨의 고민이다. 동아일보에 대한 독자들의 관심이 갈수록 줄어들고 있다. 광고매출은 해마다 감소하고 있고, 부수도 줄고 있다. 최근 10년 동안 길거리 가판대에서 신문이 팔리는 것을 본 적이 거의 없는 것 같다. 지하철에서도 다들 휴대전화를 들고 있을 뿐, 신문을 보는 사람을 찾아보기 힘들다. 경쟁사인 C사, J사 보다는 부수 감소 폭이 크지 않다는 점을 그나마 위안으로 삼고 있을 정도다. 김기용 씨는 20년 전 매주 수요일, 목요일이 지나도 고대신문 배포처에 덩그러니 남아 있는 고대신문 뭉텅이를 떠올렸다.

동아일보 내에서 기자들끼리 이제 종이를 포기할 때가 됐다는 얘기가 종종 나온다. 독자들은 더 이상 종이신문을 보지 않는다. 뉴스를 온라인, 모바일로 소비하고 있다. 뉴스를 담아내는 디바이스에 대한 고민이 전부가 아니다. 전달하는 방식 자체에 대한 고민도 커지고 있다. 20년 전과 고민이 다르지 않다. 현재 진행형이다. 어폐가 조금 있을 수 있지만, 20년 동안 고민한 셈이다. 이제 김기용 씨는 동아일보 창간 100년이 되는 2020년을 생각해 본다.

#장면 3-1 : 1996년을 '깡'으로 버티다
김기용 씨는 수습보였다. 수습기자도 아니고 그 아래 '수습보'란다. 수습보는 사람이 아니고 무생물이라고도 했다. 그래서 선배들에게 인사를 해도 잘 받아주지 않았다. 결국 버텨냈다. '좋은 대학 들어와서 이게 무슨 꼴이냐'라고 박차고 나갈 만 했지만 그러지 않았다. 고대신문 자체가 갖는 아우라와 글을 쓰고 싶다는 열망 그리고 동기들 간 끈끈한 애정이 원동력이 됐다. 김기용 씨는 수습보를 마치고 신고식을 하는 날, 소주 2병을 원샷으로 마셨다. 힘들었지만 좋았다.

#장면 3-2 : 2003년을 2분의 1 '깡'만으로도 이겨내다

김기용 씨는 수습기자였다. 6개월 동안 경찰서 허름한 기자실에서 먹고 자고 해야 했다. 수습기자는 사람이 아니라고 했다. 많이 듣던 말이다. 바로 윗 선배들에게 전화로 보고할 때마다 무지막지하게 깨졌다. 육두문자는 기본이었다. 그래도 대수롭지 않았다. '좋은 대학 나와서 이게 무슨 꼴이냐'라고 박차고 나갈 만했지만 버텨냈다. 실제로 그만둔 동기들도 이었다. 하지만 김기용 씨는 절반의 '깡'만으로도 이겨냈다. 17년 전과 너무 똑같은 상황에 오히려 재밌어 했다. 그리고 '고대신문은 어쩔 수 없는 운명'이었다고 생각했다.

2017년 7월 어느 날, 고대신문 창간 70주년을 떠올리며 김기용 씨는 고대신문 후배들이 먼저 생각났다. "1999년을 고대신문 기자로 살고 있는 우리는 반드시 해야 할 의무가 있다"며 '똥폼' 잡는 선배를 따라줬던 그들. 김기용 씨는 그들에게 미안한 마음이 크다. 그 미안한 만큼 현실을 더 잘 살아가겠다고 다짐한다.

김기용

나를 키운 9.9할은 고대신문

김민배

사회 79 | TV조선 대표이사 전무

"나를 키운 건 8할이 바람이다."

시인 서정주는 '자화상'이란 시를 통해 '바람'이 오늘의 나를 있게 한 원형질임을 토로했다. 참 멋있게 정리했다. 곰삭은 내공이 느껴진다.

이름 민배보다는 '민빠이'로 불리며 살아온 언론계 생활 33년 6개월. 고등학교 2학년 때 "기자가 되겠다"고 마음먹은 뒤, 고대신문을 거쳐 언론계에 발을 들여놓은 이후 지금까지 40년을 '언론'을 화두로 한 무대에서 놀고 있다.

2014년 4월 30일.

그날 나는 하루 종일 기분 좋은 설렘에 어쩔 줄 몰라 했다. 언론계에 입문한 지 30년 되는 날이었다. 왠지 그냥 좋았다. 그간의 숱한 곡절(曲折)이 주마등처럼 스쳐갔다. 남북정상회담 평양 취재를 비롯해 청와대 출입기자 시절에 클린턴, 부시 미국 대통령과 푸틴 러시아 대통령, 오부치 일본 총리, 이광요(李光耀)·마하티르 등 당대의 최고수들과 김대중 대통령이 국가적 현안을 놓고 맞짱 뜨는 장면을 지켜봤던 '현장'이 파노라마처럼 왔다가 사라졌다. 뿐만이 아니었다. 정치적, 개인적 이해관계가 치열하게 엇갈렸던 사안에 대한 보도로 곤욕을 치러야 했던 장면과 내가 재직하던 언론사 사장의 구속으로 곤혹스러

윘던 순간들, 그리고 외부의 스카우트·전직(轉職) 제안 등 '유혹'의 장면도 떠올랐다. "야! 민빠이!" 그날 난 속으로 나의 언론계 애칭을 되뇌었다. 그리고 덧붙였다. "너! 잘했다!" 좌고우면하지 않고, 한 자리를 지킨 데 대한 자찬(自讚)의 멘트였다.

그날 TV조선 보도본부장으로서 오후 부장·팀장회의를 주재하면서 후배들에게 말했다. "오늘 이후 언론인으로서 나의 하루하루는 덤이다. 후배들이 보기에 조금이라도 추한 모습이 보이면 주저 없이 얘기해 달라. '이젠 떠나라'고."

그렇게 또 3년여, TV조선의 경영책임자 자리를 지키고 있다. 언제든지 아니다싶으면 스스로 떠나자고 다짐하면서.

그런 마음으로 지난날을 다시 돌아보면서 정의한다. "기자 민빠이를 키운 9.9할은 고대신문이었다"고.

1979년 5월 어느 날 오후의 고대신문 수습기자 신고식이 어제 일처럼 떠오른다. 이날은 감히 말하건대 내가 지금까지 겪었던 가장 극적인 순간 중의 하나였다. 그날 홍보관 2층 고대신문 편집실 커튼은 길게 내려져 있었다. 장엄하고도 무시무시한 의식(儀式)을 치르기 위한 사전 준비 작업이었다. 첫 순서는 수십 년 전통 방식대로 수습기자의 선배기자에 대한 '빠따 치기'. 박정희 당시 대통령이 김재규의 총탄에 쓰러지기 5개월 전, 그 서슬 퍼렇던 시절 '현실과 타협하지 말라'고 후배들이 선배들을 다그치던 의식이었다. 내가 1번으로 불려나갔다. 김용태 사회부장도 호명됐다. "뻑!" "뻑!" "뻑!" 다섯 번의 빠따 치기가 끝나자 김용태 선배는 푹 고꾸라졌다. 주변에 박광온, 전병헌 등 선배기자들의 모습도 보였다. 지금 정치권에서 활약이 대단한 선배들이다.

다음 순서는 수습기자 소주 병나발 불기. 이게 보통 난관이 아니었다. 사실 난 대학에 입학할 때 술을 마실 줄 몰랐다. 술, 담배를 일체 하지 않으면서 지독하게 무서웠던 큰형 때문이었다. 그래서 고등학교를 서울로 유학 왔을 때 친구들은 내 자취

김민배

방에 찾아올 때마다 음료수 '써니텐'을 사왔다. 알코올 끼가 조금 있어 내가 잘 못 마셨기 때문이었다. 그런데 공교롭게 또 내가 1번이었다. 25도짜리 소주를 입 한 번 떼지 않고 죽 마셔야 했다. 입을 떼면 또 한 병이 벌로 주어졌다. 소주병을 세워 입에 댄 순간, 쪼르륵 내려온 소주가 목젖에 턱 걸렸다. 머릿속이 하얘지면서 온갖 생각이 떠올랐다. '여기서 실패하면 난 수습기자를 통과 못하나?' '그러면 기자의 길은 멀어지나?' '이겨내야 한다.' 독심을 먹었다. 그리고 가까스로 이겨냈다. 이후 새벽까지 계속된 탈 수습 의식은 비몽사몽간에 어떻게 치렀는지 기억조차 나지 않는다.

1984년 조선일보 입사 후 치른 수습기자 신고식은 맥주글라스 소주마시기로 시작했다. 고대신문 신고식에 비하면 상대적으로 가벼울 수밖에 없었다.

연일 안암동 교정과 교문 앞에 화염병과 최루탄이 난무하던 70~80년대, 그 한국 현대사 질곡의 시절. 고대신문사는 학생기자 모두의 젊음을 불사른 마지막 승부처였다. 선배들은 더 이상 물러설 수 없는 최후의 일각까지 최선을 다하는 기자 상을 요구했다. 학생기자의 한계상황을 뛰어넘는 민주언론, 사회언론의 전범(典範)이 되어야 한다고 외쳤다. 동두천 미군기지촌 특집과 함께, 고대신문 사회면 톱이 동아일보 사회면 톱으로 바로 구현된 학위논문 대필 특종은 그런 선배들 가르침의 산물이었다.

겨울방학 동안 하버드, 스탠포드, 버클리, 시카고, 워싱턴, 미주리, 컬럼비아 대 등 미국과 캐나다의 대학을 취재해 6개월 동안 고대신문에 연재한 '세계의 석학을 찾아서' 특집도 일간신문 못지않게 시대를 앞서간 기획이었다. 이 취재는 촌티를 벗어나지 못한 대학생 기자들에게 '글로벌'의 눈을 뜨게 해줬다. 그때 학생기자들을 아버지처럼 큰 무대로 인도했던 농과대학 교수였던 김성복 주간이 생각난다. 또 후배들을 이끌었던 대학원생 편집간사 홍지웅 선배는 오늘날 출판사 '열린책들'을 통해 한국출판시장을 선도하고 있다. 당시 고대신문을 구성하고 있던 인적(人的) 인프라 속에 시대를 리드하는 DNA가 있었다고 감히 생각해본다.

언론계에 입문해 언론사(史)에 남을만한 흔적을 새긴 것은 없다. 그럼에도 오늘까지 잘 견뎌준 자신에게 스스로 대견하게 생각하는 것은 하나이다. 어떤 자리에 있든 "치열하게 승부한 선배였다"고 후배들이 얘기해준다는 점 때문이다.

경찰기자 시절, 2년 반을 서울시내 경찰서 숙직실에서 형사들과 함께 숙식을 했다. 함께 야식을 먹고, 함께 목욕가고, 함께 뒹굴었다. 그래서 형사들과 '형제'처럼 가까워져 유괴사건 범인 체포 현장에 동행하는 행운을 거머쥐기도 했다. 그런 끈끈한 정 때문인지 결혼식 때는 '깍두기 머리'를 한 경찰 수백 명이 참석해 다른 하객들의 고개를 갸우뚱하게 하는 일화도 남겼다.

청와대 출입 기자를 마친 뒤, 2004년 1년간의 주간조선 편집장 경험은 내 언론계 이력 중에서 잊을 수 없다. 이 1년 동안 난 누가 뭐라든 주간지 시장에서 종횡무진 했다. 모두 고대신문에서 쌓은 공력 덕이었다. 고대신문과 주간조선은 '1주일 승부' 매체라는 공통점을 갖고 있다. 주간조선을 만들면서 나는 내 몸속 깊은 곳에 고대신문에서 경험했던 1주일 단위의 승부에 매우 최적화된 체력적, 심리적, 매스컴적 활성에너지가 저장돼 있음을 느꼈다. 우선 시사 잡지를 만든다는 게 너무 재미있었다. 주간지 한 호를 암(癌)이라는 주제 하나로 만든 '주간조선 암 특대호'는 국립암센터의 모든 암 환자에게 환자교본으로 배부되는 영광을 안았다. 또 한 호를 환경 주제로 만든 '주간조선 환경 특대호'도 인기상품이었다.

뿐만 아니라 어윤대 총장 시절, 세계화로 발돋움하는 모교(母校)를 재조명하는 기사 16쪽으로 구성한 '고려대는 혁명 중!' 특집호도 기억에 남는다. 나중에 어 총장으로부터 "주간

김민배

조선 특집이 고대 100주년 국내외 모금행사에 크게 도움이 되었다"는 말을 듣고는 학교가 가는 길에 벽돌 한 장 얹은 것 같아 기분이 좋았다. 다행히 편집장 시절, 주간조선 판매도 주간지 시장 4위에서 선두로 뛰어올랐다.

2년간의 조선일보 사회부장 시절, 안기부 도청으로 실체가 드러난 삼성비자금 사건, 즉 언론계에선 '삼성 X파일사건' '안기부 미림사건'으로 통칭되는 사건 특종을 지휘해 국내 모든 언론상을 휩쓰는 행운도 경험했다. 또 정치부장으로서 모교 선배인 이명박 대통령이 당선되는 대선을 경험하기도 했다.

이후 TV조선 보도본부장 시절 또한 기억에 뚜렷하다. 하루하루가 후배기자들을 지휘하는 마지막 무대라 생각하고, 재임 2년 4개월간 보도본부장실에 '사우나탕 1인용 라쿠라쿠 침대'를 갖다놓고 숙(宿)을 하며 전력투구했다. 언론인으로서 마지막 불꽃을 태우고 싶어서였다. 신문기자로 시작해 하이테크 장비로 대중과 호흡하는 방송을 경험해 보다니 너무너무 기뻤다.

돌이켜보면 기자 '민빠이'는 행운아였다. 선배들의 애정 어린 성원에 힘입어 국내 대표적 언론단체인 관훈클럽 총무를 하고, 또 고대언론인교우회 회장이라는 막중한 자리까지 맡겨져 심부름을 하고 있다.

"매사 최선을 다한다" "길이 없으면 길을 만들며 간다" "후배들에게 부끄럽지 않게 처신한다".

지금도 이런 고대신문의 가르침을 좌우명삼아 매일매일 옷깃을 여민다.

지금도 꿈에 나타나는 고대신문

김영준

사회 81 | TBN 서울방송센터장

대학신문(서울대 학보), 연세춘추, 그리고 고대신문을 나란히 펼쳤다. 입학 원서와 함께 받은 세 신문에는 모두 1980년 '서울의 봄'을 결산하는 기사가 있었다. 힘 있는 필치, 깊이 있는 분석. 고대신문은 비교의 수준을 훨씬 뛰어넘어 있었다. 어려서부터 기자가 꿈이었다. 고대로 가자! 고대신문 기자가 되고 싶었다.

81년 학번의 대학생활은 그렇게 시작되었다. 광주를 피로 물들이며 같은 해 3월 출범한 제5공화국과 함께 말이다.

막상 고대신문에 지원할 생각을 하니 얄팍한 지식이 걱정이었다. 입학을 하자마자 고대신문사를 찾았다. 입사시험 준비를 하려는데, 출제경향을 알고 싶다는 말에 선배인 듯한 기자는 어이없어 했다. 대학생활에 충실하라는 하나 마나 한 얘기를 들었다.

가까스로? 아마 그랬을 것이다. 대학입학보다 훨씬 높은 경쟁률을 뚫고 고대신문 입사시험에 합격한 감격은 지금도 생생하다. 편집실에 일찍 나와 걸레질을 할 수 있어 행복했다. 고대신문을 선택한 나의 안목도 만족스러웠다.

살벌한 신고식을 거쳐 수습기자로 발령 난 뒤, 처음 만든 신문은 1월 입시 특집호였다. 입시 관련 취재는 대학 본관 출입을

김영준

담당한 내 몫이었다. 그런데 입학원서 지원 상황을 어디로 가서 어떻게 취재하는지 알려주는 선배가 없었다. 난감해 할 때, 마침 한 중앙일간지 기자가 신문사에 왔다. 입시 때에는 일반 기자들이 고대신문에도 들르곤 했다.

'그래 저 기자는 신문사를 나서면 입시 상황을 취재하러 갈 거야. 어디로 가는지 따라가 보면 되겠어.'

고대신문 기자가 고대를 취재하면서 어디로 갈지를 몰라서 일간지 기자 뒤를 밟다니 그럴 정도로 왕초보였다. 행여 들킬세라 뒤를 밟으니 역시 그 기자는 추측한 대로 본관으로 들어갔다. 본관 총장실 옆에는 기자실이 으리으리하게 꾸며져 있었다. 시간대별 입학경쟁률 상황판도 있고, 안락한 의자에 음료수며 최고급 담배가 탁자에 풍성히 놓여 있었다.

들어가도 될까. 잠시 망설였지만, 여기가 고대인데 그리고 나는 고대 신문기자인데 누가 뭐라고 하랴 싶어 소파에 깊숙이 앉아 솔담배를 폼 나게 물었다. 잔뜩 겉멋만 든 채로 말이다.

기자실의 존재는 선배 누구도 모르는 눈치였다. 입시는 1년에 한번 있는데 그걸 담당한 선배들은 이미 신문사를 떠난 듯했다. 시시각각 입시 상황을 나름 다양하게 취재해오면서 베테랑 기자나 된 듯 어깨에는 잔뜩 힘이 들어갔다. 같은 학번이자 위 기수였던 박웅현(신방 81) 동인은 이런 나를 볼 때마다 민완 기자를 따서 '민안(不)기자'라고 부르며 재미있어 했다.

한 학기 동안 수습기자를 하면, 정기자가 된다. 고대신문 동인의 자격도 이때부터 주어진다. 신문 지면을 한 면씩 배당해 기획과 편집을 맡긴다. 고대신문 기자로서 본격적인 활동을 하는 것이다.

그런데 한 가지 문제가 생겼다. 우리 동기들은 중도 탈락자가 많지 않아, 배정해야 할 지면보다 한 명이 초과된 상태였다. 지면을 받지 못한 사람은 신문사를 그만둘 수밖에 없을 것이라는 말이 돌았다. '민안기자'인 나와는 전혀 관계없는 일로 여졌다.

　청천벽력 같은 일이 벌어졌다. 내가 면을 배정받지 못한 것이다. 장차 편집국장을 꿈꾸며 종횡무진 열심히 뛰었는데 벌써 신문사를 그만두어야 한다니 좌절감과 수치심이 몰려왔다. 하지만 이대로 그만둘 수는 없었다. 선배들의 판단이 잘못된 것을 증명해 보이리라. 얼마 뒤 동기생 한 명이 심한 골절로 입원하게 되어 조금 늦게 면을 받게 되었다. 6개월 후 내가 유일하게 면을 배정 받지 못한 이유도 알게 되었다. 내가 정기자일 때, 취재부장으로 이미 신문사 내 서열 2위였던 박웅현 동인이 말해주었다. 면을 배정받지 못하는 사람은 신문사를 나갈 텐데, 선배들이 너는 주지 않아도 안 나갈 거라 판단했다는 것이다. 내가 힘들어 할 것 같아 살짝 귀띔해 주려했는데, 아무렇지도 않은 듯 신문사 일을 열심히 하기에 말하지 않았다고 했다.

　정기자 때는 캠퍼스를 벗어나 특별취재에 매달렸다. 한 주는 취재하고, 한 주는 기사 작성과 동시에 다음 주제를 기획하고. 누가 격주마다 하라고 시킨 것도 아닌데 강의실이 어디인지도 잊은 채 몰두하던 그 시절을 '고대신문 50년지'는 이렇게 기록했다.

　"고대신문의 이러한 시도는 다른 대학언론에서는 보기 어려운 과감한 시도였다. 일본인들의 비뚤어진 '기생관광의 실태'와 80년대 정치적 억압과 동전의 양면을 이루며 조장되었던 각종 스포츠 열기의 역기능을 비판적으로 조명한 '스포츠 문화의 현장', 흔들리는 대학가를 조명한 '오늘의 한국 대학 무엇이 문제인가' '흔들리는 젊음의 행진' 등의 특집은 발행될 때마다 대학가와 사회에서 화제가 되었다"

　3학년 부장이 되어서는 특집 기획에 집중했다. 3.1절, 6.25 등 기성 언론도 동시에 다룰 주제를 경쟁의식을 가지며 기획했다. 대표적인 것이 3.1절 특집이었다. 군부독재의 폭압이 극에 달하던 때, 백기완 선생과 『친일 문학론』의 저자 임종국 선생의 대담을 기획했다. 시외버스를 타고 물어물어 산골에 계신 임 선생님을 찾았다. "백기완 선생이 나오신다면……" "임종국 선생이시라면……" 3.1절 특집이라는 명분으로 용케 배포금지 당하지 않아 참으로 행복했다.

고대신문 생활 내내 겪어야 할 한계상황도 분명 있었다. 기성 언론이 보도지침 통제로 민주화 시위를 보도하지 못할 때, 고대신문은 1단 기사일망정 실어냈다.

"고대신문에는 보도됐는데 우리는 왜 안 됩니까?"

번번이 이렇게 항의하는 다른 대학 기자들 때문에 고대신문은 주간교수들에게 자주 원성의 대상이 됐다.

그렇지만 민주화 열망을 온전히 담는 것은 원천적으로 불가능했다. 정론을 위한 몸부림은 배포금지로 좌절되기 일쑤였다. 배포 금지된 신문은 소각 처리되었다. 이대로 발행을 포기할지, 발행되지 않는 신문은 존재가치가 없으니 '행간의 진실'이 전해지길 바라며 수정하여 다시 인쇄할지는 신문사 생활 내내 따르던 고통스런 선택이었다. 문제된 기사를 이를 악물고 도려내거나 대폭 수정하여 다시 인쇄하던 때도 있었다. 어떤 기사는 도저히 타협할 수 없어 그대로 배포금지되어 발행하지 못한 적도 있었다.

고대신문의 일원이 된 감격과 기쁨 못지않게 이내 번민이 찾아왔다. 진실을 외면하는 기성 언론을 비판하지만, 고대신문 역시 그런 비판에서 자유로울 수 있는지 자괴감에 괴로웠다. 1982년 10월 '학생기자의 고민'이라는 제목의 칼럼에 이런 괴로움을 담았다. 편집실 내에서는 고대신문 기자답지 못한 글이라는 비판도 있었지만, 오탁번 교수는 다음 호에 '오랜만에 심금을 울리는 학생기자의 육성'이라는 글을 써오셨다. 오 교수는 고대신문 출신이기도 했다.

이즈음 고대신문을 그만두고 학생운동에 가담하는 문제를 놓고 많은 고민을 했다. 시위를 주동하거나 적극 가담만 해도 실형을 선고받거나, 강제 징집되던 시절이었다. 두려움은 당연히 컸다. 그러나 고대신문이 너무 좋았다.

경찰의 감시망 속에서 유인물을 만들어 진실을 알리는 일은 용기 있는 투쟁이다. 하지만 제도권 내 신문도 못지않은 역할을 할 수 있다고 생각했다. 고대신문의 명성에 부끄럽지 않게 치열하게 만들겠다고 다짐했다.

1984년이 되자 전두환 정권은 돌연 학원 자율화 조치를 발표했다. 대학 내 상주해 있던 경찰 병력을 철수시키고, 제적생의 복학을 허용했다. 잇단 유화 제스처에 학생운동은 다시 활기를 띠게 되었다.

오랜 기간 봉쇄되어 왔던 학원 자율화와 사회 민주화의 요구가 봇물처럼 쏟아져 나오고 있었다. 그런데 기성 언론이 심상치 않았다. 신문과 방송은 마치 약속이나 한 듯 대학을 악의적으로 왜곡하는 보도를 경쟁적으로 밀어내고 있었다. 하나같이 대학이 좌경화, 의식화의 소굴이라고 주장했다. 대학을 이대로 두면 우리 사회에 큰 해악으로 작용하게 된다고 주장했다.

일반 국민은 주로 언론을 통해 대학 소식을 접하게 된다. 대학이 불온세력의 온상이라는 그릇된 인식을 갖기에 충분했다. 이토록 대학이 철저히 왜곡되고 고립되고 있는데, 이를 바로잡으려는 노력은 보이지 않았다.

고대신문이 사명감을 갖고 나서야 했다. 언론 보도가 얼마나 왜곡됐는지, 사실은 무엇인지, 대학의 실상을 제대로 알려야 했다. 그 방법은 권력에 굴종하는 기성 언론의 경박함과는 달리 아카데미즘을 바탕으로 한 차분한 논조로 대응하려 했다. 형식은 기성 언론과 똑같은 연속기획물로 했다. 편집국장과 각 부장이 매주 한 주제씩 담당했다. 시리즈물의 제목은 '가려진 대학의 실상'이다. 배포금지를 의식하여 최대한 순화했다.

첫 순서에는 평소 권두 논문을 싣던 1면에 편집국장이 '기획의 취지'를 쓰며 포문을 열었다. 잘못된 현실에 대한 비판은 대

김영준

학인의 사명이며, 언론의 왜곡에 체계적으로 철저히 대응해 나가겠다고 했다. 이어서 원준형(경제 82) 총무부장이 대학의 태동과 근원적인 사명을 다룬 '대학의 자율'을, 김교만(정외 82) 논설부장이 좌경화의 온상이라는 '서클'에 대해 본질적인 내용으로 접근하며 언론의 잘못된 주장을 바로잡아 나갔다. 노영국(정외 82) 특집부장은 좌경이론의 실습장으로 매도된 'MT, 농촌봉사, 야학'을 맡았다. 소설처럼 왜곡된 내용들을 지적하고 실체적 진실에 충실히 접근하려 했다. 송은석(국교 82) 문화부장은 '언론의 대학관계 기획물'을 맡았다. 그리고 마지막 회에는 김우창 영문과 교수, 김형배 법대 교수 등을 모시고 평가 좌담회까지 약 한 달 반 동안 6회를 실었다.

문제는 '언론의 대학관계 기획물' 편이었다. 처음에는 기성 언론의 기획물들이 대학을 얼마나 허무맹랑하게 왜곡하고 있는지 낱낱이 기록하는 데 초점을 두려 했었다. 그런데 작업을 하다 보니 그런 기획을 담당한 관계자를 만나 얘기가 듣고 싶어졌다. 아니 당연히 그래야 하는 일이었다.

당시 왜곡 기획을 가장 먼저 시작한 언론은 중앙일보였다. 편집국장과 인터뷰를 요청했는데 처음에는 응답이 없었다. 마침 고대 출입인 고도원 기자가 다른 취재차 고대신문에 들렀다. 중앙일보가 인터뷰를 거부한다면 그 사실을 그대로 실을 수밖에 없다고 했다. 고기자는 그럴 리 없다며 알아보겠다고 하더니, 편집국장과 인터뷰 일정을 잡아 주었다.

MBC의 담당 PD는 비교적 쉽게 응했다. 증언도 거침없고 충격적이었다. 고대신문에 기사화되지 않을 거라 생각했을까? 자신도 양심상 괴로웠지만 한 집안의 가장으로서 책임도 있고, 자신이 안 해도 다른 누군가는 할 것이기에 맡았다고 했다.

"우리는 손과 입만 빌려주었을 뿐이다. 좌경 학생을 한 명도 만나보지 못했다. 시위 주동학생의 하숙집 영상도 치안본부에서 주소를 주며 촬영하라기에 했을 뿐이다."

그리고 안기부에서 제공했을 것으로 추정되는 대학 좌경화와 용공사상에 대한 여러 왜곡된 자료를 보여 주었다. 정권의 구미에 맞게 인터뷰에 응할 '활용 가능 교수 명단'이라는 것도 있었다.

연일 대학을 융단 폭격하듯 쏟아내는 기획물의 실체가 밝혀지는 순간이었다. 언론의 자발적인 보도가 아닌데, 보도의 진실성 여부는 더 이상 논할 가치조차 없었다. 이 사실을 고대신문에 모두 싣고 싶었다. 고대신문 생활 내내 가졌던 진실에 대한 갈망도 이제 끝낼 때가 왔다고 생각했다. 어떤 희생이 따르더라도 말이다.

알게 된 모든 사실들, 쓰고 싶은 내용을 모두 고대신문에 담았다. 출처가 안기부로 보이는 대외비 문건의 제목도 하나도 빠뜨리지 않았다.

주간교수와는 늘 기사의 수위를 놓고 어쩔 수 없이 갈등해오다 인간적인 신뢰가 돈독해진 터였다. 조판 당일 서진영 정외과 교수는 "각오는 되어 있지?"라고 단 한마디를 묻고는 막지 않았다. 이 기사로 신문사도 학교도 마지막이라고 생각했다.

그러나 다행히도 신문은 배포금지되지 않고 온전히 나갔다. 각오했던 것과 달리 편집국장과 부장들 중 희생자도 없었다. 기사는 마음껏 썼지만, 편집과 제목에서 당국을 자극하지 않으려 표현을 가급적 순화한 영향도 있을 것이다. 하지만 이보다는 당시 학원 자율화의 뜨거운 열기 속에서 고대신문이 배포금지된다면, 불에 기름을 끼얹은 것처럼 학내 투쟁이 격렬해질 것을 우려했다는 생각이다. 몇 주 뒤 기말고사를 앞둔 종간호가 배포금지 되는 것을 보며 이런 심증을 더욱 굳히게 되었다.

30년도 훨씬 넘은 그날의 일들이 아직도 생생하다. 고대신문의 70년은 펜 하나로 불의에 맞선 고대신문 동인들의 비장한 헌신들이 토대가 되었다고 생각한다. 그 헌신에 부끄럽지 않았으면 다행이겠다.

김영준

지금도 이따금 고대신문에 대한 꿈을 꾼다. 고대신문에 큰 위기가 닥쳤는데 편집국장을 할 사람이 없으니 해달란다. 직장을 그만두고 고대신문에 다시 나가야 하나 갈등하다 잠에서 깬다. 미처 배포하지 못한 그때의 신문들이 아쉬웠을까? 고대신문에 대한 사랑은 끝나질 않는다.

'80년 5월의 언어' 지령 866호,
민주화 기록 후회 없이 담았다

김용태

사회 77 | 전 조선매거진 경제미디어본부장

2003년 3월 고려대 언론대학원에서 임상원 교수(현 신문방송학과 명예교수)로부터 들은 '언론 사상사' 강의를 잊지 못한다. 임 교수는 1970년대 후반부터 1980년 초까지 고대신문 주간으로서 많은 가르침을 주셨던 은사. 대학생활의 전부를 바쳤던 고대신문을 떠난 지 23년 만에 스승과 제자로 다시 만났다.

임 교수의 '언론사상사' 강좌는 존 밀턴이 1643년 의회가 만든 출판허가제 명령을 의회 스스로 폐기하도록 설득하는 글인 '아레오파지티카(Areopagitica)'를 전문 번역한 『아레오파지티카: 존 밀턴의 언론 출판 자유에 대한 선언』이 주 교재였다. 임 교수는 언론사상사 고전 중의 고전으로 난해한 이 글을 심혈을 기울여 번역, 후학들을 위해 한 권의 책으로 내놓았다. 이 책에는 그의 언론사상과 자유에 대한 식견이 고스란히 녹아 있다.

임 교수와의 케케묵은 개인사를 언급한 것은 한때 고대신문 주간교수와 기자로서 맺었던 인연 때문만은 아니다. 임 교수가 강의 중 『아레오파지티카』에서 인용한 한 구절이 머릿속에 깊이 각인됐기 때문이다.

"어떤 사람이 글을 써서 세상에 내놓을 때는, 그는 이를 위해 모든 이성을 동원하여 숙고를 다한다. 그는 탐구와 명상을 하고 부지런히 노력하고 그리고 현명한 친구들의 자문을 구하고 의논을 한다. 이런 온갖 노력을 통해 그는 그보다 앞서 쓰인 글에 대해 잘 알 뿐만 아니라 마찬가지로 그가 쓰고 있는 글도 스스로 잘 알 수 있게 된다. (……) 허가관이 마음 내키는 대로 하는 판단의 편협한 기분에 맞추어 그대로 먹칠하고 변경하여야 하는 그의 가부장적인 교정 지시 하에 있어야 한다면 저자들은 차라리 침묵하는 편이 더 낫다."(임상원 역주, 『아레오파지티카』, p.208~p.209)

존 밀턴은 이 글에서 검열과 허가명령은 실제로 집행하기 불가능할 뿐만 아니라 집행한다고 해도 소기의 목적을 성취할 수 없다는 점을 강조했다. 존 밀턴의 『아레오파지티카』 한 구절을 많은 시간이 흐른 지금 기억 속에서 끄집어 낸 것은 '1980년 고대신문'과 매칭 포인트가 있어서다. 존 밀턴이 검열의 야만성을 지적한 그때의 시대적 상황과 내가 편집국장을 맡았던 1980년 5월 고대신문이 맞닥뜨린 학내외 상황은 어찌 보면 흡사했기 때문이다. 정확히는 서울의 봄 마지막 신문이었던 '지령 866호(5월 13일 발행)'와 맞닿아 있다. 존 밀턴의 인용문에서 '글'을 '신문'으로, '허가관'을 '계엄사 검열'로, '저자들'을 '신문기자'로 바꿔 음미해 보면 더더욱 그러하다.

1980년 3월 고대 캠퍼스는 뜨거웠다. 권력의 통치수단이었던 긴급조치가 해제되고, 이른바 '서울의 봄'이 찾아와 캠퍼스는 역동적인 에너지가 넘쳐 흘렀다. 고대는 물론 사회 곳곳에서 민주화 요구가 화산처럼 폭발했다. 민주화 운동을 했다는 이유로 정든 캠퍼스를 떠났던 교수들과 제적생들이 속속 복직과 복교를 했다. 기형적인 학생회였던 학도호국단체제가 폐지되고 학생들의 직선으로 선출된 총학생회가 공식 출범했다. 어수선했지만 학교는 학교대로, 학생회는 학생회대로 '비정상'에서 벗어나 하나씩 '정상'을 찾아가고 있었다.

고대신문사도 예외는 아니었다. 긴급조치 시대 기자들과 동고동락했던 주간교수와 편집부주간, 총무부주간이 학교 측에 사의를 표하고 신문사를 떠났다. 중앙정보부 검열 아래서 숨조차 쉬기 어려웠던 시대에 '좋은 신문'을 만들기 위해 노력했고 많은 조언을 해주었던 분들이었는데 안타깝기 그지없었다.

모든 어젠다가 '민주화'라는 단어 하나로 수렴되는 그런 시대적 상황에서 편집국장을 맡았다. 개강은 했으나 강의에 들어가는 것은 언감생심 꿈도 꾸지 못했다. 홍보관 2층 편집실에서 숙식을 해결하는 '홍보관 자취생' 생활이 자의 반 타의 반 시작됐다. 김재태(불문 78, 당시 논설부장), 김상윤(경영 78, 당시 취재부장), 박보영(사학 79, 당시 기자), 우동명(정외 79, 당시 기자), 금교돈(교육 79, 당시 기자) 등과 함께 신문편집 방향을 놓고 갑론을박하며 밤을 지새웠다.

"긴급조치 시대 타의에 의해서였든, 아니면 자기검열 차원에서였든 그동안 다루지 못했던 학내외 민주화 이슈를 전면 기사화해 나가자."

일부 기자들은 계엄사 검열을 즉각 거부하고 시위에 동참하자고 주장했다. 난감했다. 기자들의 얘기도 당시 상황에서 무리한 주장은 아니었기 때문이다. 나는 어떤 악조건에서도 신문 발행만은 포기하지 말자고 기자들을 설득했다. 계엄사 검열에 의해 '칼질'당한 누더기 신문일지라도 그것이 '그 시대의 언어'를 기록하는 것이라면 신문 발행은 해나가자고 호소했다.

난상토론 끝에 '민주화 이슈 전면 기사화'라는 편집방향을 잡고 원고청탁과 기사취재에 들어갔다. '학생운동사 소고' 등 기획물을 신설, 긴급조치 시대 기사화하지 못했던 고대 학생운동을 재조명하고, 정치 민주화를 위한 교수, 재학생 등 외부 필자의 글에 대한 지면을 대폭 확대했다. 타율이 아닌 자율에 의한 고대신문만의 '민주화 편집 대개혁'이 시작된 셈이었다.

편집 패러다임을 대전환하게 된 데는 박정희 전 대통령의 죽음을 부른 '10.26 사태'라는 외부적인 요인이 작용했다. 더 이

김용태

상 중앙정보부라는 '야만적 집단'의 검열을 받을 필요가 없어 졌고 배포 금지 또한 걱정할 필요가 없었다. 그렇다고 장벽이 완전히 걷힌 것은 아니었다. 비상계엄 상황인지라 계엄사 검열 이 버티고 있었다. 그러나 계엄사 검열은 큰 걸림돌이 되지는 않았다. 서울시청에 마련된 계엄사 검열단에 갈 때마다 신문은 '칼질'을 당해 누더기가 됐다. 하지만 그 부분을 빈칸으로 남기 고 신문을 발행하면 그만이었다. '칼질'당한 여백은 독자들의 상상력에 맡기고.

편집방향 대전환에는 고대신문사 내부적인 '도덕적 부채감' 도 큰 영향을 미쳤다. 이른바 '서울의 봄'을 맞아 캠퍼스에 다시 돌아온 복교생 중에는 고대신문사 출신 동인들도 많았다. 이민 구(사회 75), 엄주웅(경제 76), 서명숙(교육 76), 백완승(신방 76) 동인이 바로 그들. 비록 복교생은 아니었지만 1979년 말 교도소에서 풀려나 한국교회사회선교협의회 간사로 들어간 천 영초(신방 71) 동인은 당시 편집국 기자들에게 엄청난 '도덕적 부채감'을 느끼게 한 전설적 선배였다.

유신시대 야만적 권력에 몸으로 맞서 싸운 천 동인의 애절 한 풀 스토리는 서명숙 동인에 의해 『영초언니』라는 책으로 2017년 5월 출간됐다. 늦었지만 40여 년 만에 고대신문의 살아 있는 전설로 부활했다. 그러나 고대신문은 천 동인을 비롯한 동인들의 민주화 투쟁 기록을 단 한 줄도 쓰지 못했다. 남아 있 는 기자들의 자괴감은 컸다.

이런 '도덕적 부채감'을 안고 한 호, 한 호 신문을 만들어 가 던 중 5월 들어서면서 학내 공기가 급변했다. 정상적이라면 2일 전야제를 시작으로 개교기념 축제에 들어가야 했으나 그러지 못했다. 축제는 뒷전으로 물러나고 대신 총학생회를 중심으로 대강당에서 철야 시국 토론회가 연일 개최됐다.

교수들도 교수협의회 결성에 나서는가 하면 대학원생들도 시국선언문 발표에 나설 것이라는 소식이 속속 편집국에 접수

됐다. 여기에 더해 20여 개 대학 총학생회장들이 고대에 모여 공동시국선언문을 발표한 뒤 민주화 투쟁에 나설 것이라는 얘기가 총학생회에서 활동하고 있던 동인을 통해 전해졌다. 마치 용암이 분화구 끝까지 차올라 대폭발할 것 같은 그런 뜨거운 긴장감이 고대 전체를 휘감았다. 4.19 혁명이 4.18 고대생들의 시위에서 비롯됐듯 고대가 또다시 민주화 투쟁의 선봉에 나서는 상황이 재현되고 있었다.

"다음 호 신문 발행 때까지 전원 편집국에서 철야 근무!"

편집국에 비상대기령을 내리고 나에게는 운명과도 같은 '고대신문 866호' 마감 카운트다운에 들어갔다. 일부 여기자들을 제외한 기자들은 편집국과 임시숙소로 예약해둔 여관을 오가며 철야 취재에 돌입했다. 외부 필자 원고 청탁 확인 등을 하며 마감을 하고 있던 5월 8일 금요일 저녁, 총학생회에서 활동하고 있던 이민구 동인이 편집실로 찾아왔다.

"22개 대학 총학생회장이 고대에 모여서 공동 시국 선언문을 채택했어. 이 선언문 전문을 고대신문이 게재해 주었으면 좋겠는데."

이 한마디를 던지고 이 동인은 환하게 불을 밝힌 학생회관으로 사라졌다. 깊은 고민에 빠졌다. 시국선언문 전문을 게재하느냐, 마느냐 차원의 문제가 아니었다. 시국이 시국인 만큼 1면에 전진 배치, 게재하기로 내부 방침을 정했다. 다음이 문제였다. 권두논문이 게재되는 1면 편집을 송두리째 뒤흔들어야 했다. 1면에 교수들의 학문적 글을 싣는 '권두논문제'는 고대신문이 창간 이후 지켜온 전통적인 편집시스템. 아카데미즘과 저널리즘의 조화라는 측면에서 대학신문 편집의 바이블로 여겨졌다. 고대신문의 자랑스러운 상징이기도 했다.

그러나 고대신문의 이 자랑스러운 상징을 허물었다. 아니 허물 수밖에 없었다. 선배 동인들로부터 욕먹을 각오를 하고. 비상한 시국에 '신문을 신문답게' 만드는 길은 그 길밖에 없었다.

김용태

외길이었다. 일단 22개 대학 공동 시국선언문을 1면 상단에 배치하고 김호진 교수(행정학과)의 글 '정치 발전의 적'을 하단으로 내렸다.

그렇다고 문제가 해결된 것은 아니었다. 5단 광고를 그대로 게재하고서는 동인들의 칼럼인 '냉전'을 실을 수가 없었다. 또 다시 난관에 봉착했다. 광고를 빼면 모든 문제가 해결될 수 있지만 이것은 편집국장이 임의적으로 결정할 수 있는 사안은 아니었다. 광고는 제작비의 주 수입원으로, 외부 광고대행사와 계약이 체결돼 있었다. 주간 교수였던 심재우 교수(법학과)께 도움을 요청했다.

"신문 편집권은 편집국에 있네. 국장을 중심으로 신문을 소신껏 만들게." 심 주간 교수는 흔쾌히 1면 5단 광고를 빼는 것에 동의했다. 이때 전임 주간 교수였던 임상원 교수도 연구실로 찾아뵙고 자문을 구했다. 용기를 북돋아주고 많은 격려를 해주셨음은 물론이다. 어려웠던 시기 '통 큰' 결정을 해주고 마음껏 신문을 만들 수 있도록 배려해준 두 분께 지금도 머리 숙여 감사드린다.

1면 편집 난제를 정리하고 나자 학내 기사를 싣는 7면이 문제가 됐다. 민주화 뉴스가 넘쳐 지면이 턱없이 모자랐던 것. 1면과 마찬가지로 5단 광고를 그대로 두고서는 대학원생 시국선언문 등 많은 민주화 관련 뉴스가 사장될 수밖에 없었다. 또 다시 특단의 조치를 취했다. 편집국장 권한으로 7면 5단 광고를 빼고 교수 협의회 결성, 대학원생 시국 선언문 전문 등 민주화 이슈와 관련된 뉴스로 꽉 채웠다.

이런 산고를 거쳐 '고대신문 866호'는 마감됐다. 그때가 5월 12일 화요일 밤 11시쯤. 끝이 아니었다. 계엄사 검열이라는 마지막 과정이 남아 있었다. 당시 신문을 만들던 조선일보 외간부에서 8장의 물먹은 대장을 들고 서울 시청에 마련된 계엄사 검열단으로 터벅터벅 발걸음을 옮겼다. 검열단장인 보안사 이상재 준위 등 검열단이 여지없이 공포의 빨간 사인펜을 들고 '칼'을 휘둘렀다. 존 밀턴이 오래전 『아레오파지티카』에서 설파했듯 '검열관의 마음대로, 편협한 판단의 기준에 맞추어 먹칠되고 변경'되는 수모를 당했다. 존 밀턴은 이런 상황에서는 침묵하라고 했다. 그러나 그렇게 하지 않았다. '고대신문 866호'를 제작, 5월 13일 배포했다. 비록 곳곳에 '칼질'을 당해 상처투성이였지만 배포 자체만으로 그 의미는 컸다. 왜? 1980년 5월을 관통했던 민주화라는 '그 시대 언어'를 충실히 기록했기 때문이다.

고대신문 866호는 이와 함께 고대신문사 내부적으로 몇 가지 기록적 의미도 담고 있다. 창간 이후 유지됐던 권두논문제에 변화를 시도, 시국선언문을 최대한 부각해 다뤘다는 점이다. 또 1면과 7면의 5단 광고를 통째로 빼고 민주화 이슈와 관련된 기사를 가득 실었다는 것이다. 1980년 5월 그때, 민주화 이슈를 유의미하게 다루기 위해 광고를 들어내고 만든 대학신문이나 일간 신문은 없었다. 이 두 가지 기록이 담고 있는 뜻은 훗날 언론계에 진출해 28년 동안 기자로, 편집책임자로 일하면서 지치고 힘들 때 중심을 잡는 버팀목이 돼주었다. 한 마디로 정글 같은 언론계에서 기사 물먹지 않도록 닦달한 채찍이었고 용기를 북돋아주는 비타민이었다.

창간 70주년을 맞은 2017년 11월 3일, 나는 고백한다. 고대신문 866호에 옥에 티는 있다. 1면 상단에 배치한 22개 대학 공동 시국선언문을 정제하지 않은 채 전문을 게재한 것이다. 보다 신문다우려면 스트레이트 기사를 자세히 쓴 뒤 선언문 전문을 덧붙여야 했다. 그렇게 처리하지 못한 것이 두고두고 아쉽다. 다소 거칠고 '신문답지' 못했던 이 실수를 후배들은 반복하지 말았으면 좋겠다.

김용태

고백하노니, 체포하시라

김우철

사학 83 | 서울역사편찬원장

다시 생각해도 거절하는 게 옳았다. 덜컥 원고 청탁을 받아들이다니. 누구보다도 고대신문의 빚을 많이 지고 살고 있기에, 70주년을 기념한다는 고대신문에 이 정도도 못해주랴 하는 알량한 의무감도 들었고, 입에 발린 주례사 수준의 글 몇 줄 던져주는 게 무슨 대수이랴 싶었다. 근데 그게 아니었다. 글감을 찾아 그때의 취재수첩을 들추어보고, PDF로 서비스되는 옛 시절의 신문을 뒤적이면서, 뭔가 잘못되어도 크게 잘못되었구나 하는 생각이 들었다.

그때 쓴 기사나 칼럼의 수준이 형편없어서 그랬던 것만은 아니었다. 그때 기획하고 취재한 아이템에 얼굴이 화끈거려서만도 아니었다. 물론 지금도 가능하기만 하다면 PDF로 옛 기사를 서비스하는 데이터베이스 서버에 랜섬웨어를 감염시키든가, 동인들 집집마다 모셔져 있는 축쇄판을 모아다 불 지르고 싶은 충동에 불현듯 휩싸일 때가 있다. 하나 어쩌랴! 스무 살 안팎이 세상을 보는 풋내 나는 시선쯤이야 충분히 기특하게 이해하고 넘어갈 만큼의 여유도 생겼고, 졸렬한 글에 쏟아지는 눈총쯤이야 능치고 넘어갈 정도의 뻔뻔함도 갖추게 되었다.

하지만 하나하나 기억을 더듬어가며 조각난 팩트를 맞추어가면서 아무래도 내가 내 무덤을 파는구나 하는 생각을 지울 수 없었다. 내가 고대신문에 몸담으면서 친 대형 사고들은 기특해 하면서 이해할 수도, 슬쩍 넘어갈 수도 없는 수준이었던 것이다. 결국 이 회고는 내가 이렇게 못났음을 고백하는 자아비판의 글이 되게 되었다. 동인 여러분은 이 글을 읽고서 비로소, 우리 모두가 사랑하던 고대신문을 망가뜨린 주범 하나를 체포할 기회를 갖게 되었다.

수습기자는 언제 되나요

신문사에 들어올 때부터 예사롭지 않았다. 고대신문 수습기자 필답시험이 있었던 날 첫눈이 내렸다고 한다. 동기로 들어온 갈현동에 살던 안모 동인은 그날 눈이 내렸다고 주장하고, 나는 면접 보던 이튿날 눈이 내렸다고 고집하며 30여 년간 옥신각신하는 중이었는데 둘 다 날짜는 기억하지 못하였다. 이 글을 쓰려고 PDF 파일을 통해 고대신문에 실린 모집 공고를 확인하니 11월 16일이 필답시험 날짜로 되어 있다. 다시 기상청 사이트에 들어가 과거 날씨를 조회하니, 11월 16일과 17일 모두 서울 지역에 눈이 내렸단다. 이렇게 싱겁게 확인되는데 왜 수십 년 동안 옥신각신했는지 허탈해졌다. IT 세상 만세다!

예로부터 위인들이 무슨 일을 할 때 기상이 조화를 부리듯 했다는 전설을 끌어들여, 서설(瑞雪)이 내린 것을 우리 입사와 연관 지어 견강부회하려는 것이 아니다. 문제는 지원율에 있었다. 홍보관 3층 강의실을 가득 메운 인원에 잔뜩 주눅이 든 우리는 상식에서 논문으로 이어지는 필답시험을 성실하게 치렀다. 중간에 배급하는 햄버거를 우걱우걱 씹어대며 말이다. 그런데 시험감독 하러 들어온 선배들의 눈초리가 심상치 않았다. 정량 배식을 어기고 공짜 햄버거를 하나 더 타낸 나에게 주는 눈총인 줄만 알았다. 알고 보니 그게 아니었다. 우리는 고대신문 역사상 최저의 경쟁률을 자랑하는 기수였던 것이다. 강의실 하나 겨우 채운 기수는 처음 봤다며, 자신들은 강당 건물 대형 강

김우철

의실을 가득 메우고 시험을 봤노라며, 아주 나중에 어떤 선배들은 눈을 희번덕거리며 입에 침을 튀겨가며 무용담을 들려주었다.

그 정도면 적당한 경쟁률이겠구먼, 소수정예를 자랑하던 우리 선배들은 양에 차지 않았나보다. 강의실을 가득 채운 강호의 준재들 가운데 겨우 넷을 뽑고 말았다. 우리 동기들이야 영문을 모른 채로 들어왔지만, 현역 기자 선배들은 비상이 걸렸던 모양이다. 겨우 넷으로는 온전하게 한 기수를 유지할 수 없다고 판단한 선배들은 신학기에 다시 추가로 동기들을 모집하기로 결정하였다. 그 덕에 우리 동기 넷은 아주 긴긴 수습보(修習補) 생활을 거쳐야 했다. 대개 11월기의 수습기자 사령(辭令)은 방학 중의 트레이닝을 거쳐서 이듬해 1월 20일경의 입시 특별호나, 늦어도 2월 25일의 졸업 특집호에 나는 것이 관례였다. 혹시 우리 먼저 사령을 받고 뒤에 동기들을 합류시키지 않을까 하는 막연한 기대도 있었지만, 그 꿈은 무참히 꺾여버렸다. 우리를 격려하기 위해 마련된 술자리에서 언제 사령 내줄 거냐고 김영준(사회 81) 편집국장님께 공손하게 물었다가, 동석했던 전전임 편집국장 박모 동인에게 갖은 욕을 한 바가지 들은 적도 있었다. 편집국장 자리를 달라는 것도 아니고, 무슨 부장을 달라는 것도 아니고, 고작 '수습기자'가 언제 되냐고 묻는 것이 당시 고대신문에서는 엄청난 금기였다. 우리가 할 수 있는 최대한의 저항은 밖에 나가서 '보'자를 떼고 수습기자를 참칭하는 것밖에 없었다.

아무튼 국어사전에서도 찾을 수 없는 '수습보'를 달고 우리는 씩씩하게 견뎠다. 3월 중순에 동기 넷이 합류하면서 우리는 여덟이 되었고, 드디어 3월 26일 우리는 넉 달 만에 자랑스러운 고대신문의 수습기자가 되었다. 열흘 만에 수습기자가 된 넷 중의 둘은 이게 아니라고 생각했는지 바로 퇴사하고, 우리 동기는 다시 여섯이 되었다. 이런 우리 동기들이 안쓰러웠는지,

아니면 다시 튀어나가 기수 자체가 붕괴할 것을 염려했는지, 선배들은 우리를 애지중지까지 하지는 않았지만 그렇다고 마구 다루지도 않았다. 특히 우리 앞 기수로 들어온 같은 83학번 5월기들이 우리를 편하게 대해주었다. 아마 앞 학번에서 다른 기수끼리 마찰이 심했던 것이 반면교사가 되었던 듯도 하고, 83학번 5월기들의 심성이 다들 착하기도 했다. 또 고대신문 동인 통틀어 한 카리스마 하는 홍승범(독문 82) 선배가 우리 취재부장, 즉 '애비'였다. 고슴도치를 닮았는지 제 새끼를 귀여워 해주는 취재부장에 호가호위하면서 무사히 수습과 기자 생활을 보낼 수 있었다.

반타작 발행률

세상을 떠난 가수 신해철이 했던 말이 떠오른다. 밴드 하면서 제일 힘든 애들은 무능하면서 착한 애들이라고. 무능해서 자르고 싶어도 착해서 어쩌지 못한다는 것이다. 아마 내가 그랬던 듯싶다. 무능하지만 적당히 착해 보이는 성정에 그럭저럭 신문사에 잘 적응했고, 그러다보니 잘리지 않고 늦게까지 신문사에 남게 되었다. 세상에 공짜는 없다. 최저 경쟁률 출신의 무능한 편집국장에게 바로 시련이 닥쳤다.

8타수 4안타! 당시 연재하던 만화 '고민이'에 실린 만화 한 대목이다. 타자라면 아주 우수한 타율이겠지만, 불행히도 이것은 국장을 맡은 초반 신문 발행률이었다. 1986년 1월 20일자 1013호 입시 특집호를 시작으로 1014호, 1016호, 1017호 연달아 배포금지를 얻어맞기 시작했다. 무사안일주의의 내가 무슨 의식이나 강단이 있어서 정부에 저항하는 기사를 골라 실은 것도 아니었다. 평년 수준의 무난한 기사라고 생각했는데, 학생처와 기관원들의 생각은 달랐던 모양이다. 당시 시국이 그럴 만하기는 했다.

1984년 학원자율화 조치와 이후 부활한 총학생회를 중심

김우철

으로, 학생운동은 점점 격렬해지고 있었다. 1984년의 민정당사 점거사건에 이어 이듬해 미국문화원 점거사건이 벌어졌고, 1986년에 들어오면서 반미운동과 개헌운동이 본격화되었다. 우리 신문의 동인 칼럼인 '냉전(冷箭)과 재학생의 '시사발언대' 내용에서 연달아 개헌을 주제로 다루면서 당국을 상당히 자극한 모양이었다. 그해 3월 28일에는 '사회제도의 민주화만이 근본문제의 해결책'임을 천명하며 '민주화의 핵심은 개헌'임을 주장한 본교 교수 28인의 시국선언문이 발표되었다. 이역시 검열 당국의 눈길을 피할 수 없었다. 1980년 이후 최초로지식인 사회의 집단적인 의견표현이었던 본교 교수의 시국선언은 엄청난 파급력을 지니고 있었다. 전국 각 대학 교수들의연쇄적인 시국선언을 불러왔고, 이는 곧장 사회민주화운동을광범위하게 촉발하는 계기가 되었다. 대내적으로는 이 시국선언에 참여하지 않았던 철학과의 김용옥 교수가 시국선언에 대해 지지를 표명하며 사직하는 직접적 계기가 되기도 하였다.

아무튼 연달아 배포금지가 되면서 주간이던 본지는 발행주기가 격 주간으로 바뀌었냐는 놀림을 심심치 않게 받았다. 네번째 배포금지를 당하면서, 당장 어떤 행동에 돌입해야 한다는후배들의 압박을 심하게 받게 되었다. 신문쟁이가 선택할 수 있는 선택은 신문 밖에 딱히 있지 않았다. 행동으로 나서면 외부의 도움을 기대할 수도 있었겠지만 그건 지속성에 한계가 분명히 보였다. 결국 배포금지 신문을 게시판에 내걸고 성명서를 발표하는 선에서 후배들의 불만을 다독일 수밖에 없었다. 신에게열두 척의 배가 남아 있다던 충무공의 결기까진 아니더라도, 이번 학기에는 앞으로도 예닐곱 번 신문을 더 내야했다. 그 뒤로 무사하고 안일하게 한 학기를 지냈다. 하지만 매가리 없는국장이라고 손가락질하는 듯한 부끄러움을 떨칠 수 없었다. 내가 이러려고 국장 했나 하는 자괴감이 들었다.

언론이나 역사나, 춘추의 정신

신문사를 마치고 나니 4학년 1학기도 끝이 났다. 특별한 장래 계획도 없었던 나는, 친구 따라 강남 간다고 전임 국장 이욱연(중문 83) 동인을 따라 대학원 준비에 돌입하였다. 하지만 당시엔 대학원 경쟁률도 만만치 않았던 터라, 고작 몇 달 공부한 내게 대학원의 문은 열리지 않았다. 시골로 내려가 부모님의 은근한 구박을 받던 끝에 다음 학기 대학원 진학에 성공했다. 학부 때 공부를 제쳐놓았던 것치고는 대학원에 쉽게 적응이 되어 갔다. 현역들에게 가급적 부담을 주지 않기 위해, 제대 군인들이 자대 쪽을 바라보고는 뭣도 안한다는 식으로 홍보관 쪽으로는 발길을 멀리하면서 차츰 역사학의 매력에 빠지기 시작했다. 억지로 갖다 붙이자면, 언론이나 역사나 둘 다 전통시대 춘추(春秋)의 정신을 따른다는 공통점이 있어서 그랬는지 어쨌는지 모르겠지만.

석사 논문을 준비하던 1989년 봄, 신문사 기획 간사를 맡고 있던 김재태(불문 78) 선배 동인이 나를 불렀다. 언론사로 이직하는 선배의 후임을 맡아달라는 것이었다. 현역들과 나이 차이도 얼마 되지 않는 내가 간사를 맡는 것은 파격 중의 파격이었다. 나는 지금도 왜 그때 그 제안을 덥석 받았는지 모르겠다. 당장 약간의 경제적 도움은 될 수 있겠지만, 군대 문제도 해결 되지 않았던 내게는 어차피 짧은 임시직에 불과했다. 2년 남짓 애써 외면하고 있었지만, 고대신문은 내게 그 정도의 흡인력을 가지고 있었던 존재였던 모양이다. 지도교수였던 조광 선생님도 논문에 지장을 주지 않는다는 전제 아래 근무를 권하셨다.

짧은 시간 만에 돌아온 신문사는 내가 근무했을 때와는 딴판으로 변해 있었다. 1987년 이후 민주화의 영향인지, 제작과정의 자율성이 놀랄 만큼 보장되었다. 간사나 주간이 신문제작에 간섭했다는 사실이 호랑이 담배 피우는 시절의 아주 옛날 이야기가 되어가고 있었다. 모든 최종 결정은 학생인 편집

김우철

국장이 내리고, 간사는 신문제작에 도움을 주는 선배의 역할이면 충분했다. 재학 시절 항상 꿈꿔왔던, 가장 바람직하고 이상적인 신문사였다. 그런데 어째 나는 차츰 불안해지기 시작했다. 이러한 자율이 계속 보장되지 않으리라는 불길한 예감이 들었다. 학교 기관으로 학교 예산이 들어가는, 총장이 발행인인 신문사가 학생들의 의사만으로 운영되긴 어려운 노릇이었다. 문화 예술 부분 정부 예산을 지원할 때 늘 이야기되는, '지원은 하되 간섭은 하지 말라'는 것과는 근본적으로 다른 문제였다.

자율을 넘어 자유에 익숙해진 학생 편집진의 관성은 이제 속도가 지나쳐 궤도를 이탈할 조짐을 보였다. 편집진이 교체되고 2학기에 접어들며 제기된 광고 대행업자 선정을 두고, 결국 학교 당국과 충돌이 불가피했다. 중간에 양쪽을 조정하려 나름대로 애썼지만, 파국을 막을 수 없었다. 장기간의 농성과 장외 투쟁 끝에 2학기 신문은 11월 중순에야 발행될 수 있었다. 그 뒤 좀 더 강경한 입장의 주간 교수가 부임하고, 내 역할은 여기서 끝이라는 생각이 들었다.

2학기 들어 겨우 두 번의 신문을 내고 1990년 1월 1일자 신년호를 내는 과정에서 신임 주간과 편집진 사이에 기사 하나하나를 놓고 계속 마찰이 빚어졌다. 학생들을 설득하고 주간 교수에게 읍소하면서 겨우겨우 신문제작을 마쳤는데, 신문 대장에서는 확인할 수 없었던 사진 한 컷이 결정적으로 문제가 되었다. 아마 10대 뉴스에 들어갈 사진이었던 듯하다. 지금 기억에는 1987년 현민(玄民) 유진오 전 총장의 빈소를 본교에 차리는 문제를 둘러싸고, 학교와 일부 학생 및 교수 사이에 대립이 발생한 적이 있었다. 그 문제가 왜 이때 부각되었는지는 모르겠다. 신년이 1990년이니, 아마 1980년대를 정리하는 10대 뉴스가 아니었나 한다. 학교 당국과 사사건건 마찰을 빚어 눈에 가시처럼 보였던, 콧수염으로 유명한 모 교수가 빈소 차리는 것을 반대하며 앉아 있는 사진이었다. 주간 교수는 학생들이 사진을 고의로 감추고 보여주지 않았다고 분노했고, 학생들은 제작과정에서 주간교수의 의견을 충분히 반영하며 양보했는데 쓸데없는 꼬투리를 잡는다고 반발하였다. 주간교수를 만나러 들어간 나는, 이미 인쇄가 된 신문을 배포금지 시킬 정도의 사안은 아니라며 설득하려 했지만 받아들여지지 않았다. 가슴속에 품었던 사표를 제출하고 짧은 간사 생활을 마쳤다. 비감한 생각에 눈물이 났다. 내가 이러려고 간사 했나 하는 자괴감이 또 들었다.

신문쟁이 근성

이후 신문사와는 거리를 두고 지냈다. 운 좋게 공군사관학교의 교수요원으로 가게 된 나는 군대에서도 학업과 연구, 강의를 계속할 수 있는 기회를 잡았다. 박사 논문을 쓰고 지방의 대학에 교수로 재직하다가, 잠깐 휴직하고 역사 관련 기관에 개방직 공무원으로 근무하게 되었다. 신문사에는 발길을 끊었지만 지금도 내 주변에는 늘 동인들뿐이다. 현업인 역사나 고전번역 관계의 인사들보다 동인들과의 교류가 훨씬 잦은 편이다. 중요한 자리에 있으면서 고대신문에 두 번이나 큰 폐를 끼쳤지만, 나 스스로는 내 인생의 팔 할은 고대신문 덕이라고 생각한다. 신문을 만들지 않았으면 만날 수 없었을 각계각층의 인사들도 내 인생에 크고 작은 영향을 주었지만, 무엇보다 신문을 함께 만든 선후배 동기 동인들이야 말로 내 인생에 있어서 알파에서 오메가였다.

지금도 학계 인사들을 만나면 늘 듣는 소리가 있다. "김 선생은 저널리스트적인 성향이 너무 강해!" 학자들은 자신들의 독창성이 생명이다. 학문적 문제든 사회적 문제든 자신의 뚜렷한 주관이 있고, 또 그걸 즐겨 내보인다. 그런데 나는 그렇게 하지 않는다. 아니 그렇게 하지 못한다. 나라도 개입해 균형을 이루지 못하면 조바심이 난다. 여럿이 있는 자리에서 의견이 합치되

김우철

는 꼴을 보지 못한다. 평생 고귀 야구팀 한화 이글스를 응원해 왔지만, 고향에 가면 나는 한화를 욕하고 기아나 엘지 편을 든 다. 약간 진보적인 정치 성향을 가지고 있다고 자부하지만, 생 각이 비슷한 사람끼리 모이면 늘 우파의 입장을 대변하여 욕을 먹는다. 이게 다 신문을 만들면서 생긴 버릇인지, 내가 이런 생 각을 가지고 있기에 신문을 만들었는지 모르겠다. 남들이 들으 면 웃을 수도 놀랄 수도 있는 것이, 사실 우리 동인 대부분은 직 업적으로 신문을 만들어본 적이 없는 사람들이다. 그런데도 신 문쟁이라고 생각하고 그렇게 행동한다. 동아리니 학보사니 하 는 호칭을 거부하고 늘 신문사라고 부르며 경배한다.

역사를 어떻게 볼 것인가에 대한 두 가지 입장이 있다. 하나 는 현재의 가치관을 위에 놓고 과거를 해석하는 입장이고, 다 른 하나는 과거를 위에 놓고 현재를 이해하는 입장이다. 앞의 입장은 역사관이 투영되면서 강한 실천성과 목적성을 가진다. 뒤의 입장은 가치중립적, 실증적 분석을 중시한다. 아무래도 앞 의 방식이 명쾌하지만 매가리 없는 나는 과감하게 실증을 따 른다. 이러한 학문적 태도도 결국 다시 고대신문 출신이었다는 문제로 귀결된다. 내가 신문사 출신이라 이러한 학문적 태도를 갖게 되었는지, 이런 학문적 태도를 가지고 있기에 신문사 생활 을 했는지 모르겠지만 말이다. 팩트가 없는데 어떻게 글을 쓰 란 말이던가!

자신만의 틀 속에 세상을 꾸겨 넣으면 안 된다는 걸 배운 시절

김진국

심리 85 | 융합심리학연구소장

1. 들어가는 말

사람들은 청소년기의 추억은 어찌 그리 생생하게 오래 기억할까? 우리가 살아가면서 한 번씩 가져보는 의문일 것이다. 단도직입적으로 말해서 그것은 청소년기가 인간으로서의 이성적인 사고와 주체성 형성을 담당하는 뇌 부위인 전두엽 전전두피질이 마지막으로 성숙 발달하는 시기이기 때문이다. 온전한 성인기에 들어서기 직전 자신의 아이덴티티가 형성되던 시기의 애틋한 사건들이니만큼 마치 어제 일처럼 생생하게 회상이 가능한 것이다.

그게 무슨 소리냐고? 뇌과학자들의 연구에 의하면 우리 인간의 뇌의 상당 부분은 20대 중반까지 계속 발달한다고 한다. 편의상 사람의 뇌를 크게 3가지 부분으로, 즉 앞쪽 뇌, 뒤쪽 뇌, 감정 뇌로 나누어 얘기해보자. 앞쪽 뇌는 전두엽이라고 한다. 뒤쪽 뇌와 감정 뇌를 총지휘하는 사령탑이다. 뒤쪽 뇌와 감정 뇌에서 가져온 각종 정보를 바탕으로 편집하고, 종합해서 가장 효율적인 결정을 내리는 부위다. 일명 '이성의 뇌'라고 불린다.

문제는 청소년기에는 감각을 수용하는 뒤쪽 뇌와 본능적 감정을 주관하는 감정 뇌는 아주 활발하게 성장 발달하는데 반해서, 이성적인 사고를 담당하는 앞쪽 뇌는 아직 완전히 성장하지 못한다는데 있다. 말하자면 질풍노도의 한복판에 있는 청소년들은 자신들의 걷잡을 수 없는 다양한 감정과 변화무쌍한 행동을 통제할 수 있는 총사령관이 없는 상태에서 어쩔 줄 모르는 오합지졸들이다.

2. 거대담론에 짓눌린 애늙은이와 헬조선의 취준생

이처럼 대학생이라고는 하나 아직도 미성숙한 뇌를 가진 청소년기에 고려대학교에 들어온 당시 동년배들의 젊은 뇌는 출구를 모르는 충동과 열정을 다스리기에도 바쁜 시기였을 것이다. 그러나 1980년대 당시의 대학생은 오늘날처럼 글로벌 경제위기 속에서 생존을 위해 취업에만 매진해야 하는 '헬조선'의 마이너리티 '취준생'에 불과한 위치는 아니었다.

내가 입학한 1985년도만 하더라도 전두환 정권의 극성기로서 군사독재정권에 대항하여 일어선 전국적인 민주화운동의 가장 핵심적인 주체세력은 단연 학생들이었다. 허나 장밋빛 미래를 꿈꾸며 청춘의 꿈을 노래해야할 푸릇푸릇한 젊은이들이 암울한 시대상 때문에 '반독재 민주화', '반미 자주화'라고 하는 거대담론에 짓눌려 애늙은이처럼 살아야 했던 시절이었다.

피 끓는 청춘들이 생존을 위해 취업에만 매달려야만 하는 세상도 암울하겠지만, 기성세대로부터 하나부터 열까지 세상 살아가는 지식과 지혜를 배워야 할 어린 대학생들이 저항세력으로서 기성세대를 제치고 사회의 주류가 된 세상도 암울하기는 마찬가지일 것이다. 1985년 3월 개강 첫 날. 새내기 대학생으로서의 나의 첫 학기, 첫 수업은 교내시위와 이를 막기 위해 교내에 진입한 데모 진압 전경들의 지랄탄과 최루탄 세례에 밀려 강의실 구경도 못했는데, 그건 80년대의 일상 풍경이기도 했다.

3. 학생 기자인가? 기자 학생인가?

당시에도 취업, 고시, 유학 등을 준비하는 학생들이 적지 않았지만, 많은 학생들이 학과나 '써클' 등에서 활동을 하면서 활동을 하면서 저항의식을 키워 나갔다. 과격한 폭력 시위도 불사하며 세상을 바꾸기 위해 온몸을 던지는 경우도 많았다. 대학을 졸업하고 기자가 되겠다는 확고한 생각을 가지고 있던 나는 이념 써클과 고대신문 편집국을 번갈아 드나드는 일을 병행하다가 결국 써클 선배들의 만류를 뿌리치고 고대신문으로 방향을 잡았다.

고대신문은 좀 특이한 조직이었다. 당시 안기부를 비롯한 공안당국에서는 고대신문을 '운동권'의 외곽단체 정도로 파악하고 있었겠지만, 실제 구성원들의 성향은 다양했다. 이념적 성향이 뚜렷한 친구도 있었고, 시인이나 소설가를 꿈꾸면서 기자 생활을 체험해 보고 싶었던 순수 문학도도 있었다. 물론 나처럼 기자가 되겠다고 들어와서는 써클 룸 과 편집실을 들락거리는 어중이떠중이도 없지 않았다.

어쨌거나 이렇게 하나로 통일된 사상이나 이념적 지향은 없었지만, 보편적인 상식에 근거한 사회정의 의식을 갖춘 사람들에게 오직 하나 공통된 기반은 있었다. "기자는 기사로 말한다"는 원칙이 그것이었다. 별것 아닌 것 같지만 '기록하는 자(記者)'가 '기록한 내용(記事)'으로 말한다는 것만큼 심플하면서도 정직한 원칙은 없었다.

기자가 써 낸 기사는 정직하게 기자 자신의 수준을 그대로 대변한다. 아무리 논리적인 양 핏대를 세우고 목소리를 높여도 깊은 사색이 없거나 현장의 목소리가 담기지 않은 기사는 탁상공론에 불과했다. 이런 안목을 키워주고 이런 자질을 훈련시켜준 고대신문이 고맙고 그 시절이 그립다는 뜻에서 하는 소리다. 여기에 덧붙여 뇌의 발달조차 아직 성숙하지 못한 지적 미숙아들을 거대담론으로 단련시킨 군사정권에 대해서도 역설적으로 고맙다고 해야 하는 건 아닌지 모르겠다.

김진국

4. 마지막 광복군 김준엽 전 총장님과의 인연

우리는 아침에 '등교'하는 학생이 아니라 '출근'하는 기자였다. 하루 온종일 편집실에서 뒹굴고 교정을 누비던 그 시절 이야기를 하자면 끝이 없겠지만, 개인적으로 매우 인상적이었던 1987년의 기사 몇 꼭지에 대한 간단한 회상부터 해봐야겠다. 1987년 1월 1일자 고대신문의 제2면에는 김준엽 전 고대 총장과의 신년대담이 실려 있다.

당시 김준엽 총장은 민정당사 점거 농성 학생들의 징계를 거부하다가 전두환 정권에 미운 털이 박혀서 총장직까지 타의로 사퇴하고 자택에 칩거하고 계시는 중이었다. 그 와중에도 그는 당신의 발언 한마디가 혹여 모교에 누가 될까봐 인터뷰를 사양하셨는데, 당시 주간이던 오탁번 교수가 직접 부탁하시어 성사되었다. 오탁번 주간은 강범석(불문 84, 현 인천 서구청장) 당시 편집국장과 논설부장이었던 나를 데리고 직접 총장님의 명륜동 자택에서 있었던 인터뷰 자리에 함께해 주셨다.

독립투사 출신의 학자요 유능한 행정가였던 총장님은 시종 온화한 표정으로 차분하게 인터뷰에 응했다. 나는 그날 인터뷰 말미에 이렇게 썼다. "'지조란 것은 순일한 정신을 지키기 위한 불타는 신념이요, 눈물겨운 정성이며, 냉철한 확집이요, 고귀한 투쟁이기까지 하다'는 지훈선생의 지조론은 이 노선비에게도 한 치 차이 없이 들어맞는 것 같았다."

고대신문 기자가 된 덕분에 전인격적으로 존경받는 이런 거인을 직접 뵙고 말씀을 들은 것보다 더 좋은 경험이 어디 있을까? 이런 인연은 고대 100주년이던 지난 2005년 5월 고대교우회보 백주년 기념 특별 인터뷰에 다시 김준엽 총장을 모시는 영광으로 이어졌다. 그때도 장시간 인터뷰에 응해 주셨는데 환송하게도 1986년 고대신문 인터뷰 기사는 그의 저서 『장정(長征)』에, 교우회보 인터뷰 기사는 역시 저서 『역사의 신(神)』에 각각 등재해 주셨던 기억이 난다.

당시 나는 우리 사회에 일고 있는 친일잔재 청산 작업에 대해 여쭌 적이 있다. 다른 사람도 아니요, 직접 항일독립투쟁에 참여한 광복군 출신의 당대 최고 원로의 말이라면 가장 설득력이 있을 것 같아서였다. 늘 첨예한 이해관계가 부딪히고, 뒤틀린 말의 파편이 서로 뒤엉키는 사건 현장에서, 가장 객관적인 위치에서 가장 무게가 실린 말씀을 해줄 전문가부터 찾는 습관 역시 고대신문 시절부터 훈련 받은 것이었다.

"해방 후 가장 잘못한 일 중 하나가 친일파 정리를 못한 일이야. 제일 유감이 이승만 박사가 반민특위를 해체한 거지. 역사 인식이 제대로 없었던 탓이야. 오늘날 가치기준이 흔들린다, 도덕성이 타락했다고 말하는 것도 따지고 보면 이때 나라와 민족을 팔아먹었던 친일파를 그대로 두었기 때문이야"라고 말하면서 '썩은 사과론'을 펼친다.

"그러나 일제 35년간 직간접적으로 일제에 협력하지 않고는 생존이 불가능했던 점을 감안해 처벌은 악질분자에 한해야 해요. 물론 역사적 심판은 받아야겠지만 일일이 따지면 사람이 없어져요. 그 사람의 공과를 잘 따져서 총체적으로 봐야지. 썩은 사과가 있다고 해봐. 절반 이하가 썩었으면 도려내고 활용해야지. 이건 남북통일이 됐을 때도 마찬가지야. 이북에서는 거의 다가 공산당이었는데 이들을 공산당에 부역했다고 일률적으로 거부할거야?"

5. 현민 유진오 전 총장 빈소 사건

다시 1987년 가을로 돌아가 보자. 그해 8월 30일 고대 2, 3, 4대 총장을 지낸 현민 유진오 전 총장이 향년 81세를 일기로 별세하신 날이다. 현민 선생은 제헌헌법 기초위원, 구 신민당의 총재까지 역임한 원로 학자이자 정치가였다. 그런데 다음날인 8월 31일 고대 6-101 대강당에 현민 선생의 빈소가 차려지면서 사달이 났다.

김진국

이날 오전 당시 모교 행정학과 이문영 교수가 정문 앞에서 "고대가 국정자문위원의 빈소가 될 수 없다"는 피켓을 들고 빈소 이전을 주장하는 시위를 하고 나선 것이다. 다음날은 이상신 사학과, 권창은 철학과, 윤용 신방과 등 4명의 교수가 동조하고 나섰다. 문제는 여기서 그치지 않고 1일 오후에 정경대와 문과대 학생 200여명이 빈소에 들어가 유족들의 동의도 받지 않고 '광주학살의 원흉' 혹은 '관제언론'으로 지칭되는 곳에서 보내온 일부 조화를 짓밟아 부수기에 이르렀다. 놀란 유족들은 급히 서울대 병원으로 빈소를 옮겼다.

빈소사건은 일간지 사회면의 톱기사로 실리는 등 사회적인 파장이 날로 커졌다. 관할 성북서에서는 시위 주도 학생들을 구속하거나 수배했고, 5인 교수들에 대한 소환장을 발부했다. 고대 교수들도 현민 선생의 공과를 구별하지 않고 오로지 과오만 부각시키는 것은 잘못이라며, 유족들에게 보낼 사과문을 작성하여 250명 가까이 서명을 받기도 했다. 사회여론은 크게 들끓었다. 공과를 함께 고려해서 따지지 않는다는 비판도 있었고, 생전에 말이 없다가 '굳이 사후에 그것도 장례식장까지 쳐들어가서 시위를 했어야 했느냐?'는 목소리도 있었다. 이문영 교수가 현민 선생의 제자라는 점 때문에 사제지간의 의리를 놓고 비난하는 여론도 적지 않았다.

사태가 이렇게 확대되자, 5인 교수는 기자회견을 자청하고 '주장에 전혀 변함이 없고 동요도 없다'고 다짐했지만 당혹한 기색이 역력했다. 특히 사회적 여론에 의해 궁지에 몰린 5인 교수들이 처음에 하지 않던 현민의 친일 문제를 비판하고 나오면서 사태는 더욱 꼬여갔다. 친일 청산을 강하게 주장해온 측에서도 친일문제를 주요 의제가 아닌 5인 교수들이 방어적 수단으로 활용하는 것에 대해 '본말이 전도되었다'면서 우려하는 목소리가 높았을 정도였다.

사태가 이렇게 일파만파 번지며 고대 사회는 물론 전국이 어수선해졌지만, 학교 당국은 무주공산(無主空山)격으로 아무런 대처도 못한 채 위기관리능력의 부재를 그대로 드러내고 있었다. 사태를 수습할 수 있는 곳은 고대신문밖에 없었다. 고대신문은 9월 7일자 신문 3면에서 '시대정신에 투철한 전통 재창출을'이라는 전면 논설을 통해 현민 선생 빈소 사태를 사회심리학적으로 분석하면서 사태의 논점과 오류를 적시하고 그에 따른 근본적인 해결책까지 제시하여 호응을 얻었고, 실제 빈소 사태도 고대신문이 제시한 방향대로 수습되었다.

후일담이지만, 고대신문의 논조대로 사태가 수습되자 이에 불만을 품은 5인 교수 중의 한 사람인 이상신 교수가 편집국으로 주간교수를 찾아와 '이 논설을 쓴 사람이 누구냐?'고 따져 물었다. 학생기자가 썼다고 하자, '그럴 리가 없다. 이건 분명 교수나 간사가 썼을 것'이라며 볼멘소리를 했다고 한다. 기사의 논조나 논점에 불만이 있으면 그걸 따져야지, 필자가 교수냐 아니냐를 따질 만큼 논리가 궁색했다는 말일 것이다. 그 논설의 필자였던 나는 어쭙잖게 우쭐대는 기분이 잠시나마 들었던 것도 사실이었음을 고백한다.

6. 제주 4.3 문제 국내 최초로 신문기사화

고대신문 1987년 10월19일자 6면과 7면은 제주도 4.3 특집이다. 지금이야 아무나 4.3을 이야기하지만, 당시만 해도 4.3은 잘못 건드렸다가는 국가보안법으로 구속될 각오를 해야 할 만큼 중대한 사안이었다. 기초 자료도 많지 않았다. 영어나 일본어로 된 몇몇 프린트물만 은밀히 나돌던 그런 시절이었다. 그나마 출처나 근거가 불확실한 '찌라시' 형태였다. 사정이 이런 만큼 아무리 대학신문이라고 해도 4.3문제를 언론에 정식으로 활자화하겠다는 야심은 겁 없는 학생 기자의 '불온한 상상력'의 소산이 아닐 수 없었다.

고대신문에서는 4.3특별취재팀을 꾸렸다. 내가 팀장을 맡고

김진국

최종은, 이태희, 이동훈, 김경태, 전용호 등 86학번 후배기자들이 팀원이었다. 취재를 위한 사전 연락은 동기인 권순회(국문 85, 현 교원대 교수) 동인이 맡았다. 그의 소개로 정치평론가인 연세대 정외과 출신 김광식 씨를 만났고, 그 자리에 고대 정외과 대학원생이었던 박명림(정외 82, 현 연세대 교수) 씨가 배석했다. 박 교수는 당시 석사학위 논문 주제로 4.3를 준비하고 있었던 인연으로 취재팀과 전 일정을 동행하며 후배들을 많은 도움을 주었다. 역시 김광식 씨의 소개로 알게 된 제주대 행정학과 고창훈(행정 71) 교수가 취재코스, 인터뷰 대상자 선정 등을 포함한 현지에서의 모든 일정을 주선해 주었다. 당시만 해도 4.3의 4자만 꺼내도 제주 도민들은 주위부터 둘러보는 등 매우 조심스러운 분위기였기 때문에 제주 출신으로 현지 사정에 밝은 고창훈 교수의 도움은 절대적이었다.

4.3과 관련된 제주인들을 만나면서 우리는 때로는 분루(憤淚)를 삼켰고, 때로는 비탄의 눈물에 젖었다. 대체 이념이 무엇이고, 사상이 무엇이길래 작은 섬에서 당시 인구의 3할 가량의 도민 6만여 명이 '인간사냥'의 와중에 죽어나가야만 했을까. 십중팔구는 누군가의 혹은 바로 자신의 가족들이었을 사람을 향해서 대체 무엇을 위해, 한쪽은 토벌대원으로 또 한쪽은 빨치산이 되어 총구를 겨누어야 했을까. 나는 무고한 시민들을 빨갱이로 몰아 참혹하게 도륙한 토벌대의 만행을 용서하기 어려웠다. 또한 제반 여건과 역량을 제대로 파악도 하지 못한 채, 생존의 벼랑 끝에 선 도민들을 선동하여 봉기를 해놓고는 진압작전이 시작되자 제 살길을 찾아 바로 제주도를 떠난 좌익지도부의 모험주의와 무책임한 행태도 용납할 수 없었다.

제주도 4.3은 토벌대의 입장과 봉기한 측의 입장이 지금도 극명하게 갈리지만, 당시 현장을 취재하고 현지인들을 만나면서 나는 '자신의 사상이나 이념적인 틀 안에다가 세상을, 그리고 사람을 꾸겨 넣겠다'는 생각이 얼마나 어리석은지를 절감했다. 사실 객관적인 입장에서 보면 4.3은 무고한 시민들이 이념의 틀 속에 갇힌 사람들에 의해 아무것도 모른 채 희생당한 비극의 현대사다. 그날 기사에 나는 이런 말을 했다.

"한 세대가 넘어 지나버린 그래서 그 세월의 길이에 비례해서 잊고 싶고, 또 망각을 강요받아온 그러나 결코 잊을 수 없는 쓰이지 않은 역사, 잃어버린 비극의 현대사가 순박한 섬사람들의 가슴팍에 시퍼렇게 멍울져 결코 지워지지 않을 원(寃)으로 남아 있다."

요컨대 제주도 사람들이 받은 정신적인 내상, 즉 트라우마를 어떻게 극복할 것인가가 관건일 것이다. 사람들은 트라우마에 다른 후유증, 즉 '외상 후 스트레스 장애(PTSD)'는 알아도 '외상 후 성숙(PTG)'에 대해서는 잘 모르는 것 같다. 심리학자 리차드 테데스키 등이 강한 정신적인 상처를 입은 사람들을 조사해 본 결과, 그들 중의 최고 70%가 긍정적인 심리적 성장을 경험했다는 것이다. 고난과 역경을 달게 받아들여 자신의 성장 발전의 기회로 삼는 사람들도 많다는 것이다. 물론 30%의 사람들의 상처까지 보듬고 그를 치유할 정책적 방안을 포함하여 우리 사회가 4.3과 같은 비극이 재발하지 않도록, 또 불가피하게 그로 인해 상처 입은 이들을 위해 적극적으로 나서야겠지만 말이다.

역시 후일담으로 30년 만에 비로소 고백하는 사실이 하나 있다. 당시 '특별취재반' 명의로 나간 '잠들지 않은 남도여…… 은폐된 진실의 복원을'이라는 제하의 4.3특집기사 전반부 4.3의 이론적인 배경은 박명림 교수가, 후반부 현지 르포는 내가 썼다. 확연하게 문체가 달랐기 때문에 눈 밝은 독자들은 당시에도 다소 의아하게 여겼을 것이다. 나는 박명림 형의 뜻을 존중하여 그의 글에 손을 대지 않았다. 그때 사실 우리는 이 기사가 '배포금지' 당할 것이라 생각했다. 다음 주 신문이 나올 때까지 나는 집에도 안 들어가고 동가식서가숙(東家食西家宿)하며

김진국

피해 다닌 기억이 새롭다.

관계기관에서 알고도 모른 체한 것인지, 사안의 중대성을 모르고 실수로 넘어간 것인지는 알 수 없지만(나는 후자라 생각한다), 어쨌든 신문은 제때 발행되었고 이를 눈여겨본 이가 우리 기사를 자신들의 단행본에 수록했다. 노민영이 엮은 『잠들지 않는 남도』(온누리, 1988)가 바로 그 책이다. 그러나 출판사 측은 우리의 사전 양해나 승인을 전혀 받지 않고 무단 게재했다. 요즘 같으면 저작권법 위반으로 바로 고발 대상이었겠지만, 당시에 출판사 관계자는 뻔뻔스럽게도 모르쇠로 일관해서 공분을 샀다. 다만 검열이 두려워 정식 출판은 못하고 두려워 눈치만 보다가, 고대신문에 4.3이 처음으로 공론화되자 이때다 싶어 잽싸게 '고대신문의 힘'을 팔아 책을 낸 모양이다. 그래서 우리도 항의전화 한 번 하는 것으로 매듭지었다. 80년대 후반은 그런 시절이기도 했다.

7. 나오는 말

오리새끼는 부화하자마자 처음 본 사물을 제 어미인 줄 알고 평생 따라다닌다. 이를 동물심리학자들은 '각인(imprinting)' 현상이라고 하며 그 시기를 '결정적 시기(critical period)'라고 한다. 고대신문 학생기자 생활을 하던 때가 벌써 30여 년 전의 일이지만 지금도 많은 추억들이 생생하다. 모두에서 말했듯이 그때가 바로 청년 김진국의 정체성이 형성되던 '결정적 시기'였기 때문일 것이다. 나의 뇌리에는 고대신문이 깊이깊이 '각인' 되었다. 고대신문 시절 취재에 쫓기고, 학점에 쫓기고, 못 마시는 술까지 마시느라 정신없이 보내기는 했지만, 고대신문에 있었던 덕분에 김준엽 총장 같은 훌륭한 분들을 가까이서 뵐 수 있어 좋았고, 김인환, 오탁번 교수 같은 당대 최고의 학자와 시인을 주간교수로 모실 수 있어 행복했다.

한 분 한 분 다 거론할 수는 없지만, 당대 최고의 전문가들의 강의를 듣거나 그들과 교유(交遊)를 할 수 있었던 것도, 고대신문사 멋진 선후배 동인들을 만날 수 있었던 것도 모두 다 내가 고대신문사 학생기자 출신이라는 '빽'이 있어 가능했을 것이다. 일례로 우리나라 최초이자 최고의 북 디자이너인 정병규(불문 69) 선배님께서 우리 기자들을 위한 세미나에서 행한 강의가 감사하게도 내 일생의 밥벌이 밑천이 될 거라고는 당시에는 생각도 못했다. 문화체육관광부 장관을 지낸 최광식(사학 72) 고대신문 동인회장님과의 인연도 역시 고대신문에서였다.

높고 큰 건물을 지으려면 일단 땅을 넓게 파야 한다. 고대신문에서 스트레이트 기사를 쓰고, 칼럼을 쓰고, 특집기사를 쓰기 위해서는 먼저 많은 사람들을 만나야 하고, 많은 자료들을 모아야 하고, 많은 책을 읽어야 했다. 사전 취재가 끝나고 나면 일단 현장으로 달려가 이해당사자들의 엇갈린 견해를 듣고 그들의 수사(修辭)에 현혹되지 않고 사건의 본질을 포섭하고 그렇지 못한 부분은 배제해야 했다. 이렇게 이론과 실천의 결합, 책상머리에서의 사색과 현장에서의 취재의 결합이라는 원칙을 견지하는 버릇도 고대신문 시절에 배운 것이다. 50대에 들어선 지금까지 백면서생이면서도 이런저런 일에 관여하면서 무난히 일을 꾸려갈 수 있는 것도 다 그때 배운 리더십의 기초 덕분에 가능한 일이라고 생각한다.

머리에 피도 마르지 않은 미숙한 애송이 청년으로 고려대학교에 들어와서 3년의 세월을 편집국에서 어영부영 보낸 것 같지만 실제로 배운 것은 형언하기 어려울 정도로 많다. 그러므로 나는 단순 흑백논리나 양시양비(兩是兩非)론의 오류에 빠지지 않고 좀 더 여유 있게 한 발짝 물러난 대국(大局)적인 견지에서 사물을 바라볼 수 있게 해준 고대신문에 감사한다. 내가 옳다고 타인에게 그것을 강요해서도 안 되고 강요를 받아서도 안 된다는 사실을 가르쳐준 고대신문에 감사한다.

내 휴대폰에는 5천이 넘는 전화번호가 수록되어 있다. 중복

김진국

되거나 잊혀 진 사람을 삭제하더라도 4천 가까이 될 것이다. 성격이 매우 외향적이거나 비즈니스를 위해 전문적으로 인맥을 관리하는 사람이라면 몰라도, 나처럼 극도로 내향적인 사람에게는 결코 적은 숫자가 아니다. 내게 많은 힘이 되고 도움이 되는 이 인맥도 태반이 고대신문에서 출발했을 것이다. 감사한 일이다. 어느 찬송가의 한 구절처럼 '길가에 핀 장미꽃'에도 감사할 일이고, 그 '장미의 가시'에도 감사할 줄 아는 마음도 중요하다. 우연처럼 다가왔지만 어느새 운명이 되어버린 고대신문을 추억하는 시간이 감사하고 행복할 뿐이다.

국회의원 배지와 고대 배지를 바꾸며 했던 약속

김효중
생물 70 | 전 출판인

　박학이독지, 절문이근사, 인재기중의(博學而篤志, 切問而近思, 仁在其中矣).

　『논어』의 '자장편(子張篇)'에 있는 자하(子夏)의 말을 인용한 것은 그 뜻이 우리의 삶에 많은 도움이 될 듯싶어서입니다. 이를테면 무엇이든 그 뜻을 널리 도탑게 하고 물음 또한 절실하게 해 거기서 얻어진 생각을 올바로 체화시키면 인(仁)이 그 안에 고스란히 스며 있어 사람의 본성과 감성을 자연스럽게 우려내는 사단칠정(四端七情)을 더욱 조화롭게 하여 더 훌륭한 인을 구현(具顯)한다는 뜻을 담고 있기 때문입니다. 특히 절문이근사(切問而近思)는 일상생활이 학문과 서로 긴밀한 관계에 있으나 실생활에서 학문이 좀 더 강조되어 지식이 인을 실천함에 있어 선행한다는 것에 방점을 찍은 것이라 생각됩니다. 실제로 실천이 없는 학문이나 지식은 박제된 새와 같아 구두선에 지나지 않기 때문이지요.

　원래 인(仁)은 두 사람이 만나 만들어진 글자로 사람과 사람의 만남에서 이루어지는 삶의 모든 현상은 거기서 생겨나는 측은지심(惻隱之心), 수오지심(羞惡之心), 사양지심(辭讓之心), 시비지심(是非之心)의 사단(四端)과 희로애락오오욕(喜怒哀懼愛惡欲)의 칠정(七情)이 어우러지는 조화 속에서 생겨

나는 것이지요. 따라서 제가 고대신문에서 많은 교우들과 살을 비벼대며 겪었던 사람냄새 나는 결코 잊히지 않는 그 삶의 편린들이 켜켜이 쌓여 46여가 지난 지금도 내 삶의 한 자락을 움켜쥐고 놓아주질 않는다는 걸 스스로 부인하기가 어렵습니다. 그간에 겪었던 일이 참 많기도 많았지만 그 중 하나, 7.4공동성명에 관한 이야기가 문득 떠오르는군요.

저는 원래 70학번이었지만 1년을 휴학하는 바람에 71학번들과 함께 입사한데다가 제가 고교 졸업 후 9년 만에 대학에 진학했기 때문에 동기들과는 대부분 열 살 정도 차이가 나 영감이란 별명이 붙었었지요. 고대신문에 몸담았던 1972년 3월부터 1975년 2월 졸업 때까지 3년간, 그래도 우리는 마치 한 형제처럼 참 잘 어울려 지냈습니다. 몰려다니며 술집을 헤맬 때나 술이 취해 학교 앞 고려여관에 가 이모에게 떼를 쓰며 신세질 때도 우리는 함께 뭉쳐 한 덩어리로 지냈습니다. 개인적인 아픔으로 가슴앓이를 하거나 시대적 고통이 질풍노도가 되어 분노의 격랑으로 무섭게 덮쳐올 때도 우리는 서로의 가슴을 쓰다듬으며 무관의 제왕(?) 고대신문 기자답게 본분을 용케도 잘 지켜왔습니다.

1972년 7월 4일, 이 날은 우리나라가 분단 이후 6.25전쟁을 치르고 정전된 지 19년 만에 처음으로 남북이 통일에 관해 서로 합의하여 공동성명을 발표한 역사적인 날이었습니다. 물론 이에 앞서 1971년 11월부터 1972년 3월까지 판문점에서 적십자사 남한 실무자 정홍진과 북한 실무자 김덕현이 비밀 접촉을 가졌고, 그 후 당시 남한 중앙정보부장 이후락과 북한 노동당 조직지도부장 김영주를 대신한 박성철 제2부수상이 각각 평양과 서울을 방문, 이미 정치적 교류를 펼치고 있었습니다.

1972년 6월 29일 평양에 간 중앙정보부장 이후락은 김일성을 만나 자주, 평화, 민족 대단결이라는 3대 통일원칙을 제정 합의하고 이에 서명, 7월 4일 마침내 서울과 평양에서 각각 공동성명을 발표하기에 이른 것이었습니다. 그러나 그 당시 대학가에선 이미 이런 낌새를 감지하고 매일 시위가 벌어져 사회 분위기가 심각해져갔고 더구나 이런 문제들을 논의해 나랏일을 잘 해결해야 할 국회가 문을 닫고 있어서 정국은 정치적 공백상태 속에서 점점 혼란의 수렁으로 빠져들고 있었습니다.

그때 공화당 국회의원이었던 장덕진(張德鎭, 56학번, 대한축구협회장, 경제기획원 차관, 농수산부 장관 역임, 금년 4월 20일 작고) 교우가 1972년 6월 어느 날, 고대신문 기자들과 모임을 갖자는 제의를 해왔습니다. 장덕진 교우는 촉망받던 청년 정치가로 박정희 대통령의 처조카사위였으며 사법, 행정, 외무고시를 연달아 합격한 최초의 고시 삼관왕으로 고대의 자랑이기도 했습니다. 하지만 우리는 어지러운 시대 상황 속에서 왜 우리를 만나자고 할까 하는 생각에 잠시 망설이고 있었습니다. 결국은 일단 이야기를 들어보자는 결론을 내리고 '경향'이라는 요정에서 장덕진 교우 일행을 만났습니다. 고대신문 현역 기자 전원과 장덕진 교우와 공화당 국회의원 노모씨가 자리를 같이 했습니다. 이야기의 요지는 '중앙정보부장 이후락이 통일협상을 위해 지금 평양에 가서 김일성을 만나고 있는데, 대학생들의 시위가 너무 심해 협상에 좋지 않은 영향을 끼칠 것 같으니 이를 좀 진정시켜 달라는 것'이었습니다.

우리는 중앙정보부장 이후락이 평양에 가 있다는 사실에 일견 놀라움을 금치 못했습니다.

"정말 이제 통일이 가까이 온다는 거야?"

"정말 통일의 길이 열리고 있다는 것일까?"

우리는 이 사실이 믿기지 않아 여러 번 확인을 했습니다. 그러나 그것이 사실이더라도 성공을 장담할 수 있는 것은 아니지 않는가. 이를테면 백범 김구 선생과 김규식 선생이 1948년 4월 19일 많은 국민들의 만류를 뿌리치고 마지막 독립운동이라는 명제를 내걸고 38선을 넘어 김일성, 김두봉과 함께 통일을 위

김효중

한 남북협상을 하러 평양에 갔었지만 헛되이 빈손으로 돌아와 우리에게 실망만 안겨 주었던 기억하기도 싫은 역사가 있지 않는가. 그날 우리는 닫혀 있는 국회를 먼저 개원해 제대로 국정이 운영되도록 해달라는 주장을 하고, 그 약속을 꼭 지키자는 의미로 장덕진 교우의 국회의원 금배지와 제 고대 배지를 서로 교환하고 국회가 개원하는 날 다시 바꾸기로 약속한 다음 일단 헤어졌습니다.

　사실 그때 제 가슴은 몹시 두근거렸습니다. 그도 그럴 것이 제게는 그럴 만한 개인적 가족사가 있었기 때문입니다. 제 아버지는 어머니와 함께 일제 때 일본에 유학, 와세다대학을 나와 해방 후 귀국, 박헌영과 함께 공산주의 운동에 동참해 6.25사변이 발발했을 때는 이미 서대문 형무소에 수감되어 있었고 어머니는 월북한 상태였습니다. 더구나 16살 난 형은 부모의 심부름꾼 노릇을 하다가 행방이 묘연해졌기 때문에 그 당시 남은 가족은 외할머니와 누나, 그리고 저와 남동생 둘이었습니다. 게다가 1.4후퇴 때에 외할머니마저 경찰서에 끌려간 후 행방불명되었기 때문에 우리는 졸지에 고아 아닌 고아가 되어 누나는 어느 친지에게 나머지 셋은 고아원에 맡겨졌습니다. 그런데 저희가 고아원에 들어간 그해 여름, 작년에 돌아가신 백성희 씨가 위문극단을 창단한다고 아역배우를 뽑으러 그 고아원에 오셨는데 거기서 제가 우연찮게 발탁되는 바람에 저 또한 제 동생들 곁을 떠나 휴전 전해까지 2년간 전국의 군부대를 돌며 아역배우 노릇을 했습니다. 그러고 제가 그 고아원에 다시 돌아왔는데 그곳에 있어야할 제 두 동생이 어디로 갔는지 사라지고 없었습니다. 저는 마음이 답답했지만 한편으로는 "잘 됐지 뭐. 빨갱이 자식들이니 오히려 사람들이 모르게 헤어져서 사는 게 더 나을지도 몰라" 하는 생각이 들었습니다. 그래서 저도 그 고아원을 뛰쳐나와 여러 고아원을 전전하며 떠돌이 생활을 했습니다. 결국 7년 만에 우린 다시 만나기는 했으나 저는 여전히 남들이 우릴 알아볼까 두려웠습니다. 그리고 늘 머리에서 떠나지 않았던 의문 하나는 '도대체 공산주의가 뭣이기에 내 부모는 생때같은 자식들에게 개고생을 시키며 빨갱이운동을 했을까?' 하는 것이었습니다. 저는 부모로 인해 이미 반공주의자가 되어 있었지만 그 당시에는 남에게 숨길 수밖에 없는 이런 가족사를 지닌 저로서는 남북통일이란 말에 눈이 번쩍 뜨이지 않을 수가 없었습니다. 이제 우리가 잘만 하면 통일을 이룰 수 있고 또 많이 원망스럽긴 했지만 제 부모의 얼굴도 볼 수 있게 되지 않을까 하는 실낱같은 희망이 언뜻 뇌리에 스쳤던 겁니다.

우리가 미리 그 내막을 알고 있었던 7.4공동성명은 예정대로 발표되어 일시 국민들을 기쁘게 했지만 그해 10월 17일 혼란을 핑계 삼아 긴급조치를 내리고 국회를 해산, 유신헌법을 만들어 비상계엄을 선포하고 11월 21일 국민투표에 부쳐 91.5%의 찬성을 받아낸 다음 대통령 취임일인 12월 27일 이를 공표해 정국은 갑자기 얼어붙고 말았지요. 명분상으로는 공동성명 발표로 이제 통일의 물꼬를 텄으니 변화하는 국제적 조류에 발맞춰 능동적으로 대처한다는 것이었으나 내가 보기에는 박정희 대통령이 김일성과 맞서기 위해서 북의 지도체제와 맞먹는 정치적 구도를 만들려고 취한 조치들이었습니다. 우리는 그것이 앞으로 독재정권을 다져나갈 초석을 놓는 것이라고 생각했습니다. 결사적인 반대시위는 요원의 불길처럼 번져 나가 끝내는 전국이 심한 몸살을 앓으며 들끓게 되었지요. 그 당시 우리는 틀림없이 이 나라가 영구 독재정권 치하가 될 것이라고 판단했습니다. 그런데 많은 세월과 함께 나름대로의 세상경륜이 쌓인 지금 생각해 보면 고 박통의 개인적 욕심이 너무 크기는 했지만 민족 염원인 통일을 놓고 철옹성 같은 김일성 체제와 맞서 싸우려면 그를 능히 이겨낼 수 있는 일사불란하고 힘 있는 체제가 필요했으리라는 생각도 듭니다. 분단 70여 년이 지난 지금도 통일은 여전히 우리의 숙제로 남아 어쩌다가 핵까지

김효중

동원된 상황에 이르렀지만 그때 우리가 욕심만 부리지 말고 자기 고집도 조금은 버리고 마음을 합쳐 영리하게 대처했더라면 통일은 벌써 우리 곁에 와 있지 않았을까 하는 넋두리를 해봅니다.

　요즘의 상황도 그때와 별반 다를 바가 없습니다. 애송이 김정은이 핵탄두로 겁박하는 것만 보아도 위정자가 불순한 사상에 오염되었거나 오도된 이념이나 여론을 단 한 번의 여과나 재고됨도 없이 자기만의 생각과 고집으로 정치를 이루고 경세를 편다면 이는 마키아벨리의 군주론적 정치 폭력에 다름 아닙니다. 어느 북한학과 교수가 앞으로 5년에서 10년 안에 한반도의 통일 또는 자유왕래를 장담하던데, 공소시효도 지났을 옛일들로 악다구니는 그만 하고 이젠 정말 올곧은 마음을 서로 합쳐 이 난국을 벗어나 조만간 또는 별안간 올지도 모를 통일의 기회를 놓치지 말아야 합니다. 이제 우린 한라에서 백두까지 통일의 탄탄대로를 뚫고 내달려 나가야합니다.

　분단 70년 고대신문 창간 70년, 안암의 언덕에서 솟아나는 빛을 삼천리 금수강산에 펼쳐라!

두 가지 상황 속에서 건진 행복

박성덕
의학 82 | 연리지가족부부연구소장

영화 '택시 운전사'를 아내와 봤다. 외부인의 눈으로 바라본 80년 광주의 시위 영상이 울먹하게 만든다. 가파른 길에서 택시 운전사들의 저지하는 장면이 진하게 다가왔다. 가장 내 가슴에 다가온 대목은 '단발머리'를 부르다가 주인공이 눈물 흘리며 택시를 유턴하던 장면이다. 그날 유턴하지 않고 딸에게 달려가는 아버지였더라도 한 가장의 선택은 충분히 아름답고 존중받을 수 있지 않았을까. 영화에 나오지 않고 현실의 삶을 위해 선택하는 많은 사람들의 삶도 가치가 있다는 생각을 했다.

운전사의 다른 선택인 그날의 유턴은 광주의 상황을 외부로 알리는 역사가 되었다. 얼마나 많은 사람이 그런 선택의 기로에 서 있는가? 영화를 보고 돌아오던 길에 아내와 그런 삶의 선택의 순간에 대해서 얘기를 나눴다. 어떤 선택을 하든 간에 우린 쉽게 그 사람을 평가해선 안 되겠다는 말도 오갔다. 얘기가 길어지면서 일제 시대에 살았으면 독립투사와 친일파 중 어느 쪽에 섰을까도 서로 나눴다. 부끄러워 그날 내가 아내에게 한 말을 굳이 밝히고 싶지 않다.

과거를 돌아보며 그때 내가 다른 선택을 했었다면 지금 어떤 삶을 살고 있을까 생각해 본다. 다른 길을 갔었다면 하는 조금 아쉬움이 남는 선택도 있다. 하지만 대부분은 그 당시 내가 그 선택을 할 수 밖에 없는 것이었다. 자신의 감정과 생각, 주어진 상황은 결국 그 선택을 하게 만들었다. 다시 그 자리에 간다면 잠시 망설이다가 비슷한 선택을 할 것도 같다. 불확실을 두려워하는 성향이라 익숙한 길을 선택하지 않을까? 단지 나에게 주어진 그 상황에서 조금 더 열심히 살았을 수는 있지만 말이다. 자의든 타의든 간에 그런 선택 하나하나가 지금의 나를 이 자리에 있게 했다. 그래서 지금 이 '순간'을 살아야 하듯.

나를 있게 한 그 선택의 '순간'이 소중하게 다가온다. 다른 선택을 했었다면 결코 경험하지 못했을 나의 삶이 소중하게 다가온다. 그 순간 하나하나가 아픔과 기쁨으로 점철되었다. 당시에는 하나의 점처럼 보인다. 내가 겪은 한 가지 상황이었을 뿐이다. 어쩌면 당시는 하나의 정지된 시간처럼 느껴져서 미래가 안 보이고 아프기도 했다. 그 상황을 넘고 넘어서 뒤돌아보니 그 순간이 내 삶을 연결한 하나의 선이 되었다. 자기실현의 욕구를 가진 인간은 축복이다. 그 순간이 지나고 정리되면 그것을 발판 삼아 더 나은 삶을 향한다. 분명 우린 자신에게 주어진 상황과 한계 내에서 좋은 선택을 하려 한다.

그런데 대학을 들어가면서 내 삶은 단단히 꼬이기 시작했다. 두 가지 상황에서 고민을 하게 되고 지금까지 이어져 오고 있다.

의과대학생과 고대신문 기자

대학 들어간 지 얼마 지나지 않아 다가오는 친구가 한 명 있었다. 그것도 화장실 칸막이 넘어서 말을 건넸다. 그가 지금 이비인후과의 명의가 된 이상덕 박사다. 고등학교 시절 학보사를 경험한 그 친구가 고대신문 수습기자 시험에 응시해 합격을 했었다. 지금은 어떤지 모르겠지만 당시 간호학과를 포함한 의과대학에서 매년 한 명의 수습기자를 뽑았다. 그런데 얼마 되지 않아서 그 친구가 고대신문 기자를 하지 않겠냐고 내게 다가왔다. 국어 토론 때 몇 번 말하는 것을 보고 눈빛으로 조금 친근감을 보낸 적이 있을 뿐 잘 몰랐다. 딱히 얘기를 나눠 본 적도 없었다. 그 친구의 마수에 걸려 '그래 까짓것 한번 해보지' 하는 마음에 시작된 수습기자. 나는 글 쓰는 깜냥도 좋지 않은데 친구의 꼬임에 내 인생이 꼬이기(?) 시작한 날이다.

그 친구와 그런 인연으로 친해져 대학 때 많은 시간을 함께 했다. 나중에 알고 보니 이 박사 집에서 부모와 누나들이 강하게 말렸던 모양이었다. 신문사 기자는 의대 생활의 걸림돌이라는 걱정을 하신 것이다. 다행히 나의 부모님은 경상도에 멀리 떨어져 있어서 그런 관심과 불상사는 없었다. 그런데 이후 맘이 영 편치 않았다. 고향에 농사짓는 부모님 생각도 나고, 의과대학생으로 이게 잘하는 일인가 하는 고민이었다. 마음을 잡기 전에 그만둘까 고민을 많이 했다. 그런데 문제는 신고식 때 소주 한 병 나발을 불고 한 병 더 마신 기억밖에 없다. 물론 이차삼차로 이어진 술자리도 있었다. 그날 다양한 에피소드들은 또 다른 나의 인격체만 경험했을 뿐이고, 다음날 다른 사람을 통해서 들어야 했다. 그때 블랙아웃되면서 내 전공과 현실의 고민도 흔적이 없이 사라져 버렸다. 그렇게 신문사 기자, 아니 나의 대학 생활은 시작되었다. 의학이 아닌 또다른 인간의 아픔을 전공하게 되었다. 고마운 이상덕 박사다.

막걸리와 전자오락

고대신문사에 발을 붙이고 선배, 동료와 몰려다니며 늦게까지 술 마시고 함께 나누는 시간을 즐겼다. 글을 잘 쓰는 동료들이 많았고, 글쟁이가 아닌 내 칼럼이 신문에 실리지는 못했다. 지금도 기억나는 내가 쓴 기사가 하나 있다. 당시 고대 앞 막걸리 집이 사라져 가고 있어서 기획 기사를 썼다. 이공대와 고대 정문 앞을 돌아다니며 취재를 했다. 일일이 막걸리 집 숫자를 셌다. 정확하게 기억이 나지 않지만 70년대에 60개가 넘었던

박성덕

막걸리 집이 1983년 당시 10개 조금 넘는 숫자로 줄었다. 마마집, 고모집, 이모집, 호질, 안암골, 나그네 파전, 풍년집, 부산집, 청화식당 등이었다.

80년대 초반 대한민국은 소위 뿅뿅이라 불리던 전자오락실 광풍이 불었다. 한집 건너서 전자오락실이 생겨났고 당시 잘되는 오락실 주인은 매일 포대자루로 은행에 그날 수금한 돈을 입금했다는 말이 돌았다. 그 바람은 예외 없이 고대 앞에도 불었고 취재 당시 고대 앞 상징이었던 제법 큰 막걸리집이 전자오락실로 업종 전환을 한다는 사실을 사장이 알려 주었다. 그 내용을 고대신문에 실었다. 그 이후에 일어난 일을 막걸리를 마시러 갔다가 사장님을 통해서 들었다. 기사를 본 다수의 고대 학우들이 몰려가서 막걸리 집을 접으면 할복자살을 하겠다고 덤벼들었단다. 안 접겠다는 말을 할 때까지 술을 마시겠다고 떼쓰는 학우도 있었단다.

"야! 너 때문에 막걸리 집을 접지 못했어. 손해 본 것 책임져"라며 사장은 나를 늘 노려보며 레이저를 쐈다. 그러곤 사장님은 눈가에 그윽한 웃음을 담고 손에는 서비스라며 준비한 고 갈비를 들고 계셨다. 얼마 가지 않아서 결국 그 사장도 시대의 흐름에 밀려 막걸리집을 접고 말았다. 이번 글을 준비하면서 찾아보니 현재 고대 앞 상권이 거의 죽고 안암역 근처 '참살이 길'로 옮겨갔다고 한다. 80년대 중반에 열풍이 불기 시작한 맥주가 막걸리 전성기를 몰아냈다고 한다. 2009년 김성민 기자는 고대신문에 정문 앞 세 곳의 막걸리 집만 명맥을 유지하고 있다는 기사를 썼다. 나그네 파전, 고모집, 풍년집.

지금도 남아 있는지 궁금하다. 그때 20대에 개똥 철학하던 고대신문 선후배, 동료들과 한잔 기울이고 싶다. 시린 20대의 가슴을 적셔 주던 찐한 막걸리를 지금 넘기고 싶다. 막걸리 통을 두들기며 싸나이답게(!) 막걸리 마시고 싶은 맘이다. 그때 사장님이 전해준 고갈비는 무척 그립고 고맙다.

아들과 아버지

지금은 군대 간 둘째 아들이 고대 2016학번이 되었다. 아들은 대학가서 하라는 공부는 않고 게임하고 친구들과 싸돌아다니고 술을 마신다. 특히 게임을 밤새 하고 PC방 아니면 자기 방에 박혀 부모를 무시한다. 오래된 학형을 위해서 PC방이란 전자오락실이라는 사실을 밝힌다. 시험공부를 하는 꼴은 별로 본 적이 없다. 나는 대학 때 저 정도는 아닌 것 같아서 잔소리를 해댔다. 20대 청춘이 시대의 아픔은 아랑곳하지 않은 것 같아서 한마디했다. 아들은 자기 나름 다 생각이 있고, 시험공부는 아빠 안 보는 곳에서 다 한단다.

"아빠도 대학 일학년 때 맨날 술 마시고 공부는 열심히 안 했다며!" 이렇게 대응한다. 순간 시간을 34년 전, 1982년 그 당시로 돌려 봤다. 순간 내가 아들에게 하는 잔소리를 생각하면서 부모가 당시 내 대학 생활을 모두 알았다면 나를 죽일 수도 있었겠다는 생각이 든다. 의대생이 공부는 않고 신문기자 한다는 사실을 알았다면 고민했겠다. 늘 술 마시고 취해서 집에 들어오는 사실을 알았다면 기가 찼을 것 같다. 아들 게임 못지않게 나도 겔러그, 테트리스, 제비우스로 많은 시간을 보냈고 어느 정도 경지에 있었다. 그런 내가 전화를 하거나 방학에 고향 가면 부모님은 늘 다음과 같이 말했다. "농사 걱정은 말고 하는 공부나 열심히 해라. 넉넉히 도와주지 못해서 미안하다. 공부한다고 고생이 많고 자랑스럽다."

가슴이 뭉클했다. 부모님이 나에게 한 것과 내가 부모로서 아들에게 하고 있는 가장 큰 차이가 뭘까. 결론은 부모는 나의 행동을 보지 못했고 나는 지금 아들과 함께 살면서 속속들이 그의 행동을 본다는 사실이다. 그날 결심을 했다. 아들의 많은 부분을 보지 않기로. 자식의 세세한 부분에 연연해하지 말고 묵묵히 뒤에서 지켜보기로. 때론 눈감아 주는 부모가 될 필요

박성덕

가 있다는 사실을 알았다. 정신과 의사가 아니라 지지하는 아빠가 되기로 마음을 먹었다. 그랬더니 그리 어려운 것도 아니었다. 그날 이후 아들에 대한 간섭을 확 줄였다. 내가 무엇을 하든 한발 떨어져서 믿어주고 응원해 준 부모가 있어 여기까지 왔다. 두 아들을 그런 마음으로 지켜보려 한다. 그러다가도 두 아들이 못마땅해서 속에서 화가 치밀어 오를 때가 있다. 그럴 때 돌아가신 아버님과 살아 계신 어머님이 50대 중반인 나를 다독이신다. "내가 널 얼마나 참았는지 알잖아!" 부모가 참 감사하다. 그리고 아들을 감사해야지.

정신건강의학과 의사와 부부치료사

고대신문사 의대 기자 출신 중에는 정신건강의학과(정신과) 의사가 많은 편이다. 나도 어느새 정신과 의사의 길을 걷고 있었다. 아버지가 6·25때 수류탄 파편에 왼쪽 팔을 다쳐 장애를 안고 있었다. 그래서 의과대학 내내 정형외과 의사가 꿈이었다. 아버지를 고치겠다는 생각이 딱히 있었던 것도 아니었다. 그냥 정형외과 의사가 되어야겠다고 어느 날부턴가 정해져 있었다. 나의 작은 덩치와 체력의 한계도 전혀 고려되지 않았다. 오랫동안 아버지의 고통을 지켜보면서 내 삶의 기저에는 정형외과 의사가 되어야 한다는 무의식적인 강한 힘이 작용하고 있었다. 그 힘에 끌려서 저항 없이 목표가 되었다.

하지만 그토록 고대했던 정형외과 전공이 좌절되었다. 20대에 경험한 쓰라린 그날, 하늘이 무너지는 느낌이었다. 그날 혼자 많이 울었었다. 그런데 다음날 고대 선배 의사가 나를 찾아와서 내가 정형외과와 전혀 어울리지 않았다고 했다. 내가 고집을 피워서 지켜보다가 정형외과를 떨어지자 정신과 전공을 권했다. 두 선배는 정신과가 나에게 맞는다고 했다. 그들에게 동의할 수 없었지만 지금 정신과를 선택하지 않으면 바로 군대로 끌려가야 한다. 그래서 시작된 정신과 전공이었다. 선배들의 평가를 보면서 내가 바라보고 있는 내 모습이 정확하지 않을 수 있다는 것을 알았다. 타인이 오히려 나를 더 정확하게 바라볼 수도 있다는 사실을. 특히 원래 가족과 깊이 연관된 기억과 상처는 객관성을 잃을 수 있는 사실을.

결혼을 하고 신앙도 갖게 되고 가족부부치료에 관심이 커졌다. 물론 아내와의 관계를 풀어가는 데 부족한 부분이 많다는 사실도 알게 되었다. 1999년에 아버지학교를 가게 되었고 한국 가정에 변화의 바람이 불고 있다는 사실도 알게 되었다. 부부 혹은 가족이 서로 상처를 계속 주고 있으면서 체면 때문에 그 문제를 담장 안에 가둬두고 있는 한국 가정의 슬픔을 알게 되었다.

부부는 같은 패턴으로 싸운다. 그 패턴은 담장 밖으로 내보내지 않으면 상대방을 말려 죽일 수도 있다. 배우자를 사랑하면 팔불출이 되고 자녀를 안아주면 버릇이 나빠진다는 오래된 관습에 한국 가정이 갇혀 있다. 도리만 있고 사랑이 사라진 한국 가정을 알게 되면서 정신과 의사가 아니라 가족부부치료를 공부해야겠다는 내 인생 또다른 두 가지 사이의 고민이 찾아왔다.

뒤늦게 미국과 캐나다를 돌아다니며 가족부부치료를 배웠다. 지금 상담 분야는 정서가 대세다. 과거에는 교육을 통하여 인지적인 생각을 바꾸어 부부의 행동과 감정을 바꾸려고 했다. 아니면 좋은 행동을 하게 해서 부부 관계를 개선하라고 조언했다. 하지만 번번이 실패했다. 왜냐하면 부부 사이에 흐르는 강한 부정적인 감정이 해소되지 않고는 배우자에 대해서 좋은 생각과 행동을 할 수 없기 때문이다. 지금 정서를 다루지 않고는 관계를 깊게 회복시킬 수 없다. 내가 전공한 모델이 바로 정서 중심적 부부치료다.

지금 나는 정신과 의사보다 가족부부치료사로 활동하고 있다. 부부회복 관련 방송을 하고 세미나를 한다. 부족하지만 책

박성덕

도 몇 권 냈다. 이렇게 된 근간에 나를 한 분야에 갇히지 않게 했던 고대신문사 경험이 중요했다. 두 가지 상황에서 고민을 할 때 또 다른 선택을 하는데 20대 초반의 경험이 많은 힘이 된다. 의과대학, 정신과 의사가 내 꿈의 종착역이 아니었듯이 지금 부부치료사가 또다른 꿈의 시작이 될 것이라 확신한다. 부부치료사가 또다른 유익한 길로 갈 수 있는 발판이 될 것이라 생각한다. 정신과 의사가 되기를 권한 고대 김형태, 지성학 선배와 정서중심적 부부치료 모델을 만든 수잔 존슨 박사에게 고마움을 전하고 싶다.

대가족과 핵가족

부부치료사가 되어 한국 가정을 살펴보게 된다. 한국 가정이 많이 아프다. 남들에게 친절하면서 가족에게 분노하고 화를 냈던 오래된 관습이 아직도 힘들게 한다. 오랫동안 한국 가정에는 부부가 없었다. 배우자를 안아줘도 팔불출이고 자녀를 안아줘도 버릇이 나빠진다고 했다. 과거 남들에게 손가락질 당하지 않는 자녀로 키우는 것이 자녀 양육의 목표였다. 그래서 남들은 손가락질 않는데 집에서 비난과 지적을 가장 많이 해댄다. 가정은 남들에게 손가락질 당하지 않게 키우려고 비난하는 곳이 아니다. 밖에서 손가락질 당한 아이를 품어 주는 곳이 가정이어야 한다는 사실을 몰랐다.

내가 생각하는 한국 가정의 가장 큰 아픔은 대가족에서 핵가족으로의 변화에 아무런 대책이 없다는 사실이다. 전문가들조차도 이를 간과하고 있었다. 대가족은 여러 세대가 한 울타리에 모여 있는 가정이다. 그래서 위계질서가 필요하다. 다른 말로 하면 대가족은 연장자 중심으로 모인 가정이다. 그래서 개인의 가정 내 정체성(identity)은 연장자와의 관계 규정이 우선이다. 결혼한 아들은 부모와의 관계에서 '아들'의 신분이 우선이고 그와 결혼한 아내는 '며느리'가 우선이다. 남편과 아내라는 정체성은 거의 없었다. 효도가 큰 덕목이어야 위계질서가 유지되었다.

지금 우린 핵가족의 시대에 살고 있다. 대가족에서 핵가족으로의 흐름은 거대한 변화다. 우린 이에 대처하지 못한 채 핵가족을 위험에 빠뜨렸다. 핵가족을 다른 말로 하면 부부중심으로 흩어 놓은 가정이다. 핵가족이 건강하려면 부부가 연합하지 않으면 안 된다. 과거 대가족은 효도가 가정의 중요 덕목이었다면 지금은 부부의 사랑이 우선되어야 한다. 오해하지 말아야 할 것은 대가족을 해체하자는 것이 아니다. 부모를 미워하라는 말은 더더군다나 아니다. 핵가족이 무너지면 대가족이 만날 수 없다. 지금 명절에 모이지 못하는 가정은 대부분 핵가족, 부부가 바로 서지 못해서다. 고부갈등은 그동안 효도의 관점에서 풀었다. 하지만 이제 달라야 한다. 부부의 친밀감 회복으로 풀어야 한다. 핵가족이 살아야 부모를 사랑하기 쉽다. 과거 부모가 우선이었다면 지금 핵가족은 부부가 우선이어야 한다. 그래야 후순위를 사랑할 수 있다.

오늘도 많은 부부가 가정을 회복하기 위해서 상담하러 연구소를 찾아온다. 체면을 버리고 방송에 가족사를 오픈하면서까지 가정을 회복하려 한다. 부부가 회복해서 양가에 더욱 잘할 수 있는 에너지를 서로 공급받길 원한다. 가정과 부부 관계를 회복하기 위해서 용기를 내어 찾아오는 부부가 고맙다. 그들에게 한국 가정의 희망을 본다. 부부가 회복되는 그곳에 있을 때 나는 행복하다.

박성덕

고대신문과 '4.18 고대 선언문'

박찬세

법학 55 | 전 통일연수원장

1958년 11월, 나는 17개월간의 군복무를 마치고 돌아왔다. 그러나 학보병의 경우에는 복학을 전제로 한 귀휴조치로서, 신학기에 학교 등록을 못하면 다시 군으로 돌아가야 하는데, 우리 집안은 여전히 셋방에서 끼니를 걱정하는 형편이었다. 나는 지푸라기라도 잡는 절박한 심정으로 당시 최인규 내무장관에게 광주(廣州) 태생이라는 단 하나의 연(緣)을 들어 구직 편지를 쓴 일이 있었는데, 만약 그때 최인규 장관의 힘을 빌려 취직이 되었다면, 나의 오늘은 어떤 모습일까? 생각할수록 '인간만사 새옹지마(人間萬事 塞翁之馬)'요, 사람의 운명은 예측할 수 없다는 것을 절감하게 된다.

1959년 3월 나는 천신만고 끝에 등록금을 마련하여 3학년에 복학하였다. 아직 군에 안 간 입학 동기들은 이미 졸업을 하였고, 군에 입대했더라도 요령 좋은 친구들은 틈틈이 학교를 다녀 4학년이 되어 있었다. 이미 고시는 아예 포기해야 했고, 앞으로의 등록금도 내가 해결하는 길밖에 없었다. 다행히 법과 동기인 정성기를 통해 알게 된 김인섭(고려대 행정학)의 주선으로 가정교사 자리를 얻게 되었다. 숙식에다가 월 얼만가의 보수를 받았는데, 그때 계산으로 6개월을 고스란히 모으면 등록금이 될 만한 금액이었다.

나는 2학년 학점까지도 열심히 챙기면서 학교 도서관을 부지런히 출입하였다. 어차피 고시를 안 볼 바에야 취직 시험 준비를 위해서도 정치, 경제, 사회, 문학, 역사 등 다방면에 걸친 지식의 축적이 필요하다는 생각에서 닥치는 대로 '난독(亂讀)', 많은 책을 '다독(多讀)', 빠른 속도로 '속독(速讀)'하다 보니, 메모한 대학노트만도 열다섯 권이나 되었다. 지금 생각해도 불과 8개월 남짓한 기간에 엄청난 분량의 책을 읽었다는 생각이 든다.

9월초 평소 잘 아는 학생처의 김중진 선생(고모부의 생질)이 나의 근황을 묻더니, 고대신문(당시 '고대신보')에 들어가면 매월 약간의 활동비도 받고 일반 장학금 혜택도 받을 수 있을 것이니 어떻겠느냐고 하기에 즉석에서 동의하고 오주환 주간을 찾아갔다.

이렇게 해서 나는 고대신문과 인연을 맺게 되었는데, 이것이 훗날 내 인생에 엄청난 변화를 가져온 단초가 될 줄은 미처 몰랐다. 나는 편집국장을 비롯한 후배 동료들이 거북하지 않도록 잘 어울리면서 주로 기획기사를 썼는데, 10월 무기명으로 쓴 '모의국회 방청기'가 행사를 주관한 정외과 학생들의 비위를 건드려 말썽이 나고 말았다.

"참신하고 건전해야 할 모의국회가 기성 정치인들의 못된 행태를 그대로 모방하고 있으니 한국정치의 장래도 불안하고 암담하다"는 투로 호되게 비판하였으니 분개할 만도 했다.

그러나 신문사로까지 몰려와 집단적으로 항의하면서 필자를 말하라고 편집국장을 윽박지르니 내 입장이 매우 난처하게 되었는데, 마침 법과 동기인 김민희의 소개로 알게 된 당시 고대 학생 사회의 실력자 김양현(행정 4)의 중재로 무사했다.

그해 12월 나는 고대신문사에 들어온 지 불과 4개월 만에 일약 편집국장 직을 맡게 되었는데, 부장을 거치지 않은 평기자로서 고속 승진한 예는 전무후무한 일이 아닌가 한다. 복학생

박찬세

으로 나이도 많은데다가 10월에 있은 필화 사건이 오히려 오주환 주간으로부터 필력을 인정받는 계기가 되지 않았나 생각된다.

편집국장 자리에 앉으면서 제일 먼저 내 머리를 스친 것은 "이제 잘만 하면 일반장학금도 탈 수 있어 대학은 졸업할 수 있겠구나" 하는 일종의 안도감과 대학 1학년 때 고대신문에 투고한 글이 게재되기를 학수고대하며 매주 초조한 마음으로 신문을 기다리던 나의 모습이었다. 이것도 '운명의 장난'이라고 해야 할지 모르겠다.

나의 편집국장 취임을 누구보다도 기뻐한 아버지께서는 교직원 앞으로 보낼 인사장 겸 연하장을 직접 써서 봉투를 손수 써 주시기도 하였다.

1960년 새해 벽두부터 나는 매일 신문사에 나와 좀 더 새롭고 알찬 신문을 만들기 위한 편집계획을 구상하고 동료들과 밤늦게까지 난상토론도 하였다. 지도교수들이 돌아가며 집필하던 '사설'을 학생 편집국장이 쓰기 시작한 것도 이때부터였다.

내가 오주환 주간의 내락을 받고 처음 쓴 '사설'은 졸업생에게 주는 '낡은 사회에 신선한 피를 수혈하라'이고, 이어서 두 번째가 신입생에게 주는 '우리는 행동성이 결여된 기형적 지식인을 거부한다'인데 이 '사설'은 학교 당국의 사후 검열에서 과격한 문구와 용어가 수정-삭제되어 재인쇄되는 곤욕을 치르기도 했으나, 요행히 '사설' 제목이 암시하는 메시지는 그대로 살아남아 고대생들의 저항의식에 불을 댕기는 역할을 하였다.

이를 계기로 나는 각 단과대학 위원장들을 비롯한 학생회 간부들과 수인사(修人事)를 하게 됨으로써, 고대 4.18 의거 계획 과정에 깊이 관여하게 되었고, '4.18 고대 선언문'을 작성함으로써 고대 4.18의거의 주체가 되었으며, 나아가 영광된 4.19민주혁명의 중심에 서게 되었던 것이다.

4.18 고대 선언문

친애하는 고대 학생 제군!

한마디로 대학은 반항과 자유의 표상이다. 이제 질식할 듯한 기성 독재의 최후적 발악은 바야흐로 전체 국민의 생명과 자유를 위협하고 있다. 그러기에 역사의 생생한 증언자적 사명을 띤 우리들 청년학도는 이 이상 역류하는 피의 분노의 억제할 수 없다. 만약 이와 같은 극단의 악덕과 패륜을 포용하고 있는 이 탁류의 역사를 정화시키지 못한다면 우리는 후세의 영원한 저주를 면치 못하리라.

말할 나위도 없이 학생이 상아탑에 안주치 못하고 대(對)사회투쟁에 참여해야만 하는 오늘의 이십대는 확실히 불행한 세대이다. 그러나 동족의 손으로 동족의 피를 뽑고 있는 이 악랄한 현실을 어찌 방관하랴.

존경하는 고대 학생 동지 제군!

우리 고대는 과거 일제하에서는 항일투쟁의 총본산이었으며, 해방 후에는 인간의 자유와 존엄을 사수하기 위하여 멸공전선의 전위적 대열에 섰으나, 오늘은 진정한 민주이념의 쟁취를 위한 반항의 봉화를 높이 들어야 하겠다.

고대 학생 동지 제군!

우리는 청년학도만이 진정한 민주역사 창조의 역군이 될 수 있음을 명심하여 총궐기하자.

구호
· 기성세대는 자성하라.
· 우리는 행동성 없는 지식인을 배격한다.
· 마산 사건의 책임자를 즉시 처단하라.

박찬세

· 경찰의 학원 출입을 엄금하라.
· 오늘의 평화적 시위를 방해치 말라.

1960. 4. 18.

4.18과 관련하여 사사로운 일이지만 잊을 수 없는 것은, 그 날 아침 나는 집을 나오면서 어머니에게 신문사 일로 며칠 동안 집에 오지 못할지도 모르니 기다리시지 말라고 말씀드리면서 생전 어머님 볼에 입맞춤을 한 일이다. 어머니는 "갑자기 왜 징그럽게 왜 이러느냐"고 하시면서도 피하지 않고 함박웃음을 짓던 모습이, 지금 어머니께서 안 계시니 더욱 그리워진다.

각설하고, 나는 고대신문을 통해 얻은 것이 너무나 많다. 4.19 후에 알려진 약간의 허명(虛名) 덕택에 졸문을 많이 쓰게 된 것도, 유진오 박사님과의 만남도, 그리고 대통령 비서관으로 발탁된 것도 거슬러 올라가 보면 모두가 고대신문과의 인연에서 비롯되었다 해도 과언이 아니다.

사람은 누구나 지난날의 삶에 대해 보람과 함께 회한도 갖게 마련이지만, 나는 질풍노도의 대학시절 낭만과 자유를 만끽하며 정열을 불태우던 고대신문 시절을 회고할 때마다 새삼 긍지와 보람을 느낀다. 그것은 내 인생의 행복과 불행, 성공과 실패의 차원을 넘어 나의 오늘이 있기까지 너무나 큰 영향을 미쳤기 때문이다.

'우리는 기자가 아니었다'는 MBC 기자들 앞에서 '우리는 기자였다'고 말하기

박철우
국문 82 | 전 서일대 교수·소설가

나는 기자가 아니었다

2002년 3월이었다. 내가 일하는 대학의 신문사 주간 발령을 받은 것이.

그리고 소위 '오케이 싸인'을 내겠다고 편집국장으로부터 1학기 첫 주 신문 대장을 받아들고는 피식 웃음이 나왔다. 20년 전 그때가 왜 생각나지 않았겠는가.

1982년 3월에 나는 수습기자였다. 고대신문 편집실에 들어선 순간, 정말 '기자'인 듯한, 아주 근엄하고 매우 똑똑하며, 특히 전두환과 싸울 준비가 다 끝난 듯, 의기로 다져진 선배들이 우글우글했다. 하긴, 바로 그런 언론투사들이 절실히 필요한 때이긴 했다.

나도 그 틈에 끼어 '기자'가 되는 연습을 했다. 소주 한 병을 쉬지 않고 마시는 신고식을 치르고, 시위대 틈에 있다가 성북서로 끌려가 하룻밤 내내 '이리 구르기 저리 구르기'를 하고 나오는 일도 감내했다. 충무로를 수없이 오가고, 애기릉 넘어 이공대도 어지간히 다녀왔다. 배는 항상 고파서 외상 자장면을 거의 매일 먹었고, 취재비 받는 날 수금하러 오는 학교 앞 식당 아줌마 피해 몰래 도망도 다녔다. 1982년 그해 가을, 홍보관 앞 매점에 농심 육개장 사발면과 뜨거운 물을 공급하는 스텐 통까지 등장해, 그 환상의 맛을 접하는 놀라운 일도 경험했다.

나는 바빴으나 학교는 달라지지 않았다. 바로 곁에서 도시락을 먹던 학생이, 교내시위가 터지자, 바지 아랫단을 양말 속으로 집어넣는 매우 순간적인 변신만으로 사복경찰이 되어 옆차기를 해댔다. 기자랍시고 맨날 빼먹다 'F'의 코너에 몰려 큰맘 먹고 들어간 강의실에서, 강의 중에 경찰이 들어와 여학생 머리채를 잡고 질질 끌고 나갔다. 우리는, 나는, 보던 책을 덮는 행위를 통해 '아무것도 안하는' 민망함을 감추었으나, 교수님은 잠시 헛기침 후 강의를 계속했다. 십 수 년 전부터의 증상이기는 한데, 학생들 앞에 서 있는 내가 어찌 그리 그때 그 교수와 닮아 있는지, 참 데자뷰다.

하여튼, 학생들 한 명 한 명이 차례로 강제 입대하고, 얼마 후 누구누구가 군에서 죽었다는 비밀스러운 소식 속에서도 신문사는, 학교는, 대한민국은 미싱처럼 잘도 돌고 돌아갔다. 그리고 그리 머지않아 나는 알게 되었다.

나는 기자가 아니다.

20년 후, 대학 신문사 주간이랍시고 폼을 잡고 있는 스스로의 모습에, 그러니 어찌 자조 섞인 피식 웃음이 안 나왔겠는가.

고대신문이 눕던 날

우리는 패닉 상태에 있었던 듯하다. 하긴 1980년 5월 이야기를 고등학생 신분으로 듣고, 그래도 대학 가겠노라고 열공하여 입학한 직후이니, 어찌 제정신 상태일 수 있었으랴.

신문과 방송이 헤쳐 모여를 하고 좆뺑이를 치는 사이, '고대'라는 말과 '기자'라는 말의 아주 그럴 듯한 조합에 순응하며, 우리는 패닉이었다. 총장이 전두환 정권 국무총리로 갔다는 소식을 1면 톱으로 다루기도 하다가, 시위 현장에서 피를 흘리는 학우를 카메라에 담겠다고 기를 쓰기도 했고, 어차피 신지도 못할 사진임에도 그나마 경찰에게 필름 뺏기는 동안 항의 의사를 '표'하기도 했다. 성북서의 사전 원고 검열 결과 3분의 1 이상의 기사를 삭제하고 편집해야 하는 운명에 처한 날, 우리는 '그래도 발간해야 한다'와 '내지 말자'는 의견으로 갈려 꽤 진지한 토론도 했다.

그렇게 살며 수습 딱지를 떼고 기자가 되고 문화부장이 되었고, 나는 문학작품 검열을 소재로 삼은 소설을 써서 1학년 12월에 신춘문예 당선 통지를 받았다. '교련 거부'를 이유로 방위 소집에 응하라는 소집 통지서도 함께 받았다.

똥방위를 마치고 돌아온 봄날의 학생회관 앞, '전직 기자'이자 '재학 동인'으로서 고대신문을 손에 든 내 머릿속 어느 교차로에 갑자기 정체와 추돌, 충돌사고가 연쇄적으로 일어났다.

고대신문이 누워 있었다. '위에서 아래로' 정렬되어 있던 내 머릿속의 고대신문 대신 '왼쪽에서 오른쪽으로' 누워있는 고대신문은 너무나 낯설었다. 방위 1년을 못 참고 그새 고무신을 바꿔 신은 옛 애인을 보는 듯 했다. 그런 옛 애인은 더 그리운 법.

같은 재학 동인인 강재형과 나는 신문사 건너 학생회관, 그 담 건너 이층집에 술집을 열었다. 술집 이름은 1학년 때 내 고대신문 문학상 당선작인 '숨은 그림 찾기'였다. 강재형은 매우 잘 생겼으므로 서빙을 맡아 술과 커피를 날랐고, 그냥 그렇게 생긴 나는 주방에서 안주를 만들고 커피를 탔다. 얼마 후, 김광석이 우리 가게를 드나들었고, 작은 무대에서 기타를 치며 노래를 했다. 그동안 기타를 치며 노래를 하곤 했던 나는 완전히 주방 안으로 잠적했다.

학생회관 쪽에서 날아오는 돌에 술집 유리창이 몇 수십 번 박살이 나는 동안 우리는 망했고, 그 망한 가게를 김광석이 인수했다. '노찾사' 판을 자주 틀던 우리 술집에서 이제 '노찾사' 1기 광석이가 '노찾사' 노래를 불렀다.

광석이도 우리처럼 망했으나, 좀 있다 통기타 스타가 되어 대학로에서 '일어나'를 불렀다. 그러나 한 번 누운 고대신문은

박철우

다시 일어서지 않았다.

이한열이 죽은 해 나는 대학원에 갔고, 1987년에 시청 앞에서 헤매다가 내빼듯이 박사과정에 들어갔으며, 강재형은 학사경고를 연이어 받더니 방위로 갔고, 방위를 마칠 때쯤인 그해에 그 빡빡 깎은 머리로 카메라 테스트까지 통과해서 MBC 아나운서가 되었다. MBC의 인사 참사는 이미 그때 시작된 것이 아닌가 싶다.

나는 1989년부터 강단에 섰다. 스물일곱 어린 나이에 교수 소리를 들었으나 나는 교수가 아니었다. 기자답지 못했고, 대학생답지 못했고, 더욱이 '고대생'답지 못했고, 청년답지 못했던 내 이십대는 그렇게 반패닉 상태로 지나갔다.

우리는 기자였다

얼마 전 파업 중인 재형이의 인터뷰를 읽었다. 용케도 잘 버텨주었다 싶어서 궁둥이를 토닥여주고 싶었다. 우리가 고대신문 기자가 된 1982년 이후 35년이 지났는데, 재형이와 MBC기자들이 "우리는 기자가 아니었다"며 거리에 나가 있다.

그래서 나는 알았다. 이놈의 나라에서 우리에게 요구하는 건 아주 오래 전부터 한 가지였다. '~답게 살지 마라'였다. 국민이 국민답게 살면 위험하고, 심지어 인간이 인간답게 살고자 하면 위험천만한 나라이니, 이런 나라에 언론이 언론답고 정치가 정치답기를 바라는 일은 아예 불가능했다. 그사이 고대 출신 명박 군이 강 파헤쳐 돈 빼먹고, 분명히 죽었던 박정희가 살아나 뼁을 뜯었다.

후배들이여. 그래도 고대 갔다고 집안 잔치깨나 했을 법한 요즘인데, 취업 생각하는 순간 잔치는 끝난다. 이런 세상에 학생이 학생답게, 청년이 청년답게, 고대생이 고대생답게 사는 일도 언감생심인데, 고대신문 기자가 고대신문 기자답게 사는 게 얼마나 어려울까.

박철우   154

지난해, 나는 20년 이상 꼬박꼬박 연구실로 발송되어 오던 고대신문 무상구독기간을 자진해서 종료했다. 우편 띠를 뜯지도 않고 조교 편에 재활용 쓰레기통으로 보내는 고대신문이 점점 많아지면서, 고대신문사에 전화해 발송 중지를 요청했다. 너무 미안했다. 지금도 고대신문의 이름을 지키고 있는 '기자'들에게. 우리 때, 짜장면 시켜서 지난 고대신문 깔아 놓고 먹다가 맞아죽을 뻔한 수습기자들이 한둘이 아니었는데 말이다.

광석이가 죽었다는 소식을 듣고도 금방 잊는 무심함 속에, 근 25년을 소설을 가르치며 살았다. 블랙리스트에 끼지 못했다고 투덜대는 한 동료 문인을 보며, 이제야 기자가 아니었음을 고백하는 많은 기자들을 보며, 근 35년 만에 '고대신문 기자'를 생각한다.

뒤늦은 철듦이 유행병인지, 생각해보면 1982년 이후 내가 만난 수많은 '고대신문 기자'들은 참 궁상맞게 고민하고 끙끙대고 속앓이를 하며 살아왔음을 알게 되었다. 뭔가 할 수는 없었지만 뭔가 할 수 없었음을, 뭔가 할 수는 없지만 뭔가 할 수 없음을 부끄러워하고 괴로워하는 몇 안 되는 이상 종족들인 건 분명하다. 나 또한 늘 그래왔으므로 이런 말 하기는 좀 뭣하지만, 그건 용기다. 그 용기 있는 다른 수많은 이들이 모여 촛불을 들지 않았던가.

이건 고백이고 자백이니, 지금의 고대신문 기자들과 앞으로의 고대신문 기자들께서 투항을 받아주셨으면 한다. 뭔가 할 수는 없었지만 뭔가 할 수 없었음을, 뭔가 할 수는 없지만 뭔가 할 수 없음을 부끄러워하고 괴로워하는 몇 안 되는 이상 종족들을 선배로 두었으니, 그 고단한 '스펙 쌓기' 속에서도 '기자답기'를 고집해준다면, 70년 모든 고대신문 기자들이 비로소 외칠 수 있을지 모른다. '우리는 기자였다'고.

155   박철우

냉탕과 온탕 사이: 고대신문
지진아의 부적응 보고서

배진석
정외 90 | 고려대 국제교육원 연구교수

　나는 고대에서 곁방살이를 하고 있다. 유난을 떨었던 유학생
활을 마치고 일 년 남짓 교양관과 정경관 언저리에서 밥벌이를
하고 있는 중이다. 답답한 연구실을 탈출해 민주광장으로 '숨
을 쉬러' 나올 때, 내 시선은 한 곳에 꽂힌다. 허둥지둥 강의실
을 찾아 정경관 앞 가파른 계단을 오를 때에도 나는 사팔뜨기
가 된다. 지친 몸으로 민주광장을 가로질러 귀가하는 늦은 밤
에도 내 눈길은 여전히 그 곳을 스캔하고 있다. 홍보관 2층 중
앙현관으로부터 오른쪽 세 번째 방. 고대신문 편집국장실이다.
지금 그 방 주인은 불쾌할지도 모르겠다. 누군가 자기 방을 힐
끔거린다는 사실을 안다면 말이다. 관음증이다. 고약한 습관이
다. 잘 알고 있다. "홍보관 쪽으로는 오줌도 누지 않겠다"던 역
대 편집국장들의 상투적인 다짐을 나도 되풀이한 적이 있기 때
문이다. 그 방에서 짐을 빼던 1992년 초겨울 어느 날이었다. 돌
아보니 궁색한 다짐이 되고 말았다.
　대단할 것도 없다. 주절거려놓고 보니 열혈 "고대신문주의
자"나 된 양 싶어 머쓱해진다. 고대신문 동인 중에 홍보관 2층
을 의식하지 않고 그 앞을 지나칠 냉혈한이 있을 리 만무하다.
빛나는 청춘의 훈장으로 기억되든, 아픈 옛사랑의 자취방 담벼
락으로 남아 있든, 뜯을 건 없고 버리자니 아까운 계륵이 되어

있든 말이다. 그저 누구에게나 있을 법한 청춘의 현장 언저리에서 비루한 밥벌이를 하고 있는 탓이라고나 해두자.

떡하니 서 있는 홍보관을 힐끔거린다고 흉 될 일은 아닐 테다. 문제는 고대신문에 대한 지적, 정서적 관음이다. 당시 고대신문 선배들은 내게 전설이었다. 고대신문이라는 자장(磁場)에 기대어 공전했던 나는 그래서 심한 멀미에 시달렸다. '한국 현대사의 연원적 재검토'를 기획할 능력도, 제주 4.3 항쟁을 취재할 능력도, 헤럴드 외간부 문간방에서 석탑춘추를 단숨에 써 내려 갈 필력도 내겐 없었다. 후배를 넉넉히 품을 도량은 애초부터 언감생심이었다. 수재 집안에 돌연변이로 태어난 골칫거리 아들 같은 느낌이었다. 그 열패감은 결코 사소하지 않았다.

머리 굵어지면서 어떻게든 그 자력에서 벗어나고 싶었지만, 쉽지 않았다. 약만 더 올랐다. 열패감은 주로 엉뚱한 한 방향에서 돌출됐다. 주로 "나는 당신들과 다르다"는 우기기 전략이었다. "취기에 삽질한 기억을 청춘의 낭만으로 덧칠하려는 거냐"며 선배들에게 눈을 부라렸던 것도 같다. 정보기관의 검열과 싸우며 고대신문을 지켰던 선배들 입장에서야 학교 당국과 마찰을 빚어 신문을 "내팽개친" 후배들이 한통속이었을 테다. 억울하기도 했다. "신문 제작을 거부한 바로 앞 선배들과 신문 발행이 금지돼 쫓겨난 우리가 어떻게 같을 수가 있냐"며 강짜를 부린 적도 있었다. 발행금지 기간에 성금 모아 지속적으로 만든 고대신문 호외를 그 증거로 들이밀기도 했다. 학사경고로 쫓겨났다가 구사일생으로 고대신문에 복귀한 주제에 말이다. 편집국장 시절에도 간사 선배 없이 만든 신문이 오죽했겠는가. 돌아보니 기획은 허술했고 문체는 조악했다. 부끄러울 뿐이다. '다르다'며 격리했던 내 자의식이 결국은 열패감의 소산이었음을 부정할 수 없다. 고대신문을 정면에서 바라보지 못한 채 훔쳐보고 있는 관음증의 이유다.

속내를 보인 김에 냉담증도 고백한다. 학교로 돌아온 후 언제

부턴가 나는 고대신문을 읽지 않고 있었다. 교정 곳곳에 수북이 쌓여 있는 고대신문 뭉텅이와 발에 차이는 고대신문 신문지를 무심하게 바라보고 있을 뿐이었다. 월요일 아침 홍보관 앞에서 부터 민주광장 중앙까지 늘어져 있던 긴 행렬은 고대신문 동인들의 기억 속에나 존재한다. 고대신문 한 부 더 받을 수 없겠냐며 상냥한 웃음을 던졌던 미모의 여학생도 온데간데없다. 그녀를 굳이 긴 행렬의 뒷자락으로 몰아붙이던 1990년 5월기 수습기자 왼팔의 완장도 빛바랜 지 오래다. 나도 고대신문을 외면하고 있었다. 그 이유가 그리 간단하지는 않을 테다. 그저 내가 밥벌이에 바빴던 것으로 해두자.

관음증과 냉담증이 교차하는 지점에서 나는 좌절하곤 한다. 어느 동인 모임에서 웃고 떠들다가 비틀걸음으로 귀가한 밤이었다. 재활용 분리수거가 기다리고 있었다. 아무리 취했어도, 유일하게 기여하고 있는 가사노동인 만큼 나 몰라라 할 수 없었다. "신문지가 폐지 중 가장 값이 나간다"고 경비 아저씨께 들은 적이 있다. 그 말을 허투루 듣지 않았던 나는 ○○일보를 추려 폐지함으로 옮긴다. 그 사이로 뭔가 툭, 떨어진다. 반듯하게 접혀 띠지도 뜯어지지 않은 고대신문이었다. '심쿵'했다. 이 말의 쓰임새를 모르는 바 아니나, 사전적 의미 그대로 가슴이 철렁했다. 집으로 배달되는 고대신문이 펼쳐지지 않고 쌓이는 것을 불편해 했지만 짐짓 모른 척했다. 동인이 두 명이나 있는 집인데 말이다. 구독 정지를 요청할 용기도 없었다. "호적을 파겠다는 거냐"며 누군가 호통을 칠 것만 같았다. 발 아래로 툭, 떨어진 '심장'을 추슬러 몸을 피한 곳은 허름한 아파트 단지 구석 가로등 아래였다. 철 지난 고대신문을 죄책감에 휩싸여 펼쳐 든다. 눈가가 축축해진다. 글씨가 잘 안 보인다. 불쑥 찾아온 노안 탓이라고 해두자.

이 복잡한 감정을 '냉정과 열정 사이'로 미화할 생각은 없다. 그리 우아할 수 없다. '냉탕과 온탕 사이'정도가 적절하다. 배만

뽈록해진 사십 대 후반 사내가 벌거벗은 몸으로 냉탕과 온탕을 넘나들고 있을 따름이다. 흔히 볼 수 있는 사우나 남탕 풍경이다. 유난스러울 이유가 없다. "예전만 못하다"는 고대신문의 평판에 괜히 언짢아져 냉탕 속으로 머리를 담그지만, 수구초심 운운하며 금세 온탕에 몸을 디민다. 갈피잡지 못하는 마음을 달래려 술추렴이 벌어진다. "우리 때는……"과 "요즘 현역들은……"이라는 화제가 빠질 리 없다. 경험상 가성비 높은 안주다. "우리는 달랐다" 혹은 "우리는 다르다"는 자의식은 진통제로 모자람이 없다. 한껏 취기가 오른다.

오지랖 넓은 정치학이 이런 현상을 그대로 둘 리 만무하다. 선거연구에는 세대 간 정치태도의 차이를 설명하는 경쟁가설이 있다. 연령효과(aging effect)와 세대효과(cohort effect)가 바로 그것이다. 젊어서 진보적이던 유권자도 나이 들면서 보수화된다는 것이 연령효과의 주장이다. "20대에 진보가 아니면 가슴이 없는 것이고, 40대에도 진보라면 두뇌가 없는 것이다." 이 프랑스 속담만큼 연령효과를 잘 대변하는 표현은 없다. 세대효과는 연령효과의 빈틈을 헤집는다. 나이 들어서도 보수화의 흐름에 휩쓸리지 않는 또래가 있다는 말이다. 사회에 눈뜨는 민감한 시기의 정치사회적 경험이 이들을 시류에 편승하지 않는 특이한 집단으로 만들었다는 것이다. 미국의 뉴딜세대, 프랑스의 68세대, 한국의 386세대가 흔히 거론된다. 경쟁가설이라고 소개했지만, 이론의 포괄성과 경험적 입증 차원에서 세대효과는 연령효과에 비할 바가 못 된다. "드센" 세대들의 목소리가 학문적 유행에 일시적으로 반영되기는 했어도 그 효과는 매우 제한적이었다. 시간이 흐르면 변하게 마련이라는 철칙에 도전하기는 역부족이다.

진보와 보수를 말하자는 게 아니다. 변하는 게 옳다, 그르다를 말하는 것도 아니다. 특정 세대가 한국 사회발전에 기여한 공로를 부정할 생각은 더더욱 없다. 오히려 고개 숙여 경의

배진석

를 표한다. 다만 '구별 짓기'를 통해 행여 "복잡한 사회문제를 특정세대의 책임으로 단순하게 전가"(〈88만원 세대〉중에서 인용)하려고 시도한다면, 이런 구별 짓기에는 동의하기 힘들다. 게다가 한국에는 386세대만 있는 게 아니다. 그 이전에는 4.19세대, 6.4세대, 긴조(긴급조치)세대가 있었다. 이후에는 X세대, IMF세대, 88만원 세대, 그리고 촛불세대도 있다.

고대신문도 예외는 아니다. 변했다. 사실이다. 변하지 않았다면 그게 더 문제가 아닐까? 다만 지금의 고대신문은 지금의 고대를 반영하고 있을 따름이다. '그 때'의 고대신문이 '그 때'의 고대를 반영했듯이 말이다. 나는 그렇게 믿는 편이다. "그 때는 옳았고 지금은 틀렸다"고 주장할 용기가 내게는 없다. 일방적으로 구조결정론을 주장하는 것이 아니다. 고대신문이라는 '제도'는 고대 혹은 한국사회라는 구조와 고대신문을 만들고 읽는 행위자를 매개한다. 말 그대로 미디어다. 신문을 제작하는 사람들의 능력과 열정은 여전히 중요하다. 다만 고대신문은 진공 상태에 존재하지 않는다. 지금도 그렇고 '그때'도 그랬다. 구조의 제약 속에 행위자의 역할은 제한적일 수밖에 없다.

나는 빛나는 고대신문의 황금기를 매우 예외적인 사례로 간주하는 입장이다. 고대로 대표되는 한국의 지식인 사회, 수요와 공급 측면에서 '독점적이었던' 고대신문의 교내외 지위, 그리고 지성과 열정이 겸비된 그 시대의 빼어난 고대신문 선배기자들. 이들의 운 좋은 조합이 고대신문 황금기의 독보적 존재감을 만들어 냈던 게 아닐까? 이 중 하나라도 삐끗했으면 과연 어땠을까?

고대신문이 고대신문을 죽였다. 지금이 위기라면, 이는 성공의 위기(crisis of success)다. "진리와 인격의 일원적인 탐구연마"로 "잃어진 권위를 도로 세우고", 마침내 "행동성이 결여된 기형적 지식인을 거부"한 결과다. 고대신문을 자양분으로 한국사회는 민주주의를 이루고 정보화 사회를 선도했다고 나는 믿는다. 밥의 크기와 자유의 크기를 키웠다. 그 결과로 대학사회는 다양성을 획득했다. 더 이상의 독점을 허용하지 않는다. '고대신문교 교도'로서 아쉽기 짝이 없지만, 부담스러웠던 과거의 독점적 지위에 이제 더 이상 얽매이지 않았으면 한다. 이 해석이 억측이 아니라면, 고대신문이 누렸던 독점적 지위의 상실은 영광의 상처다.

많은 비판에도 불구하고 나는 대학사회가 정상화되는 중이라고 진단한다. 캠퍼스는 더 자유로워졌다. 교수들은 더 이상 10년째 우려먹던 낡은 강의노트를 들고 강의실을 찾을 수 없다. 내가 만난 강의실의 학생들은 최소한 사반세기 전의 나보다 더 열심히 공부하고 있고, 교수 뺨칠 만큼 똑똑하다. 학사경고 출신이 유학 가서 학위 받고 학생들을 가르치는 게 오히려 우스꽝스러운 일이다. 수업 거부하고 돌 던지러 나갔던 시대로 나는 돌아가고 싶지 않다. 고대신문 편집실의 풍경도 많이 변했다고 들었다. 신문제작과 학업, 그리고 개인생활의 우선순위가 선배들과 같을 수 없을 게다. 아쉬운 구석이 없지 않지만, 그 변화도 인정해야 한다. 시위 취재하라고 중간고사 시험 보던 수습기자를 강의실 밖에서 고함쳐 호출하던 풍경이 비정상이었다.

가슴 아픈 일은 따로 있다. 고대신문 현역 기자들에게 그때의 헌신을 요구하기 힘들다는 점이다. 선배들의 재학시절 학점이 공개되면 홍보관 2층에서 무슨 일이 벌어질지 모른다. 그때니까 그 학점으로도 내로라하는 직장을 골라 갈 수 있었다. 지금은 아니다. "어른들이 시키는 대로" 열심히 공부해 학벌사회의 승자가 되었지만, 이들을 초대하는 일자리는 많지 않다. 이들에게 고대신문의 새로운 역할을 부탁한다고 내미는 손이 그래서 민망하다.

코미디 같다는 생각이 든다. 지적 열등감에 시달렸던 고대신문 지진아가 공부를 업으로 삼고 있다니 말이다. 고대신문에

배진석

감읍해야 할지 소송을 걸어야 할지 아직은 판단 유보 중이다. 범람하는 격문 대신 차분한 논리로 사람들에게 말을 걸고 싶다던 고대신문 지진아의 소망은 여전히 유효하다. "큰 얘기"로 통치는 대신 하나하나 귀납적으로 따져보자는 욕심은 강의실과 논문에서 지금도 꿈틀댄다. "냉탕과 온탕 사이"를 오가는 고대신문에 대한 내 감정도 "냉정과 열정 사이"에서 제 자리를 찾을 날이 빨리 왔으면 좋겠다.

님아, 그 블랙홀에 빠지면 큰일 나오

서금영

산림자원 97 | 공존연구소 책임연구원

1997년 3월 19일(수) 홍보관 1층 103호 강의실에서 새내기 19명(남자 14명, 여자 5명)이 고대신문사 입사시험을 치렀다. 1교시(06:10~07:00)에는 객관식 30문항의 상식 시험을 보았고, 2교시(07:10~08:00)에는 '1998년 3월 19일'이란 주제로 작문을 써냈다.

다이어리에는 1교시 도중 한 여학우가 교탁에 있던 선배에게 이야기하고 중도 포기한 것으로 기록돼 있다. 여기까지가 내가 기록한 그날의 공식 기록이다. 훗날 최종 합격한 동기들이 재구성한 그날의 기억은 어떠했을까?

시험시간 변경한 동기 VS 민증 까야 했던 동기

1997학년도 본교 입시에서 가장 치열했던 학과 경쟁률(32대 1)을 돌파했던 오효림(지리교육 97) 동인의 입사는 남달랐다. 19일 저녁 선약이 있던 오 동인은 사전에 최미랑(국문 95) 취재부장에게 양해를 구하고 저녁이 아닌 아침에 시험을 치렀다.

1교시 시험 도중 뛰쳐나간 학우는 그 모습이 마지막일 거라고 생각했다. 하지만 그녀도 나와 함께 1997년 5월기가 됐다. 바로 한예경(영문 97) 동인이다. 그녀에 따르면 "입사를 포기한 것이 아니라 같은 시간에 KUBS 입사시험을 치루기 위해 문제를 빨리 풀고 나간 것"이라고 밝혔다.

이처럼 가냘픈 여자 동기들은 출제기관에 시험시간의 변경을 요구하거나 답안을 1시간 만에 작성해 제출하는 신공을 발휘했다. 반면 경남 남해에서 올라온 고리땡 바지의 주인공 최하재(농경제 97) 동인은 1교시가 끝나고 외모 논란에 휘말린다.

1교시 상식 시험을 치른 수험생들은 우유와 햄버거로 배를 채웠다. 이때 최 동인의 옆자리에 있던 남학생이 말을 걸었다. "저, 재수하셨죠? 저도 재수했어요." "저는 현역이에요." "진짜요? 겉보기는 그렇게 안 보이는데? 주민등록증 깔 수 있어요?" "(발끈하며) 당근!" 이렇게 최하재 동인은 민증을 까고서야 고대신문에 입성했다.

차분한 글로 마음을 움직여라

1997년 여름방학이 시작되자, 취재부장이던 이성규(농경제 97) 동인은 우리 동기들에게 자유주의 이후 (이매뉴얼 월러스틴), 1780년 이후의 민족과 민족주의 (에릭 홉스봄)같이 감정적이고 선동적인 책을 읽도록 했다.

반면 홍승범(독문 82) 편집간사는 읽어버린 시간을 찾아서 (마르셀 프루스트)와 지상의 척도 (김우창), 知의 기법 (고바야시 야스오) 같이 정제된 문장의 책을 권장했다. 지금도 책장에 꽂힌 책들을 마주할 때면, 대학생 시절로 되돌아가 편집간사실에서 동기들과 둘러 앉아 홍승범 간사의 질문을 받던 모습이 아른거린다.

이때부터 내 글은 선동적인 글이 아니라 차분하고 정제된 글을 추구했을 것이다. 감정에 얽매이지 않고도 사람의 마음을 움직일 수 있는 글의 힘이 있다. 감정적이고 선동적인 글은 원래 내 편이었던 사람의 마음과 하나 되기 쉽다. 하지만 내 편이 아닌 사람의 마음을 얻기는 어렵다. 차분하면서 여운이 있는 글은 혹여 자신의 생각이 틀리진 않을까 고민하게 만든다. 그만큼 치밀하며 논리적이어야 한다.

'꿈'을 위해 살았던 취재원

고교시절 에너지 준위가 '바닥상태'인 사회를 보고 자랐다면 대학에선 '들뜬상태'의 사회를 볼 수 있었다.

1997년 11월 21일. 대한민국은 '국제통화기금'(IMF)으로부터 자금을 지원받는 양해각서를 체결했다. 기업들이 연쇄적으로 도산하면서 외환보유액이 급감해 IMF에 20억 달러의 긴급융자를 요청하는 외환위기의 시대가 찾아왔다.

서울 시내와 학내에서 집회가 빈번했다. 걸핏하면 전투경찰들이 교내를 둘러싼 채 출입하는 학생들에게 학생증 제시를 요구하거나 교가를 불러보라고 했다. 전국의 대학생들이 모여 서울 시내를 휘젓고 다니는 집회를 취재하던 총학담당 임효택(국문 97) 동인과 사진부 박종서(신방 97) 동인은 한 차례 유치장에 갇히기도 했다.

내게는 기억에 남는 취재원이 한 명 있다. 당시 주제탐구 1면의 인터뷰 대상이었던　이것이 토익이다　의 저자 고성규 씨다. 1998년 5월 25일자로 토익시험이 문제은행식으로 출제돼 문제 유형만 알아내면 쉽게 점수를 올릴 수 있기 때문에 영어평가 시험으로 적절하지 않다는 기사를 기획했다. 실제로 고 씨는 저서를 통해 Leading 100문항 중 94문항의 해답을 제시했다.

고 씨는 팩스로 연락이 닿았고, 내게 밤 10시에 세종문화회관 뒤편에서 만나자고 했다. 이곳에는 '봄', '여름', '가을', '겨울'이란 이름의 호프집이 있는데, 우리는 아마 '봄'에서 만났던 것으로 기억한다. 취재 내용은 특별하지 않았다. 서울대 약대를 졸업했고, 토익강사를 했다. 그런데 현재 직업은 알려주지 않았다.

당시 동기들은 내게 고 씨를 만나면　이것이 토익이다　는 책을 얻어오라고 부탁했다. 나는 고 씨에게 그 책을 얻을 수 있냐

고 물었는데, 뜻밖에도 며칠 뒤 도렴 빌딩으로 오라고 했다. 그
곳은 노무현 의원(서울 종로)의 사무실이었다.

미국서 온 김영선 동인, 나를 다독이다

어릴 때부터 나는 세상을 바꾸는 일을 하고 싶었다. 대입을
앞두고 세상을 바꿀 수 있는 역량을 키울 수 있는 직업으로 '기
자'를 생각했다. 그래서 고대신문에 입사했다. 세상의 온갖 사
회문제를 배울 수 있고, 그에 대한 대안도 모색할 수 있는 직업
에 안성맞춤이었다.

하지만 글을 쓰면서 혼란에 빠졌다. 내가 잘 알지도 못하면
서 사회적으로 진보라 불리거나 유행하는 담론 혹은 유명 인사
들의 말과 글을 짜깁기하고 있는 것은 아닌지 의심스러웠기 때
문이다. 그래서 진지하게 공부를 하고 싶었다. 세상을 향해 할
말이 있어야, 글을 쓸 수 있는 것이 아닌가?

7명의 동기들(김광범, 류은영, 박종서, 오효림, 임효택, 최
하재, 한예경)이 부장단으로 남았지만 나는 세상 공부를 하겠
다며 홀로 동인이 되었다. 동기들을 편집실에 두고 나온 나는
마음이 불편했다. 그때 PC통신 하이텔 '바른통신을 위한 모
임'(go barun) 동호회 게시판에 내 심경을 올렸다. 긴 장문의 댓
글이 하나 달렸는데, 댓글을 단 사람이 나를 참살이길에 있는
'Imf'에서 만나자고 했다.

그분은 미국 뉴욕주립대에서 여성학을 전공하고 있던 김영
선(사회 89) 동인이었다. 여름방학 때 한국에 들렀다가 동호회
글을 보고 나를 호출한 것이다. 대화의 내용이 기억나지 않지
만 나는 무척 용기를 얻었다. 그래서 후회 없이 살기로 하기로
했다. 세상 공부를 더욱 열심히 하기로 다짐했다.

먼저 본교 여학생위원회에서 개최하는 '여성문제연구회' 세
미나에 참여했다. 그때까지 지녔던 '가부장제'의 개념이 깨져
버렸다. 가부장제가 남자인 나를 옥죄고 있다는 것을 깨달은

것이다. 또 비주류라 생각되는 사람들, 가령 마르스크주의자, 동성애자, 사상범 등을 부러 만나고 다녔다.

2학기에는 하이텔 '고려대학교 동호회'(go tiger) 운영자가 됐다. 나는 토론게시판을 담당하며 여러 사회문제에 대한 내 의견을 올렸다. 여기에 실시간으로 달리는 공격성 댓글에 많은 답변을 달았다.

1998년 2학기에는 총학생회장과 부총학생회장이 각각 시기를 달리하며 교내 여학우에게 성폭력을 행사하여 자진 사퇴하는 초유의 사건이 발생했다. 당시 PC통신에선 "남자들이 술먹고 옆자리 여학우에게 키스를 건넬 수도 있지 않느냐"는 의견이 다수였다.

나는 이 사건을 '권력형 성폭력'으로 규정하고, 성폭력은 남자가 여자에게 일방적으로 가하는 정조 침해의 문제가 아닌 자기결정권에 대한 침해라고 주장했다. 이어 남자가 남자에게 가하는 성적자기결정권도 성폭력의 범주에 들어갈 수 있다고 설명했다.

이에 대해 PC통신 게시판에선 온갖 비난이 난무했다. 하지만 나는 홍승범 동인의 이야기대로 정제된 토론을 이어갔다. 결국 그들은 하나둘씩 자기모순에 빠져 말을 잃어버렸다. 흥분하지 않고 글을 쓰는 것의 중요성을 다시금 확인했다.

글짓기 능력이 '부족'한 소년

군 제대 후 나는 세상을 바꿀 수 있는 또 다른 힘을 찾아 나섰다. 먼저 시민단체에서 여러 가지 봉사단 활동을 했다. 여성유권자연맹 '하나넷 평등넷' 기자, 유엔환경개발계획 한국위원회(UNEP) 봉사단(엔젤 1기), 한중미래숲 녹색봉사단(1기), 한국장애인재활협회 객원기자.

생각보다 시민단체의 영향력이 미약했다. 봉사자의 자생적인 프로그램 운영보다 상부에서 하달되는 예산에 맞춰 달력 식으로 이뤄지는 행사를 치르기에 급급했다. 한마디로 세상에 대해 비판은 많았지만 대안이 없었다.

나는 근거 있는 대안을 생산하는 인재가 되기 위해 본교 대학원 환경생태공학과에 입학했다. 적어도 내 전공과 관련해서는 옳고 그름에 대한 가치판단을 할 줄 아는 글쟁이가 되고 싶어서였다. 그리고 월간 『과학동아』의 기자가 됐다.

과학기자는 특수분야 종사자다. 기사에 쓰이는 단어인 과학용어를 이해하는 일반인은 거의 없다. 이공계 출신이라 하더라도 자기 전공분야에 대해서만 이해도가 있을 뿐, 다른 분야에 대해서는 인문·사회계나 다를 바 없다. 그렇기 때문에 쉽게 풀어 쓸 수 있어야 했다.

고대신문은 내게 '기획력'을 키워주었고 적어도 '졸필'은 면하게 해줬다. 초등학교 6학년 때 담임선생님은 내 통신표에 "산수과의 계산능력은 뛰어나나 글짓기(쓰기) 능력이 부족함"이라고 평가했다. 글짓기 능력이 부족했던 이 소년은 자라서 기자가 됐고, 현재는 (주)공존연구소 책임연구원으로 근무하며 조선일보와 'KISTI의 과학향기'에 과학을 쉽게 풀어낸 글을 고정적으로 싣고 있다.

내 마음의 주둔지 고대신문

고대신문은 언제나 꿈을 향해 달려갈 에너지를 공급했다. 그 에너지는 바로 때론 뜨겁고, 때론 끈끈하며, 때론 왁자지껄한 동인회다. '주둔군 이론'이란 게 있다. 군인이 전투를 하다가 밀릴 때 가장 어려운 전투를 치렀던 고지로 후퇴하는 것은 그곳에 가장 많은 주둔군을 두고 왔기 때문이다. 나는 많은 동기들을 편집실에 두고 홀로 전투에서 빠져나와서인지 계속해서 고대신문에 마음의 빚이 있었다.

그래서 1학기부터 이성규(농경제 95) 동인이 주도하는 수습보 세미나에 동참했다. 이어 2학기에는 재학동인회장을 맡았다. 그런데 내가 군복무 중일 때 입사한 후배들의 재학동인회 참여가 저조했고, 나 또한 그들을 잘 알지 못했다.

위기극복을 위해 나는 재학동인회 소식지 '바른청년'을 발간했다. A4용지 15장 분량의 잡지로 동인들의 다양한 가십거리와 스캔들을 다루는 소식지였다. 소식지의 발행 목적은 온전히 재학동인회 모임의 흥행을 위한 것이었다. 수습보 세미나를 진행하면서 자연스레 나는 현역 기자들과도 친분이 두터워졌다.

수습보 세미나 뒤풀이 비용을 마련하기 위해 당시 문화일보 정치부 차장이던 김교만(정외 82) 동인에게 '바른청년'을 10만 원에 강매하기도 했다. 독자들의 반응은 폭발적이었다. 특히 은둔한 동인들에게서 답장이 쏟아졌다.

원래는 95학번에서 03학번까지 메일링 서비스로 제공하던 소식지였는데, 입소문을 타고 많은 선후배들이 나도 보내달라고 요청하면서 독자의 연령대가 넓어졌다. 그만큼 소식지에 등장하는 인물도 다양해 졌다. 학과 후배 김유승(환경생태 98)의 어머니이자 전 고대신문 동인회 회장을 역임한 신영원(신방 70) 동인에게도 발송했다.

뉴스나 정보의 유출을 통제하는 사람

대학을 졸업하고서 '금영통신'이란 제호로 동인들의 경조사가 있을 때마다 수시로 소식지를 발행했다. 박준식(농경제 98) 동인의 "무슨 통신하니까, 찌라시 같다"는 지적이 있어 동기들의 추천을 받아 독일어로 신문을 뜻하는 '짜이퉁'(zeitung)이란 단어를 차용해 '금영짜이퉁'으로 제호를 바꿨다. 덕분에 지금도 수많은 선후배와 만남을 이어가고 있다. 현재는 일시적으로 발행이 중단된 상태다.

간혹 아무개 동인 연락처를 알려 달라, 담임을 맡은 우리 반 애들에게 고대신문 편집실을 견학시켜주고 싶은데 편집국장을 연결해 달라, 고대신문 발행부수를 알려 달라 등 소소한 동인들의 일상과 접선하고 있다. 이 과정에서 다양한 고급 정보를 수집한다.

기억은 우리가 과거와 대화할 수 있는 든든한 징검다리다. 고대신문에서 많은 선후배와 좋은 인간관계를 구축할 수 있었던 노하우로 인해 나는 어느 조직에서든 '게이트키퍼'(gatekeeper)였다. 소통의 관문을 지키는 사람, 바로 뉴스나 정보의 유출을 통제하는 사람인 것이다.

우리 사회의 여러 문제에 대한 대안을 찾기 위해 부단히 노력해 왔다. 단순히 진보적이라 불리는 말, 유행하는 담론이라고 해서 결코 진보적인 것은 아니었다. 오늘의 내가 이 자리에 온 것은 8할이 고대신문이었다.

현역시절 동기 7명을 두고 온 주둔지, 그 마음의 빚을 갚기 위해 졸업하고 뛰어든 '고대신문 동인회'에는 동기 숫자보다 훨씬 많은 아군들이 있었다. 혹자는 말했다. "인간 서금영이 없으면 고대신문 동인회는 없다. 선배와 후배를 모두 아는 사람은 서금영이 거의 유일하다. 그는 사람을 모으고 연결하는 데 능하다. 그는 이 사람과 저 사람을 잇는 실과 풀이다."

혹자의 말이 틀렸다. 내가 동인들을 잇는 실과 풀이 아니라 동인회가 선후배를 끌어당기는 강력한 블랙홀이다. 그 블랙홀에 빠지면 누구도 빠져나올 수 없다. 모든 것을 빨아들일 만큼 강력해서 배울 것이 많고 얻을 것도 많다. 우리가 동인이 되고 난 뒤에 더 많은 것을 동인회에 쏟게 되는 이유다.

떠나지 않는 향냄새의 기억

성기영

사회 87 | 통일부 통일정책협력관

나의 대학시절은 캠퍼스에 낮게 깔린 향냄새와 함께 시작되었다. 1987년 1월 14일 경찰의 물고문에 의해 서울대생 박종철 군이 숨졌다. 대학 안팎에서는 진상규명을 요구하는 집회와 시위가 잇달아 열렸다. 87학번 신입생들을 위한 예비 소집일이었던 2월 7일에는 박종철 군 국민추도대회가 열렸다. '정문 박치기'의 와중에 나는 처음으로 최루탄 맛을 봤다. 입학식 다음날이었던 3월 3일, 박종철 열사 49재가 열리던 날, 민주광장에 깔린 향냄새를 나는 잊지 못한다.

새내기 신입생이었던 내 머릿속에 남은 것은 입학식에서 들은 총장님 말씀이 아니었다. 박종철군 추모집회에서 주먹질을 해대던 과 선배들의 모습이었다. 1987년은 전두환 정권의 폭압통치가 막바지를 향해 치닫던 해였다. 그러나 학생운동 지도부의 운동방식은 비합법 점거투쟁에서 비폭력 대중 집회로 방향을 틀었다. 신입생들은 학생회 사무실에서 선배들의 무용담을 듣거나 여기저기 시위 현장을 쫓아 다니기에 바빴다.

지금처럼 입학과 동시에 도서관에서 취업 준비에 몰두하던 시절이 아니었다. 나의 교내 동선은 주로 문과대 학생회실이 있던 서관과 교양과목 수업을 듣던 교양관(현 우당교양관)을 오가는 것이었다. 이 동선 중간쯤에 홍보관이 있었다.

매주 월요일이면 고대신문을 받기 위해 홍보관에 길게 늘어선 줄이 익숙해질 무렵이었다. 권두논문 대신 1면에 실린 박종철군 관련 특집기사가 문제되어 배포금지 조치가 내려지는 사건이 일어났다. 이에 맞서 당시 학생기자들은 학교 당국에 의한 배포금지 조치에 항의하는 서명운동에 나섰다.

대학신문 기자에 대해 막연한 이미지만을 갖고 있던 내게 고대신문 배포금지 사건은 선명한 이미지로 남아 있다. 80년대 민주화의 물결 속에서 고대신문은 내게 그러한 방식으로 정의되었다. 한 켠에는 고대신문에 입사하더라도 가두시위에 함께 나섰던 학생회 선배들에게 면피용 호재가 하나 생겼다는 흐뭇한 느낌도 있었다.

그러나 떡줄 사람은 생각도 않는데 김칫국부터 마신 걸까. 비장한 결의를 다지며 1987년 5월 치렀던 고대신문 입사시험 결과는 보기 좋게 낙방이었다. 그해 여름과 가을을 거치면서 학생회 활동에 대한 열정도 시들해질 무렵인 11월, 재수 끝에 비로소 나는 고대신문에 합격했다.

1987년 민주화의 바람을 타고 대학신문 지면에도 변화의 흐름이 뚜렷해졌다. 1987년 이전에는 주로 한국사회의 근본적 변화를 지향하는 사회과학적 모색이 대학신문 지면을 장식했었다. 그러나 1987년 이후에는 민주화운동과 노동운동 등 진보적 현장의 목소리가 대학언론에 자주 등장하기 시작했다.

당시 1989년 1학기 특집부장을 맡았던 나는 교내에 머물지 않고 농촌과 노동현장 등을 주로 찾아다녔다. 쌀 수입 개방, 영세 사업장의 직업병, 공해와 환경 문제, 언론노조 운동 등 민감한 사회 현안들이 취재 대상이었다.

6월 항쟁의 결과로 직선제 개헌을 성취했지만 노태우 대통령의 당선으로 6공화국 체제가 들어섰다. 사회 각 분야의 민주화 요구와 공안통치가 맞닥뜨리면서 빚어냈던 사회상은 대학신문 지면에도 그대로 투영되었다. 당시 나는 전국대학신문기자연합 산하에 사회특집분과를 결성해 서울시내 주요 대학신문들과 노동현장 등에 대한 공동취재를 기획하기도 했다. 이처럼 80년대 후반은 고대신문은 물론 대학언론 전반이 최대한의 언론자유를 구가했던 전성기가 아니었나 싶다.

고대신문과 나의 인연이 여기서 끝났다면 얼마나 좋았을까. 대학언론을 둘러싼 주변 환경은 내게 더 가혹한 결단을 요구했다. 1989년 2학기 광고대행사 선정 문제를 둘러싸고 신문 발행이 중단되었다가 재개되었다. 그러나 1990년에 들어서면서 고대신문 앞에는 훨씬 큰 장애물이 기다리고 있었다. 내가 편집국장의 직책을 맡게 된 바로 그 시점이었다.

고대신문 편집국장으로서 내가 첫 번째 제작했던 신문은 1990년 1월 1일자였다. 1989년 광고 사태로 물러난 주간에 이어 새로 취임한 주간교수와 처음 제작했던 바로 그 신문이었다.

매스컴을 전공한 주간교수는 신문 제작이 끝나 조판작업이 마무리되어 갈 무렵 예외 없이 예닐곱 개의 기사를 찍어냈다. 이념적으로 편향된 기사이므로 대폭 수정 내지는 삭제하지 않고서는 신문이 발행될 수 없다는 가이드라인과 함께였다. 우여곡절 끝에 1월 1일자는 당초 기획되었던 16면에서 12면으로 축소 제작되었다. 그러나 인쇄를 마친 신문이 편집실에 도착하자 주간교수는 일부 내용이 제대로 수정되지 않았다며 배포를 허가하지 않았다. 90년대 초반 내내 고대신문이 치를 수밖에 없었던 속앓이의 서막이었다.

불과 1년 전, 고대신문은 총장 선출 방식을 둘러싸고 휴업령이 내려졌을 당시 사설을 통해 휴업령 철회를 요구하며 학교당국에 맞서기도 했다. 이런 환경에서 고대신문 기자로 성장했던 나와 후배 기자들은 매스컴 전공의 주간교수가 일방적으로 내놓은 가이드라인을 받아들일 생각이 없었다.

나는 편집국장으로서 한 주 한 주 신문을 만들 때마다 살얼음판을 걷고 있었다. 매주 토요일 조판작업을 하던 성수동 인쇄소는 소리 없는 전쟁터였다. 주간교수는 토요일 오전에 들러 예외 없이 몇몇 기사를 지목하며 수정 또는 삭제를 지시하고 자리를 떴다. 그리고 오후 늦은 시각, 조판소로 돌아와 지적사항이 이행되지 않은 것을 확인하고는 이대로는 신문이 나갈 수 없다는 입장을 통보하고는 사라졌다.

주간교수의 삭제 요청을 받은 원고를 들어내고 나면 이를 메울 수 있는 방법이 막막했다. 주간교수는 늘 대체원고를 준비해 놓으라고 다그쳤다. 결국 월요일에 맞춰 신문이 제때 발행되지 못하는 일이 잦아졌다.

고백하자면 나는 1990년 1월 1일자 신문이 사산(死産)의 운명에 처하면서 무언가를 직감하고 있었던 것 같다. 앞서 편집국장을 지낸 선배들처럼 임기를 제대로 마치기 어려울 수도 있겠다는 생각이 앞섰다. 아니 주간교수의 요구를 일일이 수용하면서 고대신문의 명예를 더럽히지 않겠다는 나름의 결단을 내려놓고 있었다는 것이 솔직한 표현일 수도 있겠다. 그해 겨울방학 기자들은 근로 장학금을 털어 혹시 있을지 모를 제작중단 사태에 대비해 투쟁기금을 마련해 놓았다. 심지어 학생기자들 자체적으로 호외 형식의 고대신문을 찍어야 할 경우에 대비해 비밀리에 인쇄소를 물색하기까지 했다.

예상은 불행하게도 들어맞았다. 1990년 5월 5일자 고대신문에 실릴 예정이던 사설 내용 중 일부가 문제되어 또다시 신문발행이 중단되었다. 거듭되는 파행에 기자들은 뼈아픈 결단을 내렸다. 편집자율권 보장과 주간교수 퇴진을 요구하며 제작거부 및 편집국 농성에 돌입했다. 학생기자들 자체적으로 호외를 제작해 배포했고 대자보와 학내 행진, 본관 앞 농성이 이어졌다. 총학생회를 비롯한 학내 단체들은 학생기자들의 입장을 지지했지만 학교당국의 입장은 완고했다. 총장 면담 등을 통해 문제를 풀어보려는 시도도 소용이 없었다. 고대신문 동인들도 중재를 모색해 보았지만 별다른 소득은 없었다.

제작거부 사태가 석 달 가까이 이어지면서 나는 1학기가 모두 지나고 여름방학의 절반이 지나가도록 농성장을 지키는 신세가 되었다. 상황은 진전되지 않았고 8월 들어 우리는 농성을 접고 일단 신문 발행을 재개하기로 물러섰다. 퇴임 편집국장이 기획 간사 및 주간교수와의 협의를 거쳐 후임 편집국장을 선정해오던 관행도 받아들여지지 않았다.

편집국장을 마치고 고대신문을 떠난 뒤에는 다분히 의도적으로 후배기자들과 거리를 두었던 것 같다. 신문 발행의 장기 파행에 따라 동인 선후배들의 눈총을 감당할 자신도 없었다. 개인적으로는 군 입대를 앞두고도 있었다.

1990년 1학기에 벌어졌던 일로 인해 후배들이 더 큰 후폭풍에 시달려야 했다는 사실을 알게 된 것은 한참 후였다. 그들은 내가 겪었던 시련보다 더 큰 몫을 감당해야 했다. 학원민주화의 시대적 요구 속에서 제작 중단을 불사하고 대학언론의 사명을 지키려는 가시밭길은 나 혼자면 족할 법했다. 내게는 커다란 마음의 빚을 진 셈이었다.

시간이 지난 후 선후배들과 만나는 자리에서 나는 의도적으로 제작 거부 당시의 상황을 입에 올리지 않았다. 그러나 고대신문 70주년이 그 시절로 나를 다시 이끌었다. 거리시위 현장조차 비장함보다는 흥겨움이 지배하는 촛불혁명의 시대. 그러나 나는 고대신문 시절을 생각할 때마다 학원 민주화, 언론운동, 편집권과 같은 비장한 단어들에 여전히 포획되어 헤어나지 못하고 있다. 딱 30년 전 민주광장에 낮게 깔렸던 향냄새가 다시 떠오른다.

84년 봄 가을, 내 인생의 화양연화

송은석

국교 82 | 돈암정릉구역 주택
재개발 정비사업조합 상임이사

화양연화, 인생에서 가장 아름다웠던 시절.
누군가 내게 내 인생의 화양연화를 물어온다면
나는 주저함 없이 대답하리라.
82년 겨울부터 85년 봄까지
고대신문 기자로 교정을 누비던 그때였다고.

지금도 가끔 꿈에 홍보관 2층 편집국 문을 열곤 한다.
그때마다 내 자리는 수습기자들이 앉았던 긴 책상의 끝자리.
의무적으로 써내야 할 칼럼을 쓰지 못해 끙끙대다
꿈에서 깨어나곤 한다.
무엇이 나를 그곳으로 데려가는가?
사실 학생기자로 있으면서 나는 늘 부끄러웠다.
다른 친구들처럼 독재 타파나 민주 언론을 위해
고대신문에 들어온 것이 아니었기에.

그러나 고대신문은 나를 서서히 의식화시켰다.
검열의 날이 시퍼렇던 5공화국 초반
기존 일간지들은 말할 수 없었던 것을 말하는
유일한 신문이 고대신문이었기에 그것이 가능했다.

84년 봄, 언론들이 일제히 대학의 좌경화를 다루기 시작했다.
대학의 민주화 시위를 좌경으로 몰아붙여
국민의 눈과 귀를 막으려는 가짜뉴스를
언론이 남발하는 그런 시절이었다.
이것을 파헤치라는 데스크의 특명이 떨어졌다.
안기부의 입김이라는 것은 확실했지만
어떤 기자도 증언해주려 하지 않았다.
김영준 편집국장 선배와 함께
중앙일보 편집국장을 만나고
많은 언론의 문을 두드렸지만
기사마감 전까지 속 시원하게 말해주는 곳이 없었다.

그러다 마침내 양심선언을 하겠다고 나선 기자가 있었다.
정기평 MBC 기자.
그는 활용 가능 교수 명단까지 포함해
안기부가 방송국에 전달해준 자료를 남김없이 내게 보여주
었다.
그 자료를 짜깁기해서 안기부의 뜻대로
방송을 할 수밖에 없었다는 증언도 해주었다.
정기평 기자의 충격적인 증언은 그대로 기획기사가 되었고
그야말로 특종이었다.

드디어 신문이 나오고
나는 안기부에 끌려갈 각오로
매일 매일 초조한 마음으로 며칠을 보냈다.
그러나 긁어 부스럼이라고 생각해서인지 안기부 연행은 없
었고
그 덕분에 84년 가을 '역사상 인물 가상재판'의

송은석

박마리아가 될 수 있었다.

1984년 가을
한 달 동안 정신없이 바빴다.
'역사상 인물 가상재판'을 창간 기념일에
무대에 올려야 하는 힘든 작업을 해야 했다.
나는 박마리아 가라오께의 대본을 써야 했고
전체 등장인물의 옷과 소품들을 준비해야 했다.
특히 박마리아역을 훌륭하게 해낼 임무가 내게 주어졌다.
나는 그 역을 너무너무 잘할 자신이 있었다.
무대를 휘어잡는 카리스마
그것이 나의 진정한 본모습이 되리라 믿었다.

제주도 수학여행도 반납한 채 구슬땀을 흘리며
무대에서 이기붕의 강한 아내
박마리아를 재현했다.
오랫동안 혼자 좋아하던 법대생에게 초청장을 보냈다.
드디어 기다리던 그날
5-117 강의실은 관객들로 넘쳐나고 있었다.
1,500명 아니 2,000명도 넘을 듯 했다.

무대에 오른 나
마치 박마리아가 된 듯 신들린 연기를 펼쳤다.
나의 일거수일투족에 쏠리는 관객들의 열띤 반응
생애 최고의 무대였다
그런데 호사다마, 예기치 않은 사건이 발생했다.
손을 번쩍 들고 속옷 색깔 맞춰 자동차를 고른다고
말하는 그 순간
치마가 흘러내렸다.

세상이 온통 암흑으로 변해버렸다.
관객들은 소리를 지르고 무대는 순식간에
아수라장으로 변했다.
석탑대왕 홍승범 국장이 조명을 끄라고 말하고 나서야
그 혼란은 수습되었다.
어둠속에서 나는 치마를 다시 입었다
다시 조명이 켜지고
나는 아무 일도 없었던 것처럼 무대에 몰입했다.
그러나 얼굴은 빨개질 수밖에 없었고
시간이 흐르기만 빌고 빌었다.
1분이 1시간처럼 길고 길었다.

가상재판이 끝났다.
뜻밖에도 나는 가장 열렬한 박수를 받았다.
의도된 스트립쇼(?)라는 오해를 받으며
화려하게 무대 인사를 끝맺었다.

후일담.
그 공연을 법대생이 보지 않아 다행이라고 생각했는데
그는 문을 밀고 들어와 그 공연을 다 보았다고 한다.
그리고 나를 만나지도 않은 채 그 자리를 떠났다.
그 후로도 오랫동안 그의 소식은 들을 수 없었다.

나는 내가 박마리아 역을 했다는 것을 누가 알까봐
헤어스타일을 바꿨다.
누구도 나를 알아보지 못했다.
누구도.

송은석

그때 나는 까만 한복치마 밑에 청바지를 입고 있었는데
왜 그렇게 부끄러웠을까.
아무튼 예기치 않은 그 사건 때문에
그날 그 자리는 후끈 달아올랐다.

어느새 창간 70주년을 맞은 고대신문.
학창시절 3년을 함께했지만 내 마음속 버팀목으로
평생을 함께하는 고대신문.
다양한 목소리를 모두 담아
고대가 진정 고대일 수 있도록
고대인이 진정 고대인일 수 있도록 해주는 신문.
모두 미친 듯이 한 방향으로 달려갈 때
아닌 것은 아니라고 말할 수 있는
유일한 신문.

지난밤 꿈에도 나는 고대신문 수습기자였다.

시뻘건 색 트라우마를 넘어서

안 정

국문 83 | 명지전문대 문예창작과 교수

따지고 보면 누구나 신이 주신 인생의 선물이 있다. 나 역시 늘 신이 주셨다고 생각하는 인생의 선물이 있다. 그것도, 과분하게 세 가지나 된다. 그중 하나가 바로 고대신문과의 인연이다.

대학 입학부터 꿈꾸던 고대신문 입사. 솔직히 얘기하면 나를 언론인으로 키우고 싶어 하셨던 아버지의 꿈이라고 하는 편이 더 맞을지도 모른다. 대학 입학하자마자 아직 '공지' 기미조차 안 보이는 고대신문 시험을 나보다도 더 기다리셨던 아버지. 나도 아버지처럼 한때 열혈 학부모 노릇을 해본지라 당시 아버지의 심정은 충분히 이해하고도 남는다. 그러나 또 한편으로는, 자녀보다 앞선 '나를 따르라' 식 맹부맹모의 부작용을 알게 된 것은 얼마 되지 않는다. 나 역시 아이를 키우면서 스스로 간절히 원하게 하는 것이야말로 최고의 교육법이란 걸 뒤늦게, 아주 뒤늦게 깨달았으니까. 이렇게 장황하게 '자녀교육론'을 들먹이는 데는 부끄러운 사연이 있다.

아버지의 강권에 의해 입사시험을 치르던 나는, 쉬는 시간에 시험장을 빠져나오는 만행을 저질렀던 것이다. 물론 나 역시 아버지만큼은 아니더라도, 고대신문 입사를 고대하고 고대했던 것은 부인할 수 없는 '진실'이며 '사실'임을 밝혀 둔다. 하지만, 그날 시험을 보고 있는 나를 시험에 빠뜨린 이들이 있었다.

시험장으로 누군가가 나를 찾아왔다는 것이다. 같은 과 절친과 그녀의 새로 생긴 남친이 내게 소개시켜줄 친구를 데리고, 예고도 없이 홍보관까지 찾아온 것이다. 아버지의 기대와 성원을 받으며 가문의 거사를 치르고 있던 나는 세 명의 청춘남녀가 나를 기다리고 있단 사실에 엄청난 번민을 했다. 결국 그날 시험을 포기하고 말았다.

지금은 기억에도 없는 미팅남과 친구 커플과의 쌍쌍파티를 택한 그날 이후, 아버지의 탄압과 질타는 감당하기 힘든 것이었다. 그도 그럴 수밖에. 우리 가문의 꿈을 치기어린 한때의 선택으로 날려버렸으니. 6개월의 시간은 너무나도 길었다. 드디어 난 11월기로 입사를 하였고 이번엔 그 누가 찾아와도 절대 흔들리지 않을 절박함과 간절함으로 우리 가문의 소원을 이루어내었다.

고대신문 입사는 가문의 영광이었으나 그 이후 나름 나를 지탱해 주었던 자존감과 한때 문학소녀로서의 자만은 바닥을 치게 되었다. 매번 돌아오는 나의 원고는 선배기자의 붉은 사인펜으로 시뻘겋게 난자당하기 일쑤였다. 수습기자 칼럼인 '상아탑'에 실리기 위해 우리들은 매주 고혈을 짜내 원고 한 꼭지를 제출해야 했다. 그중 단 한 편의 원고가 선택되는데, 첫 게재 기회를 놓친 내 원고는 상당기간이 지나 엄청난 빽을 당하고서야 겨우 실릴 수 있었다. 무너지는 자존심에 또 한 번 치명적인 내상을 남긴 채.

아이러니하게도 그때 그토록 나를 좌절시켰던 선배들로부터 받았던 첨삭 훈련이 지금 나의 업이 되었다. 국문과인 내가 대학 4년 동안 한 번도 배우지 않았던 언어와 문장에 대한 기술. 나는 지금 전문대 문창과에서 학생들에게 '독서교육방법론' 과 '글쓰기론'을 가르치고 있다.

개강 첫날, 난 학생들의 원고를 받아 나의 선배들이 그랬듯이 마구 뜯어고쳐 돌려주는 것으로 수업을 시작한다. 다른 점이 있다면 무의식적으로 빨간색이 아닌 파란색 펜으로 첨삭해주려고 노력하는 것. 어느 날 내가 왜 굳이 파란색 펜을 찾아가면서까지 빨간색을 피하고 있는지 생각해 본 적이 있다. 결론은 당시 혹독 그 자체였던 선배들이 준 시뻘건 트라우마를 적어도 우리 학생들에겐 남기지 않겠다는 작은 배려라고 해두자였다. 그럼에도 불구하고 우리 학생들 역시 대학시절 나처럼, 자신의 글에 수많은 비문과 오류가 있다는 것을 내 수업에서 깨닫고 상처받는다고들 토로한다. 그럴 때면 난 고대신문 선배들에게 겪었던 잔혹사를 얘기해 주면서 그 상처가 여러분을 성장시킬 거라고 말해 주곤 한다.

고대신문이 내 인생의 선물이 되었던 이유는 또 있다. 졸업반인 내가 첫 직장인 기업 홍보팀에 입사할 수 있었던 것도 고신 출신이었기 때문이다. 지금은 동부한농그룹이 된 (주)한농 그룹홍보실이 첫 직장이었는데, 그해 야심차게 그룹홍보팀이라는 것을 만들어 여성 대졸 신입사원을 처음으로 채용하였던 것이다. 그때 국문과 학과사무실에 학보사 출신 국문과 학생을 찾은 덕택에 4학년 7월초, 당시로서는 비교적 이른 시기에 쉽게 취업이 되었다. 나중에 알고 보니, 같은 시기 연세대 국문과 학과사무실에도 4학년 학생 중 학보사 출신을 찾는 연락이 갔다고 한다. 졸업반 학생 중 학보사 출신이 없었던 연대 국문과에선 아쉬운 대로 다른 학생을 추천해 주었고, 그때 추천받은 여학생이 회사 동기가 되었다. 우린 학교의 명예를 걸고 무한경쟁에 돌입했다. 그때 일하면서 놀랐던 것이 나와 마찬가지로 국문과였던 동기가 원고지 쓰는 법조차 익숙하지 않았던 거였다. 나 역시 고대신문에서의 훈련이 아니었다면 그와 그리 다르진 않았으리라. 아무튼 그때도 고신 선배들의 무자비에 단련된 덕분에 적어도 학교의 명예에 누가 되진 않았던 것만은 분명하다.

(주)한농 그룹홍보실에 있던 나는 그 이후 농민신문사 첫 공

채 시험에 합격했는데, 이 또한 고신의 덕을 톡톡히 보았음을 고백한다. 난 편집부를 지원했고 당시 신문 한 면을 편집하는 실기시험도 봤던 것으로 기억한다. 그쯤 되면 내 인생의 선물 정도가 아니라 '왕건이' '밑천'이라 해도 전혀 지나치지 않다 싶다.

이쯤에서 앞서 꺼냈던 내 인생의 '세 가지' 선물 이야기로 다시 돌아가야 할 것 같다. 고백하건대, 나에게 고대신문 입사를 강령으로 주신 아버지도 내가 신에게 받은 세 가지 선물 중 하나였다. 몇 해 전 돌아가신 아버지는 내 인생의 고비마다 나를 밝혀준 불빛이셨다. 보통 모정을 부정보다 더 진하다고들 하지만 어려서부터 난 '아버지'라는 단어에 더 울컥했던 것 같다. 아버지가 선물인 이유를 말하자면 고대신문과의 사연만큼 '롱 스토리'이므로 각설.

마지막 내 인생의 선물. 바로 10여 년 전에 하늘나라로 간 나의 남편이다. 내가 꿈꾼 미래에 당연히 내 옆에 있어야 할 그는 이제 없다. 죽음이라는 것이 과거를 미화할 수 있기 때문일까. 그와 15년밖에 살지 못했지만 난 분명히 얘기할 수 있다. 다음 생에 다시 태어나 그때도 그것밖에 내 곁에 있어 주지 못한다고 해도 난 그와 살고 싶다. 그때도 이번 생처럼 그의 아픈 모습을 지켜봐야 하고, 먼저 멀리 떠나보내야 한다 해도 말이다. 그만큼 내 삶에서 그를 만난 것은 행운이고 선물이었다.

내 인생에서 받은 이 세 가지 선물. 그러나 정말 무심하게도 신은 그 선물 중 두 가지는 다시 거두어 가셨다. 너무나 아쉬워서 다시 돌려 달라고 떼쓰고 싶지만, 그 두 가지는 아마도 유효기간이 짧은 선물이었나 보다. 하지만 다행히 아직 하나가 남아 있다. 아주 오래도록 내 삶에 든든한 자랑이며 영광일 선물. 나는 고대신문 기자였다.

고대신문의 기자정신이여, 영원하라

윤주영

정치 47 | 사진작가·전 문화공보부 장관

시간과 겨루기에서 슬프지 않은 것은 없다고 했던가. 90세를 바라보니 매사 감회가 새롭다. 오늘 쓰는 이 회고가 내 인생의 마지막 글이 아닐까 생각하니 지나온 한평생이 굽이굽이 떠오른다. 기인처럼 살다간 화가 장욱진은 나이를 묻는 사람에게 늘 앞의 십 단위는 빼고 답했다고 한다. 쉰여덟이면 "나 이제 여덟 살이야, 여덟 살이면 철이 나나?" 하는 식이었다는데 그런 경지는 아니더라도 금년부터 한 살씩 마이너스 하는 기분으로 살고 싶다.

수십 년 전 일이 더 선명하게 기억나니 저절로 고대신문 시절이 눈앞에 떠오른다. 거칠 것 없이 앞으로 달려 나가던 20대 젊음이 거기 있다. 해방 조국에서 시작한 나의 대학생활은 문자그대로 질풍노도였다. 그 중에서도 고대신문에서 얻은 지식과 경험이 내 인생의 행로를 좌우했다. 삶 전반에 걸쳐 귀중한 활력소이자 에너지가 됐다. 강의실이나 그 밖의 어떤 곳에서도 얻을 수 없는 무궁무진한 자원을 나는 고대신문에서 얻었다. 그만한 인생 수련 도장은 이제껏 살아오며 그 어디에서도 발견하지 못했다.

대학신문 최초 8면 특대호 발행

1947년 11월 3일, 고대신문은 참 어렵게 창간되었다. 1대 학생주간이었던 이순종 동인의 열의가 대단했다. 당시 명동 사보이호텔 근처에 있던 이 동인의 2층 다락방에 모여서 밤새는 줄 모르고 기사를 쓰고 편집을 했다. 시인이자 국학자였던 조지훈(1920~1968) 선생이 지도교수로 오신 게 큰 힘이 됐다. 별 말씀은 없으셨지만 그 무언의 지지야말로 우리의 든든한 뒷배였다. 신문을 발행할 때마다 '학생의 신문'을 낸다는 우리 학생기자의 자부심이 컸지만, 그걸 받아드는 학생들이 '내 신문'이라는 의식으로 애지중지 대견해하며 성원을 보내줄 때 다시없는 보람을 느꼈다.

지금 학생기자들도 같은 고민을 하겠지만 그때도 대학신문의 영원한 명제인 학술성과 보도성의 결합, 즉 아카데미즘과 저널리즘의 조화 문제를 고심했던 것 같다. 2대 이용재 동인 뒤에 내가 제3대 학생주간에 취임했다. 나는 귀한 지면을 여기저기서 들어오는 원고들로 채워서는 안 되겠다고 생각했다. 매너리즘에서 탈피해 새로운 제작방향을 모색해 치고 나갔다. 우선 4면에서 8면 체제로 지면을 늘리고 혁신의 깃발을 올렸다. 8면 특대호는 대학가에 일대 화제를 불러일으켰다. 특집 1은 민주학원 건설이라는 큰 목표 아래 교수가 학생에게, 학생이 교수에게 서로 열심히 연구해야겠다는 무언의 연대와 다짐을 실었다. 특집 2는 모교의 석학들을 총동원해 최근 학계 동향을 분야별로 짚었다. 다른 대학에서 이 특집 신문을 구하려 수소문해 올 정도였으니 당시 고대신문의 자부심은 하늘을 찌를 정도였다고 감히 말할 수 있다. 지면마다 승부를 걸었으니 그 바탕은 호기심이었다.

나는 고대신문이 미래를 향해 나가는 나침반이 돼야 한다고 믿었다. 해방 정국과 6·25를 거치며 좌우익의 극심한 대립 속에서 그때 우리들의 최대 관심사는 이 나라의 미래를 짊어질 민족지도자 양성에 우리가 어떻게 이바지 할 것인가 하는 것이었다. 그래서 학생여론을 주도하고 대표한다는 의식이 강했고 또 실제로 절대적인 영향력을 발휘했다고 자평한다.

학생기자로 맹렬히 뛰던 나는 그 시절에 평생을 가져갈 내 인생의 핵심 덕목을 훈련했다. 뒤에 내가 신문사 편집국장, 대학 교수, 정치인이자 공직자로 일할 때 무리 없이 각 자리에 적절한 처신과 능력발휘를 할 수 있었던 기초를 고대신문이 닦아줬다. 한마디로 기자정신이 내 인생의 기본 태도였던 셈이다. 돌이켜보면 내 삶의 모든 단계가 결국은 고대신문의 연장선 상에 있음을 발견하고는 스스로 놀라게 된다.

첫째는 책임감과 도전정신이다. 어떤 난관도 돌파할 수 있고, 뚫고 나가야겠다는 뚝심을 키웠다. 둘째는 정의를 향한 저돌성과 협동심이다. 혼자는 힘들었을 어려운 과제라도 동료 기자들과 힘을 합해 같이 해나가니 좌충우돌 목표를 향해 불도저처럼 밀고 나갈 수 있었다. 셋째는 창의성이다. 신문 각 호를 만들 때마다 새로움을 추구했다. 대학 4학년 때 당시 서울신문 신춘문예 소설 부문에 입선해 문단에 알려졌기에 창작의 향기를 지면에 불어넣을 수 있었다.

창간 70주년 이후를 기대하며

우리가 대학을 다니고 고대신문을 만들던 시절과는 시대가 너무 변했다. 4차 산업 혁명기를 맞고 있는 지금, 고대신문은 어떤 소명을 가지고 대학 언론을 이끌어야 할까 고민이 많을 것이다. 고려할 변수가 많을 때는 초심(初心)이 최고라는 걸 여러 번 경험했다. 내게는 그것이 고대신문의 기자정신이다.

나는 지금도 신문의 진한 잉크 냄새를 잊지 못한다. 그 신문의 향기, 신문에 대한 열정에 끌려 20대를 보냈다. '신문열 (newspaper fever)'에 전도된 나는 신문 초년생이었음에도 신문이란 미칠 만한 것이라 느끼고 역사상 최연소로 조선일보 편

윤주영

집국장을 지내기도 했다.

고대신문이 내게 심어준 기자상은 영원한 질문자다. 기자는 시대의 증인이다. 기자는 항상 제일선이다. 뜨거운 납덩이가 싸늘한 컴퓨터로 바뀌는 동안 이런 신문기자의 열정 또한 식어버린 것은 아닌가, 늘 자문해야 한다. 나는 한국이 농경사회에서 산업사회로, 다시 정보화 시대에서 인공지능의 시대로 변하는 지난 70여 년을 기자의 눈으로 지켜봤다. 그러면서 생각한다. 정직이 가장 큰 정의여야 하고, 정확이 속보보다 더 가치 있어야 하며, 신문은 항상 새 물결이어야 한다고.

나는 모든 공직생활을 내려놓고 나이 쉰이 넘어 사진가로 새 삶을 시작했다. 영국 여행에서 아마추어로 찍은 내 사진을 본 전문가가 '카메라 아이(eye)'가 좋다고 평해준 게 계기가 됐다. 취미로 출발했지만 결국 사진작가가 업이 돼 20여 회 사진전을 열고 10여 권의 사진집을 내게 됐다. 1990년 일본 이나노부오상, 1993년 한국현대사진문화상 등을 받고 보니 그만둘 수도 없게 됐다. 요즘은 마지막 작업이라 여기며 '내 나라, 내 겨레'란 제목으로 옛 국토를 더듬은 2천여 점 이미지들을 정리하고 있다. 지금은 찾아볼 수 없는 역사적인 가치를 지닌 사진도 있어서 내심 사진가의 길로 나선 게 헛되지 않았다는 자부심도 느낀다.

피천득 선생이 남긴 수필 '이 순간'에 다음과 같은 구절이 있다. "이 순간 내가 별들을 쳐다본다는 것은 그 얼마나 화려한 사실인가…… 두뇌가 기능을 멈추고 내 손이 썩어가는 때가 오더라도 이 순간 내가 글을 쓰고 있다는 것은……." 그렇다. 나는 고대신문의 학생기자로 출발할 때부터 늘 뭔가 쓰고 있었다. 고려대학교의 옛 교가는 "젊은 가슴 뛰는 생명"이 "눌린 자굽은 것 펴기에" 나설 것을 명했다. 나는 그 노래 구절을 되뇌며 평생 고대신문의 기자정신으로 살아왔다. 이제 그 마지막 문장 "글을 쓰고 있다는 것은"을 살짝 바꿔본다. "사진을 찍고 있다는 것은 허무도 어찌하지 못할 사실이다."

고대신문의 기자정신이여, 영원하라.

윤주영

기자생활 60년째

이강세
영문 81 | 광주MBC 사장

올 들어 자기소개를 요청받는 자리에 설 때면 나는 이렇게 한 마디 한다. "제가 기자 생활 60년째입니다." 엥? 무슨 말씀? 머리에 서리는 내렸어도 나이 셈으론 도저히 그런 연차가 안 나오는데, 설마 80대? 그러면 나는 뜸을 좀 들였다가 눙치듯 말한다. "돌아가신 아버지가 신문기자 30년 하셨고, 제가 올해로 방송 기자 경력 28년째를 맞았으며, 대학시절 고대신문에서 학생기자로 2년 활동했으니 부자가 합쳐서 저널리스트 경력이 60년입니다." 다들 박장대소하며 고개를 끄덕인다.

대물림으로 언론계에 몸담은 지 30년을 바라보며 회한보다는 고마움이 밀려온다. 특히 나의 청년기를 형성해준 고대신문은 내 인생의 한수였다. 고대신문에 가장 감사해야 할 이는 아마도 나의 두 아이일 것이다. 아버지가 세상과 소통하는 문을 조금 더 일찍 경험하게 된 계기가 고대신문이었기 때문이다. 고대신문이 없었다면 책과 신문을 통해서 문자로만 세상을 가늠하던 미숙한 청년은 결코 경험의 지평을 넓힐 수 없었을 것이다. 삶을 바라보는 나의 성숙도도 바닥을 헤매고 있었을 테니까. 어설프기 그지없는 철부지 대학생 기자를 넓은 가슴으로 품어준 곳이 고대신문이었다.

고대신문은 내게 '첫'이란 단어를 떠오르게 한다. 처음 받은 원고료, 자신 있게 써낸 기사가 처음으로 거절당해 얼굴 빨개진 순간, 편집실로 배달된 '만춘루' 자장면과 '진호정' 김치찌개, 경상도와 충청도 땅을 처음 밟아볼 기회를 준 농촌 봉사 활동 취재, 테이블보가 우아했던 레스토랑 '스칸디나비아', 남산 길목의 고급 중국식당 '동보성', 낙산사에서 바라본 동해의 푸른 바다, 소주 한 병을 입 떼지 않고 마셔야 했던 신고식, 그리고 너무나도 당연했던 학사경고. 추억은 꼬리에 꼬리를 물고 나를 청춘의 한 장으로 끌고 간다.

이런 다양한 경험이 분별력을 높여줬다. 해야 할 일과 하지 말아야 할 일, 찾아가서 만나야 할 사람과 찾아와도 만나지 말아야 할 사람, 지금 당장 이 자리에서 결정해야 할 일과 다음으로 결정을 미뤄야 할 일, 농담으로 해도 되는 이야기와 농담으로도 해서는 안 될 이야기……. 내 인생에 배워야할 중요한 것들의 대부분을 고대신문과의 인연에서 배웠다. 그래서 저널리즘과 관련 있는 사안에 대해 판단이 필요할 때 내가 주저함 없이 차용하는 기준은 고대신문에서 축적된 경험이다.

또한 그 경험을 집에서도 활용하려고 애썼다. 신중하게 축적된 부모의 판단력이 잘 전달될 수 있다면 아이들의 시행착오를 줄일 수 있다고 믿었기 때문이다. 아버지의 첫경험이 바탕이 된다면 아이들의 미숙함이 조금이라도 줄어들지 않겠느냐고 생각했다. '아이는 부모라는 활이 하늘을 향해 쏘아올린 화살'이라고 정의를 내린 칼릴 지브란의 지혜도 한몫을 했다. 그래서 사회생활의 출발점을 높여준 고대신문이 더 고맙다. 이강세라는 무녀리 화살을 넓은 하늘로 쏘아 올려준 활이 고대신문이기 때문이다.

고대신문 경험에서 가장 감사한 것은 '두려움을 인정하게 된 것'이다. 여러 가지 이름으로 포장되어 있는 핑계거리들의 끝에는 두려움이 자리 잡고 있다는 것을 뒤늦게 알게 되었다. 고대신문 기자 시절 나는 매우 게을렀다. 원고 마감도 늦었고, 조판

이강세

도 늦었고, 과제물 제출도 늦었고, 모든 것이 늦었다. 지금 생각해도 아찔하고 식은땀이 날 정도로 늦었다. 당시에는 좀 더 완벽한 마무리를 위해 애쓰다보니 늦어졌다고 항변했지만, 시간이 지나 생각해보니 게으른 게 아니라 용기가 없었던 것이다. 일찍 원고를 내놓으면 글 솜씨의 밑바닥이 곧바로 드러날까 두려워서, 조판을 일찍 마무리하면 제목 뽑는 솜씨와 편집 능력이 형편없다는 평가를 받을까 두려워서 하염없이 마무리 작업을 미뤘던 것이다.

고대신문 시절에는 두렵다는 표현을 극도로 피했다. 오히려 자신 있다고 허풍을 부렸다. 두렵다는 표현이 더 큰 두려움을 불러올까봐 방어벽을 최대한 두텁게 쳤다. 하지만 시간이 흘러 부드러운 눈으로 지난 시간을 돌아보는 과정에서 용기를 내어 두려움과 맞서지 않으면 평생 두려움에 쫓기게 된다는 것을 알게 됐다. 완벽한 마무리를 위해 마감이 늦어지고 있다고 핑계대지 말았어야 했다. "준비가 부족하고 능력이 부족해서 마감이 늦어지고 있으니 도와주세요." 고대신문 시절 이 말을 하지 않았던 것이 오랫동안 부끄러웠다. 그래서 솔직해지기로 마음먹었다. 그래서 이제는 두려운 것은 두렵다고 얘기한다. 내가 안고 가야 할 책임과 짐 지기에 힘든 과제들에 대해 솔직하게 얘기하는 것을 두려워하지 않는다. 두렵다고 말하는 순간, 그 두려움은 더 이상 두려운 것이 아니라는 것을 고대신문에서 배웠기 때문이다.

나의 삶의 성숙도가 그나마 높아진 이유는 고대신문이 서투른 무녀리를 격려해주고 안아주었기 때문이리라. 수없이 많은 실수를 거듭하는 무녀리를 따뜻한 시선으로 바라봐주고 기다려준 선후배 동료들이 있었기 때문에 내 경험의 폭이 넓어지고 삶이 조금씩 나아질 수 있었다. '나는 지금까지 내가 만나온 사람들의 일부'라는 말도 있지 않은가.

고대신문이 베풀어준 그 고마움을 갚는 길은 나처럼 미숙하기 짝이 없는 무녀리들이 의젓한 성체로 성장할 수 있도록 지원하는 것이라고 생각한다. 특히 고대신문을 통해 세상에 입문하는 무녀리들이나 고대신문을 통해 인연을 맺은 모든 무녀리들에게는 더 많은 애정과 더 따뜻한 시선으로 격려와 지원을 아끼지 않을 작정이다.

이강세

분노가 이끌어준 삶

이동진
정외 68 | 차세대 리더 육성 멘토,
전 롯데계열사 CEO

취재차 김준엽(金俊燁) 교수를 찾은 때였다. 김 교수는 여담으로 고대인의 덕목을 일컫다가 이렇게 말씀했다.

"지식인의 약점은 행동이 없다는 것이다. 불평은 분노를 품는 것에 그쳐선 안 된다. 불공평하거나 불의를 보고서 불만이 생기면 의분을 느껴야 한다. 불의를 참지 않고 약자의 편을 들어 용감하게 나서야 한다." 이를테면 '분노하라'는 말씀이었다.

한번은 기자 여럿이 오주환(吳周煥) 교수를 모시고 1박2일로 전방부대를 위문했다. 하룻밤 자고 이튿날 돌아오는데 갑자기 열차 안에서 오 교수가 동료기자의 뺨을 후려치는 게 아닌가.

"외지에서 하룻밤을 자면서 어른께 문안인사가 없다니…….
못된 버르장머리 같으니라구!"

오 교수의 분노는 기본에 충실하라고 꾸짖는 훈계였다.

두 분 교수의 말씀처럼 분노는 도리를 깨우치고 책임감과 사명감을 다그쳐 정도(正道)를 잡아주는 가치였다. 내게 있어 분노란 곧 치열한 삶을 욕망하는 '지성적 야성(知性的 野性)'이었다. 고대신문 시절 겪은 그 어마어마한 분노의 무게는 오랫동안 나를 지배하기에 충분했다.

분노는 단지 화풀이가 아니라 용기를 부추기는 진지한 열정이었다. 고대신문에서는 기사를 쓰는 동기였고 지칠 틈조차 주질 않는 즐거운 동력이었다. 그러니까 분노는 분발의 또 다른 이름이었다. 그런 의미에서 시대를 조망하며 세태를 풍자한 '역사상 인물 가상재판'은 강력한 추억거리다. 현실 사회의 부조리나 불의에 맞서 정당한 분노를 드러내며 무엇이 정의이고 올바른 문제해결인지를 음미했던 가상재판. 금서(禁書)가 곧 베스트셀러가 되던 시절, 그것은 비뚤어진 사회를 익살로 비트는 역동적인 고대문화였다. 그것은 사회 현실을 투영하는 사명을 띠고 시대를 변화시키는 청년문화였다. 특히 배역으론 나서 해학적 분노를 쏟아낸 경험은 내 삶의 의미를 살찌우는 소프트파워로 자리매김했다.

어느 해인가 고대신문 동인 모임 때 사회자 이강식 동인이 나를 소개하면서 뜻밖의 말을 했다.
"이동진 선배님은 졸업식 때 '고대 공로상'을 수상하셨습니다."
40여 년 전 일을 어찌 기억하느냐 물으니 대답 또한 의외였다. 고대신문에 몸담아 대학 언론에 기여한 공이 아니겠느냐 했다. 신문사 동인들 앞에서의 인사치례였겠지만 그 말은 맞다면 맞고 틀리다면 틀린 그런 사연이 있다.

4학년 때인 1971년 학교는 정권의 부정부패를 성토하느라 날 새는 줄 몰랐다. 나는 고대신문을 떠나 총학생회에 몸담고 있었다. 하루는 시위대가 중앙정보부원을 붙잡았다며 멀쩡한 신사를 무자비하게 두들겨 팼다. 군사독재가 서슬 퍼렇던 시절, 중앙정보부는 학원 사찰을 일삼던 공적(公敵)이었다. 그래서인지 살벌한 그 현장엔 적과 동지만 있었지 학생과 지성은 없었다. 법보다 눈앞의 주먹이 무서운 현실이었다.
시위를 이끄는 입장에서 생명이 위협받는 상황은 분노를 이끌었다. 순간 현장을 파고들었다. 고대신문에서 익힌 기자정신이 발동한 것이다. 냉철한 상황 파악과 사태 분석이 우선이었다. 아니 무엇보다 빚어진 사실에 대한 진실 규명이 시급했다.

"따라오란 말이얏!"이란 으름장으로 분위기를 제압한 다음 남보란 듯이 신사의 멱살을 질끈 잡아 쥐고 6-101 대강당을 향했다. 걷는 5분 동안 취재하듯 상황파악에 나섰고 기사 쓰듯 진실을 파헤쳤다.

"누군가 '저놈이 중정 요원이다!'라는 소리를 지르자마자 학생들이 벌떼같이 덤벼들더라."라는 목소리는 덜덜 떨렸다. 구경 나왔을 뿐이라던 그가 죽음에 내몰린 상황에서 살려 달라 애원하며 내민 지푸라기가 있었다. 제기동 주소지가 적힌 교도관(矯導官) 시험 합격증이었다. 그 순간 또 한 번 분노했다.

"아 이건 기획된 함정일지 모른다!"

학교와 학생에 죄를 뒤집어씌우려 마음만 먹으면 얼마든지 구실을 만들 수 있는 당국이었다. 이 같은 생각이 번쩍 떠오르자 목숨을 살려놔야 할 명분과 헌신할 목적이 더욱 뚜렷해졌다. 6-101 대강당엔 분노한 야성과 고뇌하는 지성이 함께 들끓고 있었다.

"죽여라, 죽여라!"가 사정없이 메아리쳤다. 나는 주민을 곁에 낀 채 강단에 섰다. 아니나 다를까 시위대원 중 몇몇이 앞으로 나서 으름장을 놓았다.

"이제 보니 이동진이 사쿠라였군! 잔말 말고 당장 저 자를 우리에게 내놓아라!"

학창시절 우리에게 사쿠라는 변절과 배신의 상징이었다. 중앙정보부원을 감싼다는 억측의 발로였다. 하지만 나는 그 치명적 표현에 분노할 겨를도 없이 비정한 그 상황을 우선 진정시켜 협상해야만 했다.

"이동진의 정체가 뭐냐?"고도 했다.

총학생회 구성원에 대한 그 믿지 못할 불신이야말로 나의 유

일한 상처였다. 알 만한 학생들의 같잖은 질문에 이렇게 대꾸
했다.

"나는 고대신문 출신이오!"

나도 모르게 자랑스럽게 내뱉은 말이다. 위기의 순간 가장
믿음직스럽고 든든하게 기댈 명분이 고대신문이었다.

"고대신문 기자로서 여러분 못지않게 학교를 아낀 사람이고
지금은 총학생회 시위 리더로써 이 상황을 견뎌내야겠소!"

분위기가 좀 수그러드는 것 같아 때를 놓치지 않고 밀어붙
였다..

"아무래도 여러분의 호기심이 지나치게 발동했소. 이 사람은
구경꾼일 뿐이오. 정권에 분노하는 시위대가 왜 선량한 이웃에
분풀이한단 말이오. 더욱이 이 사람의 교도관 시험 합격증을
근거로 갖고 있으니 신병을 학교에 맡기고 사태를 마무리합시
다. 만일 이후로 내 판단에 문제가 있다면 내가 전적으로 책임
질 것이오!"

단호한 결기였다. 마침내 시위대와 담판을 이룬 끝에 정의가
살아나 불상사는 달아났고 생명은 구제되었다. 나의 분노가 도
전 욕구를 건드려 구명(救命) 의지를 잡아끈 결과였다. 시위대
의 결집된 고집이 이성을 호흡하면서 모두 함께 승자가 되었다.
안타깝게도 10월 15일엔 정부가 위수령을 발동해 군이 캠퍼스
에 진주하는 불상사가 터지고 말았다.

앞을 내다보고 들이닥칠 문제를 가늠하는 식견은 고대신문
에서 쌓은 선견지명이었다. 복잡한 국면에서 돌발사건을 처리
하는 능력은 마감시간에 쫓기면서도 탄력적으로 대응하던 고
대신문 기자의 임기응변이었다. 시대와 맞서 사명감을 갖고 진
실과 역사 앞에 당당한 태도, 위기의 관리나 위기의 돌파 능력
따위도 고대신문을 거치며 축적한 자질이었다.

그해 겨울 학생처장이 날 찾았다. 이윤영(李允榮) 교수의 말
씀은 충격적이었다.

이동진

"지난번 사태 때 사람 다치는 불상사가 없었던 게 천만다행이야. 자칫 학교가 문 닫힐 뻔했지. 사태가 번져 정치적 제물이 될까 가슴 쓸어내렸다네. 놀아나지 않길 잘했어."

'제기동 주민 살리기'를 커다란 업적으로 여겼다며 말을 덧붙였다.

"내년 졸업식에서 자네에게 공로상을 주기로 했네."

아무튼 데모 열심히 하고 공로상을 받은 것은 지독한 아이러니였다. 공적(公敵) 소동에 공적(功績)을 쌓은 셈이라고나 할까. 사실 우리는 "저놈이 중정 요원이다!"하고 소리쳐 이간질한 누군가를 잡아야 했다. 죄를 물으려 핑계 찾기가 다반사이던 세태에서 대학사회를 분열시켜 학교를 문 닫게 하려는 정권의 계획된 음모였는지도 몰랐다. 학생처장 말마따나 누군가의 말에 놀아나지 않은 게 천만다행이었다.

어쨌든 나로서는 고대신문에서 지성을 쌓고 총학생회에서 야성을 기른 셈이었다. 그러니까 공로상 수상은 지성과 야성의 성공적 접목이 이룬 쾌거였다고나 할까. 하지만 숨 돌릴 틈도 없이 나는 졸업식 나흘 만에 군대로 끌려갔다.

1995년 6월은 비극적인 날이다. 강남의 삼풍백화점이 무너져 5백여 명의 사망자와 9백여 명의 부상자가 생겼다. 당시 나는 LG건설(현 GS건설) 임원이었다. 재난 발생 며칠 후 집으로 전화가 왔다. 붕괴현장의 현대건설 대책반장이 현장에 설치한 크레인이 부품 고장으로 작동을 못한다면서 부품조달을 요청했다. 필요한 규격의 핵심 부품을 유일하게 LG건설의 장비전문 자회사가 보유중인데 이를 지원해달라고 하소연했다. LG건설과 자회사 관계 임원에 전화했지만 대꾸가 한결같다는 것이었다.

"사장의 허가 없이는 절대 불가능하다!"

소요비용이 몇 억 원인 까닭이기도 했지만 그러나 사장을 수

소문해도 연락이 안 닿는다면서 여러 임원을 거쳐 돌고 돈 끝에 내게 연락한 것이다. 사정은 급한데 현대건설은 임차 언급도 없이 무상지원을 바라는 입장이었고 LG건설은 선지원 후 타협의 배려를 미처 생각하지 못했다. 내놓으라하는 기업의 책임자들이 그렇게 책임에 볼모잡힌 채 보신(保身)에만 급급했다.

이기적이고 자기중심적인 행태에서 문제는 갈등을 더했고 소통이 없이 꽉 막힌 원칙 앞에서 붕괴현장은 더욱 함몰돼 가고 있었다. 작은 것에 얽매여 큰 것을 못 보고 삯을 따지는 통에 구제명분이 협박당하며 시간만 까먹고 있었다. 숨넘어가고 있는 사람을 생각하니 숨이 막혔다. 분노가 치민 나는 직을 걸고 리스크를 끌어안았다. 이후에 닥칠 결과에 대한 책임과 판단에 대한 시비의 위험부담을 감수하기로 한 것이다.

"아무 걱정 마라. 바로 연락해 놓을 터이니 자회사에 가서 장비 이송을 서두르라."

책임 있는 선택이었다. 긴박한 경우를 눈앞에 둔 처지에서 도모하지 않는 궁리는 안일한 방관이자 비겁한 기피일 터였다. 의사결정권자인 사장이 없어 어찌 못하겠다 모두가 내뺀다면 자리만 즐기는 임원일 뿐이었다. 회사 규정과 업무 원칙만을 따진다는 것은 떡을 머리에 베고도 배를 곯는 꼴이었다.

전화를 끊자마자 우리 사장께 전화를 넣었다. 연락이 안 닿긴 나도 매한가지였다. 핫라인이 구축돼 있는 현실에서 사장조차 그룹의 눈치를 본다는 생각이 들었다. 하지만 서둘러 이송된 장비와 부품은 당일 밤 수습현장 타워 크레인에 설치돼 제 노릇을 다했다. 자초지종에 공감하며 분노를 평가해준 그룹의 기업문화는 부품경비 무상지원을 결의했고 한발 더 나아가 그 현장에서 2백여 시간 만에 극적으로 구조한 인명을 특별 채용했다.

문제 해결에 달려든 것은 사람의 가치를 몰라보는 짓거리가 괘씸했기 때문이다. 임원들의 이기적인 태도와 돈 몇 푼에 놀아

이동진

나는 몰상식에 부아가 치밀었다. 사회구성원으로서 분노할 일에 분노해야 존재의 의미와 존엄성을 지킬 수 있었다. 모름지기 고대신문사에서 갈고 닦은 실사구시(實事求是) 정신이 큰 영향을 끼쳤다. 현실적으로 빚어진 구체적 사실을 인식하며 문제를 해결하는 자세, 단편적이고 고립된 관점에서 문제를 보지 않고 전체적 시각으로 폭넓게 사고하는 슬기는 고대신문에서 키운 안목이었다. 현실을 폭넓게 보면서 부분과 전체를 식별하거나 일부분을 보고서 전체의 모습을 미루어 알 수 있는 역량이었다.

책임 있게 의사 결정하는 종합적인 판단력은 감당할 용기를 불러일으키는 태도이자 의지이다. 어떤 시비나 비판도 두렵지 않다는 확신을 바탕에 간 고대신문 재직 경험은 그렇게 힘찬 선택 아래 역동적인 삶을 나와 함께 호흡했다. 분노에서 비롯한 배짱 있는 소신과 책임 있는 선택은 핑계 대는 삶이 아니라 주장할 수 있는 가치지향의 삶을 건강하게 지켜주었다. 선택의 순간마다 회피하지 않고 맞닥뜨려 극복하는 책임을 즐겁게 인식한 까닭이다.

은퇴 후에는 우연찮게도 중국에서 분노했다. 배낭여행을 하다가 말이 안 통해 이를 데 없이 답답했다. 나 자신에 울화가 치밀고 분통이 터졌다. 목마른 사람이 우물을 파자며 중국어 정복에 나섰고 뜻글자의 매력에 빠져 중국신문을 읽으며 정리한 사자성어(四字成語)를 전자책으로 엮는 배짱마저 부렸다. 분노할 때마다 그렇게 분발할 계기를 만들고 의미를 찾았다. 哀兵必勝(애병필승)이란 사자성어가 있다. "비분강개한 군대는 반드시 승리한다."는 뜻이다. 슬프고 분노해 의분이 북받치면 온 힘을 쏟게 돼 최선의 결과를 이룬다는 비유이다. 분노는 포기를 용서하지 않는다. 국민의 분노가 새로운 국가사회 질서를 일으켰듯 온전한 가치관을 바탕에 간 분노의 정서문화가 나라를 우뚝 세울 것이다.

대학시절 기억은 몽땅 잊었다. 하지만 고대신문의 추억은 시퍼렇게 살아 있다. 과거가 빛나려면 어떻게 추억하느냐에 달린 것이라는 듯이……. 고대신문에서 숙성시킨 분노는 내면적 자신감으로 나를 무장시켰다. 분노의 건강하고 진지한 긍정 에너지가 내 삶의 동력이 되어 나 자신을 성숙시켰다. 분노의 카리스마, 그 뿌리칠 수 없는 매력을 일깨운 고대신문이 나를 특별하게 만들었다. 삶의 의미는 분노의 의미를 추구하는 사람의 의지에 달렸다. 분노하고 기쁜 것이 역설적인 나의 삶이다.

이동진

나는 어떻게 잡종 교수가 되었는가

이욱연

중문 83 | 서강대 중국문화학과 교수

"어떻게 지원하게 되었나?"

대학원 필기시험을 치르고 다음날은 면접이었다. 면접 교수 연구실에 들어가자 교수님이 이렇게 물으셨다. 올 것이 왔구나 싶었다. 아마도 그 교수님은 대학원에 진학하여 공부할 생각을 하게 된 계기가 무엇인지, 왜 대학원을 오려고 하는지를 물었을 수도 있었다.

하지만, 이 질문이 내게는 이렇게 들렸다. "공부는 안 하고 3년 동안 고대신문 기자만 하던 자네가 어떻게 중문과 대학원에 올 생각을 하게 되었는가?" "중국어도 제대로 못하는 자네가 대학원에 와서 따라갈 수 있겠는가?" 도둑이 제 발 저린 것이다. 1학년이던 1983년 5월부터 3학년을 마친 1985년 11월까지 중문과 학생보다는 고대신문 기자로 살았으니 당연했다.

다른 전공에 비해 외국어 학과 출신 고대신문 기자들은 학과 공부를 따라 가기가 더 어려울 수밖에 없다. 내 경우도 그러했다. 대학에 와서야 중국어를 처음 배웠다. 그런데 어려운 중국어 발음과 성조가 이제 막 입에 붙기 시작할 무렵에 고대신문에 입사했다. 그런 뒤 중국어 기본단어도, 기본문법도 배울 여력이 없었다. 중국어 기본이 안 되니 태반이 중국어 강독인 수업을 들을 수가 없었다. 하는 수 없이 중국어 능력이 필요한 과목을 피해서 문학 과목 위주로 수업을 들으면서 근근이 졸업학점을 채웠다. 신문사를 나올 때까지 내 중국어 실력은 초급수준도 못 되었다. 교수님도 그런 사정을 훤히 알고 있을 터였다. 도대체 중국어도 한 마디 못하는 저 녀석이 왜 대학원에 오겠다는 것인지, 황당하게 여기셨을 것이다.

사실, 신문사 합격 공고가 나던 그날 편집실 대걸레질을 하는 것으로 시작하여 2년 반 동안 중문과 학생보다는 고대신문 기자로 살다가 홍보관을 나설 때, 참으로 막막했다. 물론 후회는 없었다. 오히려 고마웠다. 내가 1학년 때 고대신문을 택한 동기에 비추어 볼 때 그랬다. 당시는 엄혹한 전두환 시대였다. 1983년에 입학하고 보니 광주 출신 학생들이 특수(?)를 맞고 있었다. 광주 출신이라는 이유만으로 이른바 운동권 학회와 서클에서 서로 데려가려고 했다. 광주에서 고등학교 다닐 때 80년 광주항쟁을 직접 겪어서, 전두환 정권에 치를 떨던 이들이어서 그랬다. 나 역시 그 체험을 지니고 있었고, 그래서 그런 유치의 대상이었다.

그런데 다른 한편에서는, 광주 출신이라는 이유만으로 냉대와 거부를 당했다. 역시 광주항쟁 때문이었다. 고대 신입생이 된 1983년 봄을, 내 의도와는 전혀 상관없이, 나는 이런 난감한 이중의 상황 속에서 보냈다. 나중에는 전라도 사투리를 쓰는 것마저 스트레스를 받았다. 고대신문을 택한 것은 이런 상황에서였다. 천성이 운동권은 못 될 물건이었다. 그렇다고 눈과 귀, 입을 다 막고 살 자신도 없었다. 그런 당시 나에게, 회색 존재였던 나에게 고대신문은 하나의 탈출구였다. 당시 기자 중에는 고대신문의 회색 논조에 분노하고 신문사를 떠나는 사람도 있었고 반대로 고대신문의 강한 정치성이 싫다면서 떠나는 사람도 있었다. 하지만 내게 고대신문이라는 회색지대는 고통스럽지만 내가 기꺼이 의탁할 만한 도피처였다. 내가 감내해야 할 고통이자, 그것이 내가 할 수 있는 일이라고 생각

이욱연

했다.

더구나 당시 고대신문이 대학언론은 말할 것도 없고, 기성 언론과 비교해도 손색이 없을 정도로 최고 수준이었던 것도 나를 당겼다. 고대신문 기자시험에 합격했다고 부러워하는 친구들에게 술을 사면서 돈이 하나도 아깝지 않을 정도로 자랑스러웠다. 그렇게 선택한 고대신문에서 다양한 사람을 만나고 다양한 경험을 하면서, 세상을 보는 눈이 생기고, 비판적으로 사고하고, 자기 생각을 담아서 글을 쓰는 능력을 키웠다. 기발하고 엽기적인 고대신문 편집국 인간 군상과 뒤섞이다 보니 사상마련(事上磨鍊)이라고, 타고난 내성적인 성격과 범생이 기질도 조금 변했다. 내 인생의 전환점이자, 새로운 성장점이었다.

그 시간도 결국 끝났고, 막막했다. 이제 무엇을 해야 하나? 답이 없을 때는 군대였다. 하숙을 정리하고 광주로 내려갔다. 한 달을 빈둥거렸다. 그런데 슬슬 오기가 나고, 아쉽기도 했다. 고대신문 기자를 하면서 다른 대학이 아닌 고대를 택했던 것은 충분히 만족스러웠다. 그 선택에 대한 보답도 넘칠 정도로 받았다. 다 고대신문 기자를 한 덕분이었다.

그런데 중국에 관심이 있어서 다른 학과를 마다하고 중문과를 택한 것은 어쩔 것인가? 아쉬움이 남았다. 애초에 왜 중문과를 택했던가? 이렇게 접어도 되는 것일까? 고대 중문과에 원서를 낼 때, 그때의 나를 되돌아보았다. 이렇게 군대 가면 영영 중문학과와는 이별일 듯싶었다. 그리고 후회할 것 같았다. 그래, 한번 해보자. 1월 1일에, 결국 다시 제기동 하숙집으로 돌아왔다.

하지만 너무 힘들었다. 초급 중국어부터 다시 시작해야 했다. 온종일 중앙도서관에서 살 수밖에 없었다. 중문과 동기들 중에는 내가 대학원을 준비한다는 말을 듣고는 저 녀석은 국문과나 철학과, 아니면 정외과를 준비하는 것이라고 생각했다. 그들

눈에 나는 중문과 학생으로서는, 진즉에 잊힌 존재였다. 그 친구들만 그런 것이 아니라 중문과 대학원 선배들과 교수님들도 그러했다.

"부족하지만 이제는 중문과 나왔다고 할 수 있을 듯합니다. 1년 동안 후회 없이 공부했습니다."

대학원 면접에서 내가 한 대답이었다. 교수님 질문과는 동떨어진 엉뚱한 답이었을지 모르지만, 진심이었다. 다행히도 합격했다. 하지만 그게 끝이 아니었다. 대학원에서 나는 정통이 아니라 이단이었고, 순종이 아니라 잡종이었다. 학부시절 정통으로 중문학을 공부하지 않았다고, 빨갱이 문학인 중국현대문학을 공부한다고, 논문을 쓰는 문체가 학술문투가 아니라 잡지문투라고, 아카데믹하지 않고 저널하다고, 내게 논총을 주었다. 고대신문 출신이어서 그렇다고 했다. 박사과정에 들어가고 나서 문학지에도 글을 쓰고 갖가지 잡지에도 글을 쓰자, 더욱 곱지 않은 시선으로 나를 바라보았다. 당시 고대가, 당시 중문학계 풍토가 그렇게 보수적이었다.

하지만 점차 시간이 흐르자 그들이 말한 나의 잡종성이 다른 학자와 구별되는 나만의 학문적 개성으로 자리 잡아갔다. 따지고 보면, 나는 중문과의 정통 교육은 받지 못했을지라도 고대신문에 있는 동안 다른 방식으로 학문적 훈련을 받은 셈이었다. 특집부 기자와 학술부 부장을 하던 때가 특히 그러했다. 다양한 분야의 교수나 강사들이 쓴 학술 관련 원고를 받아서 여러 차례 읽은 뒤 핵심을 간추려 제목을 뽑는 과정이란 그대로 논문을 읽고 핵심 주제와 키워드를 간추리는 학자적 훈련 그 자체였다. 중국문학만 열심히 배우지 않았지, 고대신문에서 다양한 학문은 충분히 접한 셈이었다. 잡종교육을 받은 것이다. 더구나 정말 운이 좋게도 고대신문에 있는 동안 현대중국이 전공이신 서진영 교수님과 문학을 하시는 김인환 교수님이 주간교수이셨다. 현대중국과 문학을 두 주간교수님께 사

이욱연

숙한 셈이었다.

내가 일부 교수가 비난하는 것에도 아랑곳하지 않고 지금도 중국문학만이 아니라 중국사상이나 중국정치, 중국사회 등에 관심을 갖고 이에 관한 잡문이나 논문도 쓰고, 팟 캐스트도 하고, 네이버에 글도 연재하는가 하면 대중서도 쓰고, 중국문학을 한국문학과 결합시키면서 말석이나마 계간 '창작과비평' 편집위원 자리에 앉을 수 있었던 것도 고대신문에서 잡종으로 큰 덕분이다. 대학원에 들어간 뒤부터 고대신문 출신이라는 것이 늘 콤플렉스처럼 나를 괴롭혔다. 하지만 지금 돌이켜보면, 고대신문에서 받은 잡종교육은 다른 학자와 구별되는 나만의 특별한 학문적 개성과 학자적 삶을 만든 바탕이었다. 고대신문 기자 생활을 하면서 3년 가까운 시간을 낭비한 것 같지만, 실은 내 삶의 지반을 넓게 다지는 기간이자 미래를 위한 훈련의 시간이었던 것이다.

이런 철늦은 각성 덕분에 나는 요즘 간혹 학생들이 대학원에 가려면 무슨 준비를 해야 하느냐고 물을 때면, 학부 시절에는 다양한 경험을 쌓고 다양한 공부를 하면서 공부와 삶의 지반을 넓히라는, 공자님 말씀을 하곤 한다. 지금 학생이 걱정하는 것처럼 설사 인생이 누가 먼저 앞서 가느냐는 경쟁이라고 하더라도 그 경쟁의 승부는 인생 중후반에야 결정 나는 것이기에 초조해하지 말고 멀리 보라고도 말한다.

물론 이 말이 아무리 내 젊은 날의 절실한 체험에서 나온 것이라고 하더라도, 극심한 취업난에 시달리고 있는 요새 학생들에게는 그저 "아프지 않은 청춘이 어디 있으랴?" "흔들리지 않고 피는 꽃이 어디 있으랴?" 수준의 꼰대 멘트로 들릴 뿐이라는 것을 잘 안다. 하지만 고대신문 기자로서 대학시절을 탕진하고, 그런 뒤 20여 년 넘게 교수노릇, 학자노릇을 해보니 알겠더라. 꽃만 그런 것이 아니라 교수도, 학자도, 온실에서 자란 순종보다 들판에서 큰 잡종이 더 생명력이 강하다는 것을. 그래서 나는 요즘 우리 과에서 학부생 조교를 뽑는 면접을 할 때마다 이렇게 묻는다.

"그런데, 대걸레질은 잘해요?"

이욱연

새벽 4시30분 홍보관 204호

노문 15 | 고대신문 재학동인회장

　새벽 4시 30분, 눈이 끔뻑끔뻑 감기는 그 시간. 돌이켜보면 기자일 때도, 취재부장일 때도, 편집국장일 때도 그 시간대의 정취를 좋아했다. 그 시간이면 하늘은 칠흑 같은 어둠을 지나 감청색 캔버스가 되었고, 그 고요한 여백 위엔 달만이 그려져 있었다. 치열했던 밤을 보내고 한숨 돌리는 그 새벽, 편집국은 지쳐 잠들어버린 기자들의 숨소리와 나 자신의 몽롱한 정신만 남아 있었다. 나 역시 잠들기 직전의 그 시간이 내가 고대신문과 교감을 나누었던 때였다.

　나는 공간도 사람과 교감한다고 믿는다. 공간도 그곳에서 오랜 시간을 보낸 사람들과 정을 나누는 셈이다. '고대신문'하면 치열했던 시간을 보냈던 홍보관 2층 편집국 그 공간이 가장 먼저 떠오른다. 취재를 마치고 돌아와 지친 몸을 뉘었던 취재부장 자리 뒤 간이 캠프 침대나, 기자들끼리 맥주 한 캔씩 들고 옛날 노래 틀어놓고 즐거워했던 춘추실이나, 계속해서 쌓인 책과 취재 자료들로 노트북 놓을 자리도 없었던 제 책상이나, 막막함과 외로움으로 가만히 앉아있었던 편집국장실 말이다. 아직도 눈을 감으면 편집실 광경이 눈앞에 그려진다. 고대신문에서 다섯 학기를, 세 번의 봄을, 수많은 금요일 밤을 보냈으니, 홍보관 2층 그 공간도 저를 까먹진 않았을 듯하다.

이지영　208

홍보관 204호에서 보낸 수많은 시간 중 '첫' 시간들에 대한 기억은 특히나 강렬하다. 유난히도 이전과는 전혀 다른 방식의 삶이 시작되던 취재부 시절이 출발선의 두근거림으로 기억에 남아있다.

첫봄. 수습기자로 처음 밤을 새웠을 때 편집실은 동경의 공간이었다. 아직 그곳에 완전히 속하지는 못한, 기자와 일반 학생의 경계에 있던 내게 편집국은 '학생답지 않은 치열한 공간'이었다. 시험기간이 아닌 때에, 술 없이 밤을 꼬박 새우는 학생은 고대신문에만 있었으니까. 각자의 노트북 화면에 빨려들어갈 것 같은 표정과 자세로 선배 기자들은 그 주의 신문을 채워나가고 있었다. 대학생활이 생각보다 허무하게 흘러간다는 공허함은 그들의 열정 앞에서 연기처럼 사그라질 수 있을 것만 같았다.

첫 여름. 처음으로 학교에서 방학을 보낸 그 계절을 생각하면 '막막함'이 가장 먼저 떠오른다. 당시 나는 기자란 데스크에서 내려준 일만 제대로 하면 되는 건 줄만 알았다. 기자란 스스로 문제를 발견해야 하는 사람이었음을 어째서 정식 기자가 된 다음에야 깨달았을까. 사실 고등학교를 졸업한 이상 세상 모든 일은 자신이 찾아 나서야 하는 법인데 말이다. 부랴부랴 캠퍼스 안을 부지런히 돌아다니며 문제가 될 만한 것들을 찾아다녔지만, 안타깝게도 계속해서 닫혀있던 눈이 번쩍 뜨였다고 바로 기사로 쓸 만한 것들이 보이진 않았다. 그 여름 나는 부화기에 들어간 알 마냥, 편집실에 오도카니 앉아 작은 균열을 맛보았다.

첫 가을. 가을 코트를 입고 한 손엔 취재수첩을, 다른 팔엔 노트북을 껴안고 캠퍼스를 누비고 다녔다. 다른 용건으로 간 취재 현장에서 성적 장학금이 폐지된다는 발표를 듣고 신나게 편집실로 뛰어갔던 기억이 난다. 교내에서 학생 중 성적 장학금 폐지 소식을 들은 건 내가 유일했다. 대학기자로서 '특종', '단

이지영

독' 기사를 낼 일이 그리 많지는 않으니, 그날 길 가다가 돈을 주운 것 마냥 신났다. 편집실에서의 첫 가을은 다행스럽게도, 매일의 내가 쓸모 있다고 느낀 날들이었다.

그리고 첫 겨울. 풋내기 학보사 기자는 나름의 경력이 쌓여 사회로 시선을 돌리는 기자가 되었다. 여름 때와 마찬가지로 '어떻게 가치 있는 기사를 쓸 것인가'에 대한 고민이 컸다. 기자의 시선으로 바라봐야 할 사회는 너무 넓고, 복잡하고, 모르는 것투성이였다. 처음으로 내가 사회의 민낯을 제대로 본 적이 있는가를 반문했던 그 겨울, 길바닥을 하얗게 뒤덮었던 눈을 보며 혼란스러운 마음을 다독이곤 했다.

이 편집실에서 느꼈던 고대신문의 치열한 삶의 기억을, 같이 했던 사람들과의 따스한 추억을 선배들이 느꼈을 것이고, 지금은 현직 기자들이 느끼고 있을 것이다. 누군가는 내가 수습기자 때 그러했듯, 편집실을 동경의 시선으로 보고 있을 지도 모른다.

이 공간이 더 특별한 이유는 물론, 편집실을 공유했던 사람들 덕분이다. 혼자였다면 막막함을 절대 버티지 못했을 첫 여름. 그 따가웠던 햇볕 아래 텅 빈 민주광장에서 배드민턴을 함께 쳤던 동기들은 서로의 버팀목이 되며 각자의 짐을 짊어졌다. 매주 나의 보잘것없는 글을 다독여주던 선배 기자들은 책임이란 무게감을 늘 양손에 쥐고 있었을 것이다.

편집국장 시절 '이 짓을 내 위의 몇 십 명의 사람들이 해냈다니!' 이 생각을 매일 하곤 했다. '짓'이라고 부르고 싶은 고단한 한 주의 일상이, 누군가에겐 추억으로 남아있음을 생각하면 선배들이 새삼 존경스러워진다. 취재부장, 편집국장으로서 부족한 나와 함께 신문을 만들어 나갔던 기자들의 노고 역시 감사한 마음뿐이다. 국장의 자리에서 지친 표정을 한 기자들의 얼굴을 바라볼 때면 부디 그들이 무언가 얻어가는 것이 있기를 진심으로 기도하곤 했다.

편집실 창고에는 고대신문 창간호부터 70년 동안의 신문 묶음집이 있다. 내가 존재하지 않았던 시대의 이야기들과 내가 존재는 했지만 생경한 2000년대의 모습들이 담긴 신문들이 한 책으로 묶여 잠들고 있다. 그 책을 열면 그 시대의 새벽 정취, 한 사람의 봄·여름·가을·겨울, '처음'에 대한 기억들이 펼쳐질 것이다. 지어진 지 70년이 넘었다는 오래된 건물 안 편집실은 가끔 그 책을 읽으며 고대신문을 그리워하고 있을지도 모른다. 지금 쌓아지는 현역 기자들의 추억을 흐뭇하게 바라보면서 말이다.

이지영

치마 입고 취재 다니면 뭐 어때서!

정민정

한국사 93 | 서울경제신문 기자

"나는 기자다" VS "나는 고대신문 기자였다"

벌써 18년째 기자로 살아가고 있다. 고대신문 기자 시절까지 합하면 20년이 넘는다. 처음 고대신문에 발을 내딛었던 1993년 9월, 그때는 상상조차 하지 못했다. '정민정 기자'로 규정될 미래의 내 모습을!

서명숙(교육 76) 동인이 최근 출간한 책 『영초언니』에서 고백했던 것처럼, 나 역시 고대라는 울타리에 들어오기 전까지는 제도권 교육에 길들여진 순진한 모범생이었다. 헌법재판소 재판관 9명 중 한 명이 되고 싶다는 부푼 꿈을 안고 법대 진학에 매달렸던 고등학교 시절, 하지만 원하는 성적을 내지 못하고 한국사학과에 입학했다. 딴 생각 않고 법학 부전공을 하면서 사법 시험에 매진하겠다, 굳게 다짐을 하고 대학 생활을 시작했다. 돌이켜 보면 참으로 단순하고 순진했다.

철없는 결심이 흔들린 건 순식간이었다. 선명하게 이데올로기가 갈렸던 한국사학과에서 민족해방(NL) 계열과 민중민주(PD) 계열 선배들의 불꽃 튀는 논쟁을 보고 들었고, 마음 가는 대로 NL 학회에 몸을 담았다. 학회 이름은 '한통속', '한반도의 통일이여, 속히 오라'는 뜻을 담았다.

선배들을 따라 거리로 나갔고, 갖가지 '불온서적'을 열심히 학습했다. 봄날은 뜨겁게 갔다. 5월 1기 한국대학총학생회연합(한총련) 출범식이 고대에서 열려 붉은 조끼를 입고 자원봉사단으로 활동했다. 8월에는 범민족대회에 참가해 2박3일간 땀과 먼지를 뒤집어쓰고 '통일전사'로 보냈다. 사흘 만에 집에 들어가면 엄마한테 맞아 죽을 게 100% 확실했기에 과 동기 2명과 함께 거제도로 여행을 떠났다. 지금 돌이켜 봐도 상상도 못할 무모함이었지만, 그렇게 '과감한 DNA'가 내 속에 있다는 걸 그때 처음 깨달았다. 전화 한 통 없이 열흘을 버티다 집에 들어가자 어머니의 '10시 통금령'(물론 지키지 않은 날이 훨씬 많았다)이 말끔하게 해제됐다. 민족 고대인이기에 뜨겁게 살아야 한다고 믿었고, 그 신념은 벤치에 앉아 시를 읊조리던 평범한 소녀를 피가 뜨거운 이 땅의 젊은이로 탈바꿈시켰다.

한겨레신문만 읽던 내가…

가을로 접어들면서 급속하게 회의가 몰려들었다. 내가 가는 길이 옳은가, 어쩌면 내가 보는 것이 정답이 아닐 수 있다는 의문이 머릿속을 떠나지 않았다. 물리적으로 몸담고 있는 공간에서 벗어나 객관적으로 세상을 들여다보고 싶었다. 그렇다. 나에게는 세상을 정확하게 들여다볼 망원경이 필요했다. 미친 듯이 다른 공간을 찾아 나섰다. 카톨릭학생회에도 입회 원서를 냈고, '고대문화'라는 공간에도 관심을 가졌다.

민주광장을 거닐던 9월의 어느 날, '고대신문 수습기자를 모집합니다'라는 플래카드가 눈에 들어왔다. '고대신문'이라고 했다. 솔직히 그때까지도 한겨레신문만 읽었던 나로서는 고대신문이 낯설기만 했다. 어떤 신문일까. 홍보관 앞에 비치된 고대신문을 주워 들고 한 장씩 넘겼다. 내가 몸담고 있는 공간을, 우리의 시대를 학생 기자의 눈으로 비추고 해석해 활자화한다는 게 신기했다. 당시만 해도 기자라는 직업에 대해 일말의 관심도 없던 때였다. 원서 접수를 해야 한다고 해서 계단으로 올

정민정

라가 편집국으로 들어섰다. 2층에 올라서자마자 밀려오는 퀴퀴한 곰팡이 냄새, 아직까지도 고대신문이라고 하면 추억의 냄새처럼 밀려드는 그 퀴퀴함이 고대신문의 첫 인상이었다.

논술 시험을 치르고 수습보의 생활이 시작됐다. '무생물의 시대'였다. 동기로는 박태수(지리교육 93), 지승환(법대 93), 전용화(영문 93), 이용화(경영 93), 이현호(무역 93), 김희태(환경공학 93), 류정민(한문 93), 서연미(지리교육 93) 동인이 있었다. 가장 낯설었던 것은 같은 93학번인 5월기를 선배로 깍듯이 대해야 한다는 점이었다. 우리의 아버지(취재부장)였던 김한별(언어 92) 동인은 하느님 수준이었다. 자유로운 과 생활에 익숙했던 내 눈에는 이해하기 어렵고, 애써 이해하고 싶지도 않은 '이상한 위계질서'였으며, 홍보관은 밖의 세상과 다르게 돌아가는 또 하나의 지구였다. 매일같이 선배들이 출근하기 전에 편집국으로 나와 바닥을 쓸고 책상을 닦았으며, 누런 원고지에 기사 쓰기 연습을 반복했다. 단신 기사였지만 기본조차 안 돼 있었기에 우리들의 원고지는 항상 아버지가 빨간 색연필로 교정 지시를 해놓은 부분이 기사보다 많았다. 그리고 맨 앞에 선명하게 새겨진 'Back'은 낙인처럼 우리들의 가슴에도 붉은 멍을 남겼다.

그렇듯 정신없이 보내던 일상 중에서도 아직까지 동기들끼리 나누는 에피소드가 있다. 그 해 10월 오제훈(경영 91) 취재부장의 주재하에 정경대 후문 근처에서 술자리가 있었다. 막걸리 사발식은 워낙 단련이 됐지만 깡소주는 그때까지도 낯선 종목이었다. 당일 나는 연거푸 깡소주를 받아 마신 후 필름이 끊겼다. 일어나니 내 방에 얌전히 누워 있었다. '이게 어찌 된 일이지?'

어머니 말로는 밤에 전화가 와서 남동생과 함께 학교까지 택시를 타고 가 나를 실어왔다는 것이다. 끊어진 필름 사이로 조금씩 기억이 되살아났다. 지하 소주방에서 동기들의 부축을 받고 이끌려 나와 고대신문의 아지트 '이스끄라'의 소파에 누워 있었던 일, 나를 업고 무겁다며 땀을 뻘뻘 흘리던 동기 태수의 목소리, 힘들면 자신이 업어주겠다고 말하며 옆에서 거들던 선배의 목소리 등등. 눈앞이 깜깜했다. 정신이 겨우 들고 난 후에야 태수가 나를 업고 정대 후문을 지나 정문까지 갔던 거며, 옆에서 오제훈 선배가 거들었던 모든 정황이 포착됐다. 그날 이후 박태수 동인은 나한테 "허리 다쳤으니 책임지라"는 말을 수백 번은 했던 것 같다.

사상 무장이 완벽했던 열망의 시기

1994년 1월에는 우리 동기 모두에게 평생 잊지 못할 이벤트가 있었다. 단체 중국 연수였다. 고(故) 신승하 동양사학과 교수가 주간교수였기에 가능한 프로그램이기도 했지만, 신문사 들어온 지 몇 개월도 안 된 수습기자가 해외로, 그것도 정식 수교가 2년도 채 안 된 사회주의 국가 중국으로 연수를 갈 수 있다는 건 상상도 못할 엄청난 혜택이었다.

인천항에서 여객선을 타고 톈진으로 이동했고, 이후 버스와 기차를 번갈아 타면서 대륙 주요 도시를 다녔다. 베이징, 시안, 난징, 항저우, 쑤저우, 상하이 등 중국을 대표하는 도시들을 돌았다. 주요 유적지에서 신 교수의 설명을 들으며 대륙의 역사를 몸으로 느꼈고, 10시간 넘게 이동하는 기차 안에서 50도가 넘는 중국 술을 마시며 낄낄대던 기억은 아직도 아련히 남아 있다.

하지만 중국에서 돌아오는 길은 개운치 않았다. 인천으로 돌아오는 여객선이 하루 이상 늦어지면서 일정을 놓친 승객들이 이에 항의하며 하선을 거부하고 농성했던 것이다. 고대신문 기자들 역시 처음에는 전체 기조에 발맞춰 하선을 보류했으나 일정에 맞춰 신문을 제작해야 한다는 판단 하에 결국 배에서 내리게 됐다. 승객들의 만류를 애써 뿌리치고 하선했을 때 우리

정민정

머리 위로 날아오는 온갖 쓰레기와 욕지기, 비난을 지금도 잊을 수 없다. 우리 모두 아무 말도 하지 못했다. 어린 연차의 수습기자와 취재기자들 중에서는 눈물을 흘리는 이도 적지 않았다. 각자 머릿속에 과연 이것이 옳은 선택일까에 대한 의문이 선명하게 남았다. 다시 그때로 돌아간다면 우리는 다른 선택을 했을까. 그건 모르겠다. 다만, '신문 발행'이라는 독자와의 약속이 갖는 그 엄청난 무게를 느꼈던 게 어쩌면 기자로서 살아가는 지금까지도 적지 않은 영향을 미쳤을 거라는 생각이 가끔 든다.

중국에서 돌아온 뒤 취재부 기자, 논설부 기자, 문화부장을 거치며 조금씩 조금씩 단련됐다. 바쁜 취재 일정 중에도 스스로 정체되지 않기 위해 과 선배나 신문사 선배와 1대 1로 스터디를 했던 이른바 '사상 교육'이 이어졌고, 1학년 때부터 참여했던 여성학회와의 끈도 놓지 않았다. 당시 주고받았던 편지나 일기를 들춰보면 이 정도로 사상 무장이 잘 됐었나 스스로 혀를 내두를 정도다. 현실을 모르는 대학생의 치기라 치부할 수도 있겠지만, 현실에 얽매이지 않았기에 그때가 44년 내 인생에서 가장 자유롭게 세상을 사유하고, 삶을 고민했던 '순수한 열망과 이상'의 시기였던 것 같다.

지금 와서 고백하지만 논설부 기자로 발령받은 후 과히 기분이 좋지는 않았다. 학술부나 문화부에도 관심이 없던 나는 취재 현장을 직접 보고, 듣고, 쓰고 싶었다. 하지만 어떤 이유였는지 아직도 정확히 모르지만, 결국 원하지 않는 논설부에서 1994년 하반기를 보내야 했다.

마뜩지 않았지만 조직이 명했고, 조직원인 나는 따랐다. 어떤 조직에 있든 내가 원하지 않는 일을 할 수도 있고, 과정이 어찌됐든 어차피 맡게 됐으면 최선을 다해야 한다는 마음가짐은 그때도, 지금도 강하게 자리하고 있다.

논설부 기자로서 흐름에 맞게 주제를 선정하고 적당한 필진을 찾아내 교수나 학생들에게 원고를 청탁하는 일을 그 누구보다 제대로 하고 싶었다. 고대신문이 어떻게 해왔는지는 알고 있으니 다른 학보사는 어떻게 하고 있는지 취재하기 시작했다. 곧바로 탐방 계획을 잡고 이대학보사, 연세춘추사, 성대학보사, 대학신문사 등을 찾아 다녔다. 오피니언 면을 맡는 담당 부장들을 섭외해 짧게는 한 시간, 길게는 두 시간 이상씩 듣고 또 들었다. 그게 실제 논설부 생활에 직접적인 도움이 됐는지는 모른다. 하지만 주어진 환경에서 최선을 다해 긍정적으로 헤쳐 나가는 근성만큼은 자부할 수 있다. 현직 기자로 살아가는 지금도 원하지 않는 일이라도 열심히 해내며 후배들로부터 '추진력'과 '열정'만큼은 대단하다는 얘기는 공통적으로 듣고 있으니 말이다.

어머니의 사랑으로 입은 스커트

고대신문 시절을 돌아볼 때 빼놓을 수 없는 소재로는 '스커트'가 있다. 고등학교 시절 교복만 입고 3년을 지내다 대학에 입학하자, 그것도 명문 사립대생으로 당당히 이름을 올리자 백화점에서 샵마스터(여성복 코너에서 일하던 판매직 여성)로 근무하던 어머니는 대학생 딸을 멋지게 꾸미고 싶어 하셨다. 고졸 학력인 어머니는 우리 집안에서 가장 좋은 학교에 들어간 장녀가, 그것도 과외 한번 안 시키고 키운 대견한 자신의 딸을 빛내고 싶어 했다. 그녀에게 딸은 유일한 자부심이자 자랑이었으며, 평생 '을'로 살아온 자신의 삶을 지탱해 준 희망이었다. 아버지의 무능으로 평생 가계를 책임져야 했던 그녀가 버텨낼 수 있었던 것도 자신의 희망인 딸이 있었기 때문이다. 어머니의 애정은 차고 넘쳤으며, 그녀의 모성애는 내가 결혼해 아이를 낳고 키우는 동안 육아를 도맡았으며, 딸이 직업 기자로 살아가는 길에 놓인 십자가를 기꺼이 떠맡을 정도로 뜨겁고 강했다.

고대생 딸을 둔 어머니가 해주고 싶어 했던 것 중 하나는 이

정민정

화여대생이 입을 법한 치마 정장이나 나풀대는 스커트였다. 여학생이 전체의 20%에 불과했기에 치마만 걸쳐도 튀는 고대에서, 그 중에서도 보수적이기로 둘째라면 서러운 고대신문에서 스커트를 입고 취재를 다니는 건 '너무 튀는 행동'이었던 듯하다. 하지만 옷차림에 별다른 구애를 받지 않았던 나로서는 치마를 걸치고도 노동절 행진에 참여했고, 학생회 취재도 당당히 다녔다.

하지만 그건 나만의 착각이었다. 한번은 신문사 동기에게서 "92학번 남자 선배들이 네가 치마 입고 취재 다니는 거 문제 있다고 뭐라 한다"는 얘기를 듣고 나서야 '너무 튀었다'는 사실을 인지했다. 할 일만 하면 치마를 입든, 바지를 입든 무슨 상관이냐며 버티고 싶었던 나의 고집도 주변의 시선을 의식하면서 조금씩 꺾였고 언제부터인가 스커트는 주말용 복장으로 한정하게 됐다. 하지만 당시 기억은 오랜 시간 나에게 상처로 남았고, 남성 중심의 고대에 다니는 내내 느꼈던 '보이지 않는 폭력성'의 또다른 모습으로 각인됐다. 그런 의미에서 고대신문은 나에게 따뜻한 고향이자 20대 빛나는 청춘을 바칠 만큼 자랑스러운 훈장이기도 했지만, 동시에 세상의 냉혹함을 깨닫게 해주며 크고 작은 상처를 안겨준 '애증의 존재'이기도 하다.

이와 함께 지금까지도 기억 한 켠에 자리한 상처가 하나 더 있다. 우리의 아버지(취재부장)였던 김한별 동인이 군대에서 휴가를 나왔을 때의 일이다. 휴가 나온 김 동인을 위해 선후배 동인들이 함께 정문 앞 '마마집'에서 술자리를 가졌다. 돌아가면서 노래를 부르다 내 순서가 오자 록 기반의 운동권 밴드 '천지인'이 부른 '열사가 전사에게'를 불렀다. 흥에 취한 선후배들이 함께 따라 부르며 박수를 치며 박자를 맞췄다. 술에 취했던 탓인지 한별 형이 숟가락을 벽에 냅다 던지며 "누가 그 노래를 박수치며 불러?"라며 소리를 질렀다. 상상도 못했던 반응에 충격 받은 나는 자리에 주저앉아 울고 말았다. 아마도 한별 형의 기억 속에 그 장면은 남아 있지 않겠지만, 나는 고대에 내재한 보수성과 폭력성을 남들보다 민감하게 느끼며 살았던 듯싶다.

지금은 길 건너편 회사에 몸담고 있어 가끔 지나가다 만나기도 하고, 시간을 맞춰 밥을 같이 먹기도 하지만, 당시 일을 떠올릴 때면 아직도 가슴 속에는 스산한 서운함이 밀려오곤 한다.

기성 언론을 뛰어넘는 기획의 자부심

논설부 기자를 거쳐 문화부장으로 자리를 옮기게 됐다. 원래 문화부 기자였던 동기가 불가피한 이유로 신문사를 나가면서 문화부를 맡게 됐다. 지금은 KBS 문화부 기자로 있는 김석(국문 94) 동인이 함께 문화면을 꾸렸다. 김 동인은 주변 동기들도 인정할 정도로 고집이 세고, 남성 중심적 사고를 가진 친구였다.

무슨 이유였는지 처음에 기자가 응당 해야 하는 아이템 발제를 차일피일 미루며 항명하는 모습을 보였다. 이대로 두면 부서 운영이 원활하지 않을 게 뻔했다. 편집국 구석 세미나실로 김 기자를 불렀다. 2주 넘게 아이템 발제가 안 된 이유를 물었다. 대답이 없었다. 그 자리에서 푸쉬업을 시켰다. 처음에는 조금 놀라는 눈치더니 시키는 대로 푸쉬업을 했다. 고대신문 동인이라면 누구나 알고 있는 구호 "수습! 죄송합니다!"를 외치면서 푸쉬업을 했다. 당연히 밖에서는 세미나실 안에서 무슨 일이 벌어질지 모든 기자들이 귀를 기울이고 있었다. 김 기자가 나름 성질이 있는 편이라 집어치운다 하고 자리에서 뛰쳐나올 법도 했지만 앙칼진 부장의 지시에 군소리 않고 푸쉬업을 하자, 동기들 사이에선 "역시 정민정이 무섭긴 무서운가 보다"라는 감탄이 흘러 나왔다고 한다. 김 기자와 다시 의기투합하기로 하고 기획 아이템을 고민했다. 그렇게 해서 나온 기획 시리즈가 '세계 예술 조류 속에서 한국 예술의 현재적 의미'였다. 당시 화두였던 '세계화'를 큰 주제로 내걸고 음악, 연극 영화, 무용, 미

정민정

술 등 5개 분야를 들여다봤다.

지금도 기억에 남는 기획이 또 하나 있다. '현 단계 민족주의 담론의 위상과 의미'를 주제로 한 기획이었다. 고대신문 생활을 하면서도 NL의 피는 멈추지 않았는지 민족주의 문화를 주제로 한 번은 꼭 다루고 싶었다. '현 단계 민족주의 담론의 위상과 의미'를 주제로 두 명의 평론가로부터 각기 다른 입장을 받아 찬반 의견을 지면에 내보냈다. 한편은 "자민족 우월주의에 대한 검증 통해 민족주의 정당성 확보해야 한다"는 주장을 폈고, 다른 한편은 "민족문학론 리얼리즘론의 모순적 양립 관계를 재정립해야 한다"는 의견을 냈다. 민감한 이슈였지만 각자의 입장을 논리적으로 주장한 글인지라 파장이 적지 않았고 내가 사랑했던 매체 '시사저널' 문화부 기자가 직접 편집국으로 전화를 걸어오기도 했다. 해당 지면을 팩스로 보내달라는 요청이었다. 전화를 받으며 내가 그 지면을 기획한 문화부장이라고 소개하자 시사저널 선배는 나에게 "그러시군요. 제가 몰라 뵈었습니다. 부장님!"이라고 농을 건네며 웃었다. 단순히 학보사 수준에 그치지 않고 사회적으로도 관심을 가질 수 있는 이슈를 발굴했다는 데서 당시 문화부장으로서 나의 자부심은 작지 않았다.

1995년 5월에는 3차례에 걸쳐 '한국 영화의 사회학'을 주제로 기획 시리즈를 다뤘다. 폭력, 에로티시즘, 여성 등을 소주제로 한국 영화의 담론을 짚어본 기획물이었다. 두 번째 에로티시즘 기획에서는 당시 노골적인 성애 묘사로 사회적 논란을 불러일으켰던 영화 〈너에게 나를 보낸다〉의 한 장면, 배우 정선경의 엉덩이가 노출된 사진을 메인 사진으로 과감하게 넣어 이를 그대로 가느냐 마느냐를 두고 편집회의에서 갑론을박이 벌어지기도 했다. 결국 지면에 넣겠다는 나의 주장을 관철시켰다. 기사의 성격에 맞게 사진을 선택했고, 야하다는 이유로 안 실을 이유가 없다고 주장했다. 신문이 나온 후 홍보관 1층 신문대에 펼쳐진 문화면의 커다란 엉덩이 사진을 보면서 내가 느꼈던 짜릿함은 지금도 잊히지 않는다.

돌이켜 보면 1학년 때부터 몸담았던 여성학회를 통해 페미니즘을 학습하고 이에 대한 고민을 이어왔던 영향이 컸다. '여성'이라는 이슈는 대학생뿐만 아니라 직장인으로서, 직업 기자로서 살아가면서도 내게 매우 중요한 화두로 남아 있다. 경제지 기자로 살아오면서 창업 시장을 들여다볼 기회가 많았고, 이에 창업, 그 중에서도 여성 창업을 주제로 책을 두 번에 걸쳐 쓰기도 했다. 2005년 펴낸 『그녀들은 어떻게 CEO가 되었나』는 당시 적지 않은 화제를 모으며 여러 매체와 방송에 소개됐다. 올해 펴낸 『그녀의 창업을 응원해』는 디지털 시대에 걸맞게 디지털 기획물로 시작해 스토리펀딩에서 실험을 했으며 이후 책으로 펴내게 됐다. 창업 현장의 취재 기자라는 나의 정체성을 갖고 이 땅의 여성들, 즉 우리의 어머니와 언니, 동료, 그리고 우리의 딸들에게 이바지할 수 있는 길을 찾아가고 있다고 자부한다.

22년 만의 고백

고대신문이 나의 인생에 영향을 미친, 가장 중요하면서도 절대적인 사건은 1995년 1월 있었다. 고대신문 출신의 언론인을 모셔 특강을 들었는데 당시 시사저널 정치부 기자로 이름을 떨치고 있었던 서명숙(교육 76) 동인이 편집국을 찾아 주셨다. 주제는 '취재 현장에서 바라본 DJ 정국'이었다. 김영삼 정권의 비정상적인 정치 체제 하에서 대선 주자로 유력한 고 김대중 전 대통령을 현장에서 만나고 있는 선배의 취재담이 고스란히 담긴 특강이었다. 1시간 30분 동안 손가락 하나 꼼짝할 수 없을 정도로 뜨거운 전율이 온몸을 휘감았다. '현장', '취재', '기자' 등 일상에서 만났던 단어들이 엄청난 중력으로 쏟아졌다. 무겁지만, 감당하고 싶었다. 현장 속에 발을 딛고 글을 쓰고 싶었다. 나의 글이 작게나마 울림을 줄 수 있다면, 보다 나은 세상으로의 변화에 보탬이 될 수 있다면, 그것을 직업으로 먹고 살아갈 수만 있다면 좋겠다는 꿈을 품었다. 가슴이 뜨거웠다. 1시간 30분 동안 열정 어린 강의를 쏟아낸 후 명숙 선배는 간사실 소파에 걸터앉아 담배를 피웠다. 간절한 목마름으로, 깊고 강하게 담배 연기를 들이쉬는 모습이 강렬했다. 선배 곁에 한 발자국 다가서는 것조차 외람된 행동으로 여길 정도로, 내게 명숙 선배는 기자로서의 삶을 뜨겁고 진하게 보여준 커다란 존재였다. 그리고 그러한 고백을 얼마 전 『영초언니』 출간 기념 인사동 번개 모임에서 할 수 있었다. 꼭 22년 만의 고백이었다.

정치부 기자를 꿈꾸며 법대 부전공을 집어치우고 곧바로 정치외교학 부전공으로 선회했다. 한국 민주주의 체제의 모순과 질곡을 정치공학적으로 들여다보면서 석사까지 마친 후 제대로 준비된 기자로 사회에 발을 내딛겠다고 굳게 결심했다. 그렇게 시간이 흘렀고, 나 역시 그런 방향으로 준비를 했다.

하지만 학사 이후 석사까지 꿈꾸는 건 나에겐 호사였다. 어머니는 다니던 직장을 그만두게 되고 아르바이트를 하셨고, 아버지의 벌이 역시 그다지 나아질 게 없었다. 대학 시절 내내 과외로 근근이 버텨냈기에 대학원까지 욕심을 낸다는 게 현실적으로 무리였다. 대학 4학년 6월 어머니는 비상금으로 모아둔 곗돈 500만 원을 내주면서 어학연수를 다녀오라고 하셨다. 당시 어학연수 바람이 불기 시작하면서 대학 졸업 후 취직(언론사도 마찬가지였다)을 하려면 해외 연수가 의미 있는 스펙이었던 이유에서다. 친척 언니가 있는 시애틀로 6개월짜리 어학연수를 다녀왔다. 난생 처음 타보는 비행기, 처음 밟아 보는 미국 대륙이었다.

6개월은 빨리도 지나갔다. 1997년 1월 돌아와 본격적으로 언론 고시를 준비하기 시작했다. 정경대 선배들이 꾸린 스터디에 운 좋게 들어갔지만 얼마 안 가 멤버 중 두 명이 KBS 스포츠기자와 피디로 합격한 후엔 다른 스터디를 알아봐야 했다.

고대신문 동인들과 함께 스터디를 꾸렸다. 고 조종옥(사회 91), 김한별, 신현희(국문 92), 이경신(노어노문 92) 동인과 함께 하면서 언론사 입사를 준비했다. 하나둘 원하는 곳으로든 그렇지 않은 곳으로든 떠났고, 1년이 넘는 백수 생활 끝에 언론사에 입성을 했다.

국제통화기금(IMF) 영향으로 내가 원하는 첫발은 아니었지만, 지금까지 18년을 경제지 기자로 살아가고 있다. 당초 꿈꾸었던 정치부 기자의 삶도 아니지만, 현장에서 세상에 보탬이 되는 방향을 끊임없이 고민하며 어제도, 오늘도, 내일도 뜨겁게 살아가고 있다. 때론 나태해질 때도 있지만 기자를 꿈꾸며 가졌던 초심을 되살리며, 고대신문이란 용광로에서 단련됐던 과정을 되새김질하면서, '호랑이는 죽어도 풀을 뜯어먹지 않는다'는 고대 정신을 스스로에게 일깨우며 살아가고 있다. 감사한 일이다. 고대신문을 통해 운명적인 업(業)을 만났고, 그 업을 통해 나를 규명해 가고 있으며, 그 과정에서 세상과 소통하고 있다는 사실에 항상 감사한다. 나의 부족함이 세상에 누가 되지 않도록 오늘도 나를 경계하고 채우면서 오늘도 전진하고 있다.

첨언을 하나 하자면, 고대신문은 또다른 의미에서 운명을 하나 더 만들어줬다. 바로 정병화(사회 94) 동인과의 부부의 연이다. 고대신문 역사상 최초의 연상연하 커플로 엄청난 파문을 일으킨 화제의 커플이 바로 우리다. 인연을 이어 가는 게 쉽지 않았지만 일상에서 든든한 지지자로 함께하며 정을 쌓았고, 쌓인 정의 무게가 각자의 삶에 의미를 가지게 되자 '일탈'을 생각했다. 용기를 내어 '일탈'을 결행하면서 선후배에서 연인으로, 연인에서 부부로 인연이 깊어졌다. 물론 부부로 살아가면서 여느 가정처럼 불화를 겪기도 하고 서로에게 상처를 주기도 했지만, 고대 특유의 의리를 지지대 삼아 살아가고 있다. 덕분에 세상에서 가장 소중한 딸 윤서와 아들 도원이를 만나 이 세상이 나에

정민정

게 내민 따뜻한 체온에 "행복하다. 더 이상 행복할 수 없다"고 감사하며 살아가고 있다. 이 모든 것이 고대신문이 내게 준 선물이다. 감사합니다, 고대신문! 사랑합니다, 고대신문!

30년 만에 졸업하기

정병규
불문 69 | 북디자이너

　우리 고대신문 동인들 중에는 대학 시절을 회상하면 고려대학교를 다녔다기보다는 고대신문사를 다녔다고 해야 어울리는 사람들이 상당수 있을 것이다. 이들의 공통점은 고대신문 시절이 곧 대학생활의 전부라고 해도 과언이 아닌 이상한(?) 학생들이었다는 것이다. 이런 이상한 학생들이 많았다는 게 거의 우리 고대신문의 전통이 아닌가 싶다.

　이런 동인들은 크게 두 부류로 나누어 볼 수 있을 것이다. 학과 전공보다는 고대신문사 시절을 통하여 경험하고 익히며 깨달은 세계가 곧 졸업 후 세상살이의 진로를 방향 짓는 데 결정적인 역할을 했고, 졸업 후 하는 일 역시 이와 무관하지 않은 직업을 가지고 활동하는 동인들이 한 부류다. 또 한 부류는 본래의 전공 분야로 진출해서 '고대신문 정신'을 살려 남다른 두각을 나타내며 고대신문 동인임을 긍지로 품고 있는 사람들일 것이다.

　나는 전자에 속한다고 스스로 생각하고 있다. 한마디로 말해 고대신문이 없었다면 오늘의 나는 없었다. 물론 나는 우리 고대신문 동인들 중에 나 같은 사람이 한둘이 아닌 걸 잘 알고 있다.

　작년, 2016년 5월 하순이었다. 내가 신문사 시절 부주간으로 모시고 일했던 목정균 선생님께서 연락을 주셨다. 여름 기운이 완연한 늦봄에 종로 5가 빈대떡 집에서 정말 오랜만에 선생님을 뵈었다. 김효중 형까지 세 명의 동인이 함께하는 자리였다. 김효중 형은 내가 편집국장으로 신문사 일을 시작한 1974년 6월부터 총무국장으로서 신문사 살림을 이끌었던 단짝 콤비였다.

아마도 그렇게 세 동인만 함께 자리를 한 것은 그날이 처음이었던 것 같다. 내게는 특별한 날이었다. 우리는 그동안 자주 만나지 못했음을 세상살이의 번다함에 핑계를 미루는 말을 잠시 나눈 후, 고대신문 동인들이 만나서 만들어내는 특유의 분위기로 진입하는 데 그리 오래 걸리지 않았다. 누구누구의 안부와 근황 그리고 자연스레 우리들끼리만 알 만한 지난 이야기와 함께 말이다.

그날 만남에서 목 선생님은 특별한 사실 한 가지를 말씀해 주셨다. 아마 이 사실을 알려 주시기 위해 자리를 마련하셨던 것 같다.

1975년 4월 8일, 고대 휴교령인 긴급조치 7호가 발효되었다. 40년도 더 지난 그때……. 휴교령은 휴업령과 다르다. 휴업령은 학교 문을 닫고 학생의 교내 출입을 금지시키고, 수업을 중단시키는 것이라면 휴교령은 학교 폐쇄를 전제로 하는 것이다. 고려대학 자체를 없앤다는 차원이다. 고려대학교 하나쯤은 없앨 수 있다는, 타이완의 장개석의 경우까지 곁들여진 흉흉한 소문이 1974년 겨울의 한풍과 함께 나돌았다. 박정희 유신 정권은 그만큼 서슬이 퍼랬고, 또 그만큼 초초하기도 했던 것이다. 그 소문은 4월 8일 긴급조치 7호로 현실이 되었다. 한 대학을 상대로 정권이 자존심을 내려놓으면서까지 긴급조치를 발동하여야만 했던 것이 우리 고려대학의 존재였다. 우리는 군용 트럭들이 교내로 진입해 있고 정문 앞에는 군인들이 집총한 자세로

도열해 있는 그 유명한 한 장의 사진을 떠올리는 것만으로도 그날의 분위기를 금방 살려낼 수 있을 것이다.

고려대학교의 앞날은, 운명은 한치 앞을 알 수 없을 정도로 캄캄했다. 김상협 총장께서 사임하셨다. 그리고 목정균 선생님과 나는 학교를 떠났다. 아니, 두 사람은 고대신문사를 떠났다고 해야 옳을 것이다. 당시 나는 학교의 분위기를 학생치고는 제법 소상히 알고 있는 축이었다. 4월 초 어느 날, 선생님께서 조용히 나를 부르셨다. 총장실의 뜻이라 말씀하시면서 학교를 당분간 쉬는 것이 좋을 것이라고 하셨다. 나는 아무 군소리 없이 학교를, 신문사를 떠났다.

나는 목정균 선생님의 고대신문 사랑을 누구보다도 잘 알고 있다. 프리랜서로 신문에 동판 글씨를 쓰고 컷을 그리던 나를, 같은 학번 동기들보다 나이가 너댓 살 많은 나를 아예 신문사로 들어와 같이 일해 보면 어떨까 하고 언질을 주신 것도, 입사후, 1973년 특집 부장 시절, 고대신문만이 전부였던 시절, 1년 총 학점을 5.5학점밖에 못 따는 식으로 살았던 시절…… 신문사를 그만두겠다고 했을 때 나를 주저앉히신 것도 선생님이시다. (당시는 한 학기에 24.5학점을, 1년이면 49학점을 이수할 수 있던 시절이었다.) 그리고 학교를 선생님도 떠났다.

모처럼 함께한 이날 자리는, 1975년 그때 선생님과 내가 학교를 떠나게 된 구체적인 사연을 말씀해 주시는 자리가 됐다. 처음 알게 된 사실이 있었다. 중앙정보부에서 두 사람을 찍어 고대 사회에서 퇴출을 시키라는 지령이 있었다는 것이었다. 선생님도 이 사실을 당시 학교를 출입하던 정보부 요원이었던 K를 통해서 작년에야 처음 아셨다고 한다. 의외였다. 당시 총장 비서실장은 이세기 선배였고, 선생님과는 남다른 친분이 있었는데 말이다. 총장실에서 선생님께도 이런 사실을 직접 전해

정병규

주지 못한 데 대해서는 당시 학교 분위기와 말 못할 사연이 있었겠지 하고 짐작하는 수밖에 없다. 나는 "진즉 알았으면 오기가 나서라도 운동권으로 가서 프로가 되었을 수도 있었을 텐데……" 하고 농을 했다.

1999년, 학교에서 전언이 왔다. 명예 졸업을 시켜 준다는 전갈이었다. 아마도 새천년을 맞아 문화계에서 활동하는 고대 출신 중에서 졸업을 못한 사람들을 골라서 명예 졸업을 시켜주겠다는 뜻이었던 것 같았다. 모두 5명이었다. 연극배우인 사학과의 손숙 선배, 소설가인 영문과의 홍성원 선배와 김훈, 시인인 독문과의 최승자, 그리고 나였다. 손숙, 홍성원 두 분이 졸업을 하지 않은 것도 그때 처음 알았다.

지금은 한국을 대표하는 중견 시인으로 우뚝한 최승자는 『고대문화』를 같이 만들었고, 고대문학회도 같이 만들었다. 내가 출판사 홍성사를 설립할 때 첫 직원이기도 했다. 그는 홍성사에서 편집부 일을 하면서 문학과지성으로 데뷔했다. 나와는 특별하고 오랜 인연이다. 그 소식을 전해 듣고서는 반갑기도 하면서 쓸쓸한 마음이 성큼 솟아오르던 기억이 난다.

나는 학교에 대하여 내심 좀 섭섭한 마음이 없지 않았다. 나가라 했으면 다시 들어오라고도 하는 것이 당연히 도리가 아닌가 싶은 생각이 가끔씩 들었기 때문이다. 하지만 총장도 계속 바뀌었고, 그런 일이 무슨 문서로 작성된 근거로 남아 있을 턱이 없으니…….

내가 하는 일이 학력과는 무관한 일이기에 까맣게 잊고 지내다가도, 이력서를 작성할 때마다 중퇴라는 말이 쓰기가 싫어서 어중간한 '고려대학교 불어불문학과 수학'이라는 애매모호한 표현을 할 때마다 어색해지는 기분은 어쩔 수 없었다.

명예 졸업을 시켜준다는 소식을 접하고서 한참 만이었다.

1975년 여름의 한 장면이 갑자기 상기되었다. 학교를 떠나고 몇 달 지난 후였을 것이다. 세종문화회관 근처 한 일식집에서 목정균 선생님을 뵈었다. 그때 선생님이 하신 말씀이 되살아났다. 무슨 이야기 끝에 하신 말씀인지는 기억에 없지만 분명하게 기억에 남은 것은 "병규, 졸업은 꼭 해야 돼……" 하셨던 말씀이다. 왠지는 지금도 모른다. 이런 것은 정색하고 물어볼 그런 것도 아니고……. 그러나 잊지는 않고 있었다.

정식 졸업 그리고 졸업장이 이제 와 무슨 소용에 닿을까마는, 나는 명예 졸업이 아니라 정식으로 졸업을 할 수는 없을까 하는 생각이 들었다. 당시 대학원장이었던 친구인 김인환 교수에게 상의하였던 것 같다. 그는 기숙사 사감, 농구부장, 학생처장 등 학교 행정의 요직을 두루 거친, 문인으로서는 좀 특이한 이력을 가진 교수 아닌가 싶다. 그러고 보니 그는 고대신문 주간도 지냈다.

자세한 것은 잘 모르지만 우여곡절 끝에 나의 재입학이 이루어졌다. 학교의 선처에 신기하기도 하고 당황스럽기도 했다. 무엇보다도 쑥스러운 기분이 먼저였다. 나이든 할머니나 할아버지들이 한글을 늦은 나이에 깨쳤다거나, 수능 시험에 도전한다는 신문 기사가 언뜻 떠올랐기에 말이다. 혹 호사가들의 뉴스나 가십거리가 될세라, 나는 소위 보안에 무척 신경을 썼다.

3월, 봄이 오자 나는 학교에 한 번이라도 가보고 싶었다. 강의실이 아니라 그냥 학교에……. 내 스스로의 기분이 어떨까 하고 말이다. 학교에 가던 날 서관 근처에서 우연히 불문과 김화영 교수님과 만났다. 김 교수님은 그가 고대 불문과에 오시기 전부터 안면이 있었던 터였다. 편집자로서 말이다. 잘 지내느냐는 말끝에 김 교수님은 '무슨 일로 학교에……?' 하고 물으셨다. '아, 교수님은 나의 재입학을 모르고 계시는구나' 하는 안도와 함께 혼비백산 어색한 자리에서 도망쳤다. 난감했다. 만약

정병규

에 보안에 문제가 생긴다면……? 큰 걱정일 수밖에 없었다.

우여곡절 끝에 친구인 불문과의 황현산 교수와 당시 고대 출판부장이었던 전성기 교수의 도움으로 그야말로 새까만 후배들과 강의실에 앉아서 수업을 들어야 하는 상황은 면할 수가 있게 되었다. (그럴 리야 없었겠지만 염치없이 꾸역꾸역 수업에 나오면 후배 교수들이 강의하는 데 지장이 있을 수 있다는 설도 있었다.) 지금 생각하니 학과 사무실에 들러 수강 신청을 어떻게 하였는지도 기억이 나지 않는다.

졸업 학점에서 4.5학점이 모자란 상태였다. 70년대 중반 대학 등록금 평균은 3만 원 선이었다. 재입학 당시, 내친 김에 몇 학점 남지 않았는데 재입학금과 등록금을 좀 깎아 줄 수는 없겠는가 하고 학교에 말한 게 기억이 난다. 김인환 교수를 통해서였을 것이다. 물론 정색을 하고 한 말은 아니었다. 합해서 180만 원을 납부하였던 것으로 기억한다. 나중에 김 교수를 통해 그 문제인지 다른 문제인지 몰라도 나의 경우 때문에 회의를 한 적이 있다고 전해 들었다.

2000년 2월, 드디어 나는 고려대학교 불어불문학과를 졸업하였다. 2월 25일자 고대신문에서 졸업생 명단을 보았다. 불어불문학과 졸업생 명단에 정병규라는 이름 석 자가 인쇄되어 있었다. '정식' 졸업은 분명한 사실이 되었다. 신문에도 났으니. 69학번이니 장장 30년 만의 일이다. 그런데 아직도 졸업장이 어떻게 생겼는지 모른다. 고대신문 졸업생 명단 기사가 '30년 만에 졸업하기'의 끝이었다. 그리고 그 이후 한 번도 졸업증명서를 사용해 보지 못했다.

첫 키스와도 같은 고대신문과 만남

정세균

법학 71 | 국회의장

　만해 한용운의 시, '님의 침묵'에는 이런 구절이 있습니다. "날카로운 첫 키스의 추억은 나의 운명의 지침(指針)을 돌려놓았다." 우리는 살면서 운명 같은 사람을 만나거나 운명과도 같은 일을 겪습니다. 그 우연한 운명은 종종 전혀 다른 길에서 다른 삶을 살게 하는 단초가 됩니다. 그런 운명 같은 몇 번의 만남이 쌓이고 쌓여 한 사람을 완성합니다. 오늘의 정치인 정세균도 그렇게 만들어졌습니다. 돌아보면 고대신문은 제게 정치인이라는 지침을 제시한 운명 같은 인연입니다.

　저는 산골에서 태어났습니다. 눈을 들어 바라보면 온통 산으로 둘러싸인 곳입니다. 지금도 우리 고향에서는 산골벽지를 '무진장 산골'이라고 부릅니다. 여기서 말하는 '무진장'은 바로 제가 태어나고 자란 무주, 진안, 장수의 첫 글자를 딴 말입니다. 그만큼 오지라는 뜻입니다. 어린 시절, 영민하다는 말을 듣고 자랐지만 안타깝게도 제때 진학을 못했습니다. 어려운 가정형편 때문입니다. 그 시절은 모두 가난했습니다. 제게만 일어난 특별한 일도 아닙니다.

　초등학교를 졸업한 뒤 한동안 지게 지고 나무를 하며 쓰린 마음을 달랬습니다. 어렵게 중학교에 진학했지만 그런 기회조차 없이 농사일에 붙들려 있는 친구들이 수두룩했습니다. 어린

　　정세균

마음에도 '적어도 학교는 다니게 해줘야 하는 것 아닌가'라는 생각을 했습니다. 그때의 지독한 가난은 지금 생각해도 아립니다. 그 신산한 시간을 지나 오늘의 제가 있습니다. 먹고사는 문제는 성장하면서 사회를 보는 눈이 되었습니다.

고등학교에 진학하면서 비로소 전주라는 도시와 만났습니다. 호기심 많은 소년에게 도시는 새로운 세상이었습니다. 서울은 또 다른 신세계였습니다. 고대 캠퍼스에 첫발을 내딛던 흥분과 설렘은 지금도 또렷합니다. 서울에서 삶은 하루하루가 설렘이었습니다. 어떻게 하면 세상과 제대로 소통할 수 있을지 생각했습니다. 고민의 결과물은 고대신문이라는 창(窓)입니다. 고대신문을 통해 세상을 보는 눈을 틔우고자 했습니다. 누구나 학교는 다니게 하고 먹고는 살게 하려면 뭔가를 해야 한다는 생각이었습니다.

고대신문 기자는 강렬한 경험입니다. 당시 수습기자 경쟁률은 5대 1로 기억됩니다. 높은 경쟁률을 뚫고 받아든 합격증에 뛸 듯이 기뻤습니다. 무엇인가를 해냈다는 기쁨 이상이었습니다. 입주 과외를 병행했기에 다른 동기들보다 배는 힘들었습니다. 잠은 부족했고 항상 시간에 쫓겼습니다. 그래도 고대신문 기자라는 자긍심으로 뿌듯했습니다. 수습기자 시절은 팽팽한 긴장감이 떠나지 않았습니다. 선배들의 질책은 끊이지 않았고, 얼차려도 간간히 이어졌습니다. 훗날 그것 또한 기자로서 자질을 키워주기 위한 훈련의 일부임을 알게 됐습니다. 몸은 힘들었지만 내 글이 인쇄된 신문을 읽는 기쁨이 더 컸습니다.

취재, 기사작성, 교정, 인쇄를 거쳐 손에 쥔 신문은 감동입니다. 지금은 없어진 문선공(文選工)이라는 직업이 있습니다. 원고를 보고 활자를 뽑아 조판하는 일입니다. 교정은 수습기자 몫입니다. 교정이 끝나야 비로소 윤전기를 돌립니다. 신문제작은 밤늦게 끝났고 날을 새우기 일쑤였습니다. 동기들과 해장국밥을 먹고 헤어지던 그 새벽의 추억은 선연합니다. 당시는 신문 제작을 수작업으로 했습니다. 그만큼 창작의 고통은 컸지만 감동과 보람으로 가득했던 시절입니다. 돌아보면 기쁨도 슬픔도 보람도 고통도 모두 하나입니다.

학창시절 학생기자는 특권입니다. 새로운 세계, 새로운 사람과 만날 수 있는 특권입니다. 호기심 많고 열정 가득한 청춘에게 가슴 뛰는 일입니다. 저는 고대신문 기자를 통해 많은 것을 배웠습니다. 훗날 정치를 하면서 지침이 되는 소중한 가치들입니다. 사회적 약자를 배려하는 따뜻한 시선도 그 가운데 하나입니다. 지성인이라면 걸맞은 책임이 있습니다. 또 지도자는 무한 책임을 지는 자리입니다. 지성인으로서 사회적 책무를 고민하고, 지도자로서 역할을 깨닫게 한 곳이 고대신문입니다. 사회 정의와 약자를 돌아보는 따뜻한 가슴을 원고지 위에서 배웠습니다.

언론의 역할에도 관심을 가졌습니다. 언론은 사회를 비추는 거울입니다. 언론이 권력과 자본 앞에 타협하고 굴복하면 그 사회는 정체되고 퇴보합니다. 반대로 역할과 책임에 충실하면 그 사회는 건강합니다. 기자(記者)는 '쓰는 사람', 또는 '기록하는 사람'입니다. 생계 수단으로써 쓰는 사람에 머물 것인지, 역사를 기록하는 사관이 될 것인지 고민해야 합니다. 최근 언론과 언론인에 대한 비판이 넘쳐납니다. 권력으로부터 압력이 사라진 오늘날 자기 검열은 묵직한 숙제입니다. 재벌과 사주로부터 독립을 위해 치열하게 고민하고 물어야 합니다. 학생기자 출신 정치인 정세균은 묻고 또 묻는 일을 포기하지 않았습니다. 지금의 정치인 정세균은 물음의 결과입니다.

저는 또래보다 대학 진학이 늦습니다. 그래서 신문사에 입사하면서 선후배가 뒤바뀌었습니다. 학번으로 선후배를 정하는 문화는 충격이었습니다. 나이어린 선배의 훈계와 질책은 불편했습니다. 하지만 나이가 아니라 역할과 책임으로 움직이는 조직이 건강하다는 것을 깨달았습니다. 지켜야할 질서를 지키는 것, 그것은 비굴함이 아니라 당당한 자신감입니다. 정치를 하면서 겸손을 잃지 않고 상대를 인정하는 자세를 이때 배웠습니다. 민주당 대표를 세 차례 역임한 동력도 고대신문에서 배운 절제와 겸양에 힘입었습니다.

저는 6선 정치인입니다. 내리 6선 국회의원은 제가 유일합니다. 고향 무진장에서 15~18대까지 4선을 지냈습니다. 보장된 선거를 뒤로한 채 19대, 서울 종로로 옮겼습니다. 종로는 우리나라 '정치 1번지'입니다. 내로라하는 숱한 인사들이 거쳐 간 곳입니다. 야당 정치인에게는 난공불락이어서 기피하는 지역입니다. 저는 '선공후사(先公後私)'의 자세로 또다시 새로운 길을 열고자 했습니다. 두려움도 적지 않았습니다. 그러나 부지런함과 진솔함으로 두려움을 극복했습니다. 서울각쟁이 종로 주민들은 산골 출신 정세균을 품어주었습니다. 종로에서 두 번의 당선은 정직과 소통이 원동력입니다.

지금 대한민국은 새로운 도약대에 서 있습니다. 온전히 국민의 힘으로 출범한 새 정부는 새로운 대한민국, 나라다운 나라를 만들어야 할 소임을 안고 있습니다. 도처에 불안이 깔려 있지만 대한민국은 끊임없이 앞으로 나아갔습니다. 저에게는 국회의장으로서 새로운 대한민국을 만들 책임이 있습니다. 협치가 그 바탕에 있습니다. 여야 대립을 조정하고 타협을 유도하는 게 제가 할 일입니다. 협치는 서로 차이를 인정하고 존중하는 것입니다. 생산적인 정치 문화가 우리 국회에 뿌리내리는 일을 포기하지 않을 생각입니다.

후배들께 당부 드립니다. 장강의 뒤 물결은 앞 물결을 재촉하고, 세상의 새사람은 옛사람을 쫓는다는 말이 있습니다. 어떤 권력자도, 어떤 미인도 세월을 이기는 사람은 없습니다. 여러분이 대한민국의 주인공입니다. 젊다고 해서 주인공은 아닙니다. 치밀하게 계획하고 끈기 있게 노력해야 합니다. 미래는 준비하는 자의 몫입니다. 학생기자로서 신문을 잘 만드는 일은 중요

합니다. 전공 분야에서 실력을 쌓는 일도 마찬가지입니다. 장자는 우리 삶에는 끝이 있지만 배움에는 끝이 없다고 했습니다. 물론 성공을 위해서만 공부한다면 극단적인 이기심에 그칠 수 있습니다. 배움이 성공의 수단에 그쳐서는 안 됩니다. 지식인으로서 책임을 다하는 것, 그것은 겸손과 타인에 대한 배려에 있습니다.

전남 구례에 운조루(雲鳥樓)라는 99칸짜리 저택이 있습니다. 집 주인 류이주 선생은 노블리스 오블리제를 실천한 지성인입니다. 그는 자신의 집에 쌀 두가마니 반이 들어가는 커다란 뒤주를 만들었습니다. 그리고 어려운 이웃들에게 항상 개방했습니다. 뒤주에는 '타인능해(他人能解)'라고 써 붙였습니다. 누구라도 뒤주를 열고 쌀을 가져가라는 뜻입니다. 사회적 약자를 배려하는 것, 그것은 조화로운 공동체를 가꾸는 지혜입니다.

저는 여러분들이 겸양과 타인에 대한 배려를 바탕으로 미래 대한민국을 이끄는 지도자가 되길 기대합니다. 낙숫물이 바위를 뚫는다는 '수적천석(水滴穿石)'의 끈기로 실력을 연마하십시오. 그리고 따뜻한 가슴을 간직하십시오. 그럴 때 고대신문 기자는 자랑스러운 이름이 될 것입니다. 제가 그랬듯이 여러분들에게도 고대신문과 만남이 인생의 지침을 돌려놓는 소중한 운명이길 바랍니다. 저는 고대신문 기자였다는 사실이 자랑스럽습니다.

정세균

고대가 곧 고대신문이었던 시절

정윤석

국문 76 | 강남대 문헌정보학과 석좌교수

그때 우리에게는 고대가 곧 고대신문이었고, 고대신문이 곧 고대였다. 학교에 다닌다고 했지만 사실은 신문사에 출퇴근하는 것이었으니까 말이다. 고대신문 기자가 되려고 나는 재수(?)까지 했다. 1학년 2학기 때 필답고사를 통과하고 면접을 볼 때 통학 길이 멀어서 용돈이나 벌 겸 입주 과외를 하고 있던 나에게 당시 주간이셨던 신일철 교수께서는 "과외하면서 고대신문 기자 못해!" 단호히 말씀하셨고, 그 말뜻을 이해하지 못한 나는 어쭙잖은 책임감을 내세워 돌아섰다. 그러나 시간이 갈수록 고대신문을 택하지 않은 후회가 점점 커져서 과외를 집어치우고 한 학기 뒤에 다시 시험을 봐서 기어이 고대신문에 '입사' 했다.

"희성산업 카피라이터로 지원하셨던데 혹시 저희 그룹사보 팀에서 일해보실 생각 없으신지요? 대학에서 학보 기자로 활동한 경력은 다 인정해 드릴 테구요. 꼭 저희가 모시고 싶습니다." 전화 속의 목소리는 정중하면서도 간절했다. 첫 직장으로 보험회사를 택했다가 내 길이 아니라는 판단을 하고 이직하려고 대기업 광고대행사에 카피라이터로 지원했는데 엉뚱하게도 그룹의 기획조정실이란 곳에서 연락이 왔다. 무엇보다 고대신문 기자로 활동한 고고한 경력의 가치를 찬양하는 말에 홀딱 넘어가서 발을 들여놓은 두 번째 직장 LG. 대학신문 경력을 고이 얹어주겠다는 사보과장의 어설픈 약속은 결국 인사팀의 태클에 걸려서 공수표로 끝났으나 거기서 나는 33년을 일하다 퇴임했고, 자문 계약 기간까지 치면 무려 35년을 몸담는 셈이 된다.

신설 고등학교를 나와서 그 학교 출신으로 고대 땅을 개척한 처지였던 내게는 신입생 환영회를 해주고 학교에 적응하도록 도와주며 서클 활동을 같이 하자고 이끌어줄 선배 하나 없었는데 고대신문 기자가 되니 그런 외로움이나 서러움을 느낄 여유가 없을 정도로 바빠서 좋았다. 수습기자 시절에는 신문사에 먼저 들어와서 '수습 딱지'를 떼고 기자가 된 학번 동기들이 얼마나 부러웠는지 모른다. 데스크가 원고지에 빨간 글씨로 'Back'이라고 갈겨쓴 낙인이 찍힌 원고가 돌아올 때마다 도대체 내가 무엇을 잘못했을까 찾아내려고 고심하고 궁리하던 기억이 생생하다. 그것이 내 문장력을 키우는 데 얼마나 도움이 되었는지는 모르겠지만, 적어도 어떤 사건을 여러 다른 관점에서 바라볼 수 있는 훈련은 되었을 터이다.

사보가 뭔지도 모르고 입사한 '완전초보'를 남겨두고 사수는 신입 받은 지 일주일 만에 환송회를 마치고 미국 이민을 갔다. 내 자리 뒤로 과장과 부장이 앉아 있긴 했지만 그들은 말 그대로 관리자였고, 실무는 편집기자와 사진기자 딱 두 명. 그중에 편집계획과 원고청탁, 취재와 기사 작성, 편집, 교정 등 전 과정을 담당하던 기자가 사표를 던졌으니 얼마나 다급했을까. 지금도 그렇지만 대기업에 들어가면 그룹연수원에서 신입사원 필수교육이란 걸 2주간쯤 받는데 부서 상황이 얼마나 급박했는지 나는 출근 첫날부터 실무에 투입됐으니 내 인사기록부엔 신입사원교육 받은 기록이 아예 없다. 매달 수만 부를 찍어

정윤석

서 그룹의 전 직원들에게 배포하는 70여 페이지의 잡지를 혼자서 기획하고 취재하고 편집하고 만드는 고된 일이 시작되었다. 그러나 내가 누군가? 일주일에 한번 혹독한 산고를 겪으며 고대신문을 만들던 역전의 용사에게 월간 잡지쯤이야……. 자리에 앉아 있을 틈이 없이 취재하고 원고 받으러 다니고 충무로 사진식자 업체, 사진제판 업체, 인쇄소 뛰어다니며 낮밤도 평일 휴일도 없이 몸이 부서지게 일했지만 피곤한 줄 몰랐다. 그 무렵 만난 아내가 내 눈에 섬광이 튀었고 회사 일로 입만 열면 화염 같은 말이 쏟아져 이 사람 아니면 회사가 무너지겠구나 하는 생각이 들었다고 할 정도로…….

소주 나발 신고식으로 세례를 받고 고대신문 기자가 되어 신문을 만들면서 또 한 가지 몸에 밴 습관이 있다면 무엇을 하든 즐겁게 최선을 다하고 최고를 추구하는 태도가 아닌가 싶다. 고대신문 사호에 나와 있지 않은가? "리멤버 오자 오식 정정 캔트!" 마치 명품을 만드는 장인처럼 한 땀 한 땀 정성을 다하는 완벽주의자가 아니면 고대신문에서 버틸 수 없었으니 말이다. 그뿐인가. 신문을 만들며 자유, 정의, 진리의 고대정신이 체화되고 책임감, 절제, 균형감각도 알게 모르게 몸에 배었다.

서울 올림픽이 열리던 해 입사 5년 만에 과장으로 승진하면서 금성사(현재의 LG전자) 홍보기획과장으로 발령이 났다. 사보 발간 외에 기획홍보 업무를 맡아서 재미나게 일했다. 올림픽에 참가한 선수와 기자들에게 우리 공장 견학을 시키고 민속촌으로 데리고 가서 한국의 전통문화를 체험하게 한 일이 기억에 남는다. 강릉 단오제, 부여-공주의 백제문화제, 경주 신라문화제 같은 우리나라의 대표적인 지역축제의 특성을 살리고 격을 높이기 위해서 역사상 인물의 가장행렬 또는 공연 프로그램을 기획해서 협찬하는 일도 보람이 있었다.

금성사로 옮긴 이듬해인 1989년 창원공장에서 대규모 노사분규가 터지고 노사 갈등이 깊어지자 내가 기획조정실에서 모시던 사장이 해결사로 부임해왔다. 그가 어느 날 일개 과장에 지나지 않았던 나를 불러서 두 가지 주문을 했다. 사장의 말이 현장에 신속히 전달되고 사장도 현장의 목소리를 생생하게 들어야 하니 그때까지 한 달에 한 번씩 발간하던 사보를 일주일에 한 번씩 냈으면 좋겠다는 것이고, 사장의 메시지를 담당하는 스피치라이터 역할을 나더러 맡아달라고 했다. 이 업무만큼은 부장-상무-전무의 지휘라인을 건너뛰어 사장과 직접 소통했다. 수시로 불려가거나 전화로 지시를 받고 어떤 때는 사장이 내 자리로 찾아오기까지 했다. 그때는 내가 사장인 듯이 일했던 것 같다. 사장처럼 생각하고 그의 속마음까지 읽어서 표현해야 하니 글쓰기가 한마디로 고단했으나 그것 또한 남다르게 일할 수 있는 능력이 되었을 터이다.

고난의 행군이었다. 고대신문을 만들 때는 조판-편집-인쇄까지 일관화된 공정을 가진 조선일보 외간부만 상대하면 됐는데 편집디자인과 사진식자, 제판, 인쇄소, 제본소로 분업화된 업체를 다 동원하여 주간지를 만들어내려니 죽을 지경이었다. 휴일은 반납했고 일주일에 하루 이틀은 밤을 새거나 새벽에 일이 끝나고 나서야 인천행 총알택시를 탔다. 그렇게 만들어진 주간 사보는 특송으로 전국 사업장에 배포됐고 해외 법인과 지사에는 팩스로 날렸다. 나는 사장이 주재하는 모든 회의에 녹음기를 들고 참석해서 그가 내뱉는 말을 그대로 문장으로 만들어 사보에 실었고 현장에서 올라오는 거친 쓴소리도 가감 없이 전했다. 사보가 진정한 소통의 채널로서 노사협력과 경영혁신의 중심에 선 것이다. 몸은 지쳤으나 행복했고 보람이 컸다. 고대신문 기자 시절 신문이 나오는 날이면 홍보관 앞에 길게 줄을 서는 학우들의 행렬을 바라보면서 가슴에 차오르던 희열을 회사 일에서 느끼다니……

정윤석

내가 도서관과 맺어진 인연은 숙명인가 싶다. 1992년, 이듬해로 다가온 금성사 창립 35주년을 기념할 사업을 구상하고 실행할 위원회가 만들어지고 나는 실무간사를 맡게 됐다. 전시성 일회용 행사보다는 무엇인가 사회에 도움이 될 사업을 찾아보자고 했다. 내가 위원회에 제시한 아이디어는 '전자도서관'이었다. 금성사가 국내 최초로 CD-ROM 드라이브를 장착한 컴퓨터를 '멀티미디어 PC'라는 이름으로 내놓은 시기였다. 그 PC와 비디오, 오디오기기 등 전자제품만으로 구성한 공간을 계획했다. 그러나 어디에다 부지를 사서 어느 세월에 지을 것인가. 어마어마한 예산도 문제였다. 나는 국가대표 도서관인 국립중앙도서관에서 공간을 제공하고 우리가 시설을 해주면 되지 않겠느냐는 차선책을 냈고, 그대로 추진됐다.

우연히도 이 무렵 그룹 총수가 자신이 살던 종로구 원서동 저택을 사회공헌 사업을 위해 재단에 기부하고 그 건물에 무엇을 할 것인가 검토하다가 그룹과 관계있는 화학, 전기전자 분야의 전문 도서관을 만드는 안을 채택했던 것 같다. 재단의 상임이사를 맡고 있던 고대 선배가 나를 불러 그 프로젝트의 책임자를 맡아달라고 부탁했다. 일단 만들어놓으면 도서관장으로 정년까지 편하게 지낼 수 있다는 감언이설로 꾀었다. 도서관에 문외한인 내가 적임자가 아니라는 판단도 있었지만 그보다는 사장을 비롯한 최고경영층의 총애를 받으며 한창 잘나가던 내가 굳이 자리를 옮길 이유가 없었다. 내가 가고 싶어도 사장께서 놓아주지 않을 것이라는 말로 에둘러서 거절의 뜻을 밝혔지만 오래지 않아서 그룹 회장실의 전입 협조 요청 공문이 왔고, 아니나 다를까 노발대발한 사장은 회장실의 요청을 일언지하에 거부하며 맞섰다. 그러나 한국의 기업풍토에서 그룹 회장이 쓰겠다는데 어느 계열사 사장이 안 된다고 하고 당사자가 못 가겠다고 감히 버틸 수 있겠는가. 보내라, 못 보낸다 하면서 밀고 당기기를 두 달여. 결국 내가 회사를 옮기더라도 당분간은 금성사 사장 스피치라이터 일을 병행한다는 말도 안 되는 조건을 당사자의 의사와 상관없이 자기들끼리 합의하고 나를 '양도양수'했다. 이제 지긋지긋한 글쓰기에서는 벗어나겠구나 싶었는데 어깨에 더 큰 짐이 지워진 것이다.

편집회의 분위기는 살벌했다. 비판과 논쟁의 불꽃이 튀었다. 그 긴장감 속에서 고대신문이 내게 훈련시키고 키워준 것은 치밀한 기획 능력과 풍부한 상상력을 바탕으로 한 창의력이었다. 일곱 번 퇴짜를 당해도 여덟 번 다시 치열하게 고민하며 새로운 아이디어를 짜내는 '칠퇴팔기(七退八企)'의 정신, 남이 안 가본 길도 용기 있게 개척하고 실패마저 자기개발과 성장의 밑거름으로 삼는 도전정신이 그때 키워졌을 것이다. 쉽게 말해 '깡다구'라고나 할까.

암담했다. 원서동 회장 집을 철거하고 그 대지에 현대식 도서관 건물을 올릴 요량으로 설계도를 그려서 보고하러 갔더니 회장이 펄쩍 뛰었다. 그 집이 어떤 집인데 헐려고 하느냐, 잔말 말고 그 모습 그대로 남겨두라고 했다. 아무리 재벌가의 저택이라지만 도서관의 기본적인 시설인 서고와 서가, 법정 열람실과 직원들의 근무 공간 등을 넣으려면 턱없이 작은데 말이다. 결론은 났다. PC통신처럼(그때는 아직 인터넷이 일반화되기 전이었다) 정보를 원격 이용하는 도서관을 만드는 수밖에 없었다. 벤치마킹할 모델을 찾으려고 여러 도서관 전문가를 만나고 미국, 유럽, 일본을 뒤져보았지만 헛수고였다. 무슨 배짱이었을까. 그런 도서관이 세상에 없다면 우리가 만들면 되지 않는가 하는 오기가 솟구쳤다. 그렇게 3년의 산고 끝에 탄생한 것이 우리나라 최초의(어쩌면 세계 초유의) 디지털 도서관인 LG상남 도서관이었다. 세계적으로 권위 있는 과학-공학 저널을 수집해서 이미지 데이터로 디지털화해서 저장하고, 이용자들이 손

241　　　　　　정윤석

쉽게 검색해서 자료를 찾아 원문을 얻을 수 있도록 했다. 최신 학술 정보에 목말라 했던 대학, 기업의 연구자들이 환호했고 도서관계가 발칵 뒤집어졌다. 1996년의 일이었다.

도서관에 대한 책 한권 제대로 읽은 적 없고 도서관과 가깝지도 않던 문외한이 시공간을 뛰어넘어서 언제 어디서든 필요한 정보에 접근해 이용할 수 있는 꿈의 도서관을 만든 것이다. 전국의 도서관에서 디지털 도서관이 도대체 뭔지 견학하러 몰려왔고, 사례 발표나 특강에 불려 다니기 바빴다. LG상남도서관의 정체성을 "끝없이 변화하는 미래형 도서관"으로 정했다. 과학기술 전문 연구자로 한정된 도서관 이용자층을 전 국민으로 넓히고 싶었다. 그래서 이공계 기피 현상이 사회문제로 대두될 때 어린이-청소년들이 과학에 흥미를 가지고 친근하게 느낄 수 있도록 해주기 위해 'LG사이언스랜드'라는 서비스를 만들었다. 과학을 아이들이 좋아하는 게임, 노래, 퀴즈, 만화, 동영상 등으로 배우게 하자는 뜻으로 시작했으나 문제는 돈 주고 사려고 해도 콘텐츠가 없었다는 것. 그래서 우리가 직접 콘텐츠를 기획해서 제작했고 우리 도서관은 '콘텐츠를 만드는 도서관'이라는 새로운 별명을 얻었다.

디지털 도서관을 성공적으로 오픈한 뒤에 내가 해보고 싶은 일이 있었다. 책을 읽을 수 없는 시각장애인들에게 소리로 책을 읽어주자, 그래서 디지털 기술로 따뜻한 세상을 만들 수 있다는 걸 알리자, 이런 생각에 사로잡혀 있었다. 그 꿈을 도서관 개관 10주년인 2006년 이루었다. LG의 여러 회사가 재능기부로 공동 참여하는 사회공헌 프로젝트로 추진하여 유비쿼터스 기술을 도서관 서비스에 세계 최초로 접목시킨 '책읽어주는도서관' 서비스를 선보였다. 시각장애인이 언제 어디서든 휴대폰 버튼 하나로 도서관 서버에 접근해 책을 검색해서 다운받아 저장하고 원하는 때에 소리로 들을 수 있는 시대를 연 것이다. 도서관 자료에 접근하기 어려웠던 맹인이 순식간에 정상인을 뛰어

넘는 접근성을 가지게 되었으니 그들에게는 천지가 개벽한 일이었다. 그 덕분에 "지식정보사회 구현을 통하여 국가사회 발전에 이바지한 공로로" 2009년 6월 정보문화의 달 기념식에서 국민훈장 동백장을 받는 영예도 누렸다.

잊지 못할 일도 많다. 고대신문 기자로 취재 중에 간첩 신고를 두 번이나 당했다. 한번은 임양원 동인과 함께 낙도에 사는 사람들의 생활을 취재한다고 전남 신안의 어느 섬에 갔을 때 신고를 받고서 오토바이를 타고 달려온 경찰관에게 검문을 당했으며, 또 한 번은 서명숙, 백완승 동인과 함께 강원도 주문진 항으로 취재를 가서 항구에서 일하는 사람들에게 이것저것 묻고 다니다가 거동 수상자로 몰려 경찰서에 연행되기도 했다. 고대신문에 술이 센 여기자가 있다는 말을 듣고 결투를 신청한 연세춘추 기자를 고려여관 방에서 토사곽란의 밤을 보내게 한 백완승 동인의 완승을 지켜보며 밤새 남의 배설물을 치우던 일도 생각난다. 우리의 아지트였던 고모집, 만춘루, 고려여관에 얽힌 이야기를 하자면 끝이 없을 것이다. 1979년 1월 대학신문 최초의 해외취재라는 거창한 명분을 걸고 김방웅 부주간의 인솔로 임양원, 김대호 동인과 함께 중동에 갔던 일도 잊을 수 없다. 사우디아라비아, 쿠웨이트, 바레인 등 열사의 사막에서 일하는 한국 건설업체의 근로자들과 교우들을 만나 취재했는데 그 당시만 해도 일반 국민 특히 병역의무 미필자가 해외여행을 한다는 것은 지극히 드문 일이었다. 그때 받았던 단수여권은 나름 사료가 되지 않을까 생각하여 고이 간직하다가 최근에 고대박물관에 기증했다.

도서관 프로젝트의 성공에 힘입어서 2001년 입사 18년 만에 임원으로 승진했다. 기쁘긴 했지만 도서관장을 겸하면서 공익재단인 LG연암문화재단, LG복지재단, LG상록재단과 더불

정윤석

어 연암대학교와 연암공과대학교를 운영하는 학교법인인 LG 연암학원의 업무까지 챙기게 되니 몸과 마음이 더욱 바빠졌다. 그 이후 2012년 전무로 승진하고 2015년 말 퇴임할 때까지 15년 동안 임원으로 일했으니 직장인으로서는 어지간히 성공한 셈이다. 영리를 추구하는 기업에서 30여 년간 녹을 먹으며 이전투구의 전장에 머물지 않고 오로지 국가와 사회의 발전에 공헌하는 일만 생각하고 돈 쓸 궁리만 하면서도 남들 부러워하는 지위까지 다 누려보았으니 난 얼마나 복 받은 사람인가. 그런 나에게 퇴임 후 또 하나의 행운이 찾아들었다. 강남대학교에서 문헌정보학과 석좌교수 제의를 해온 것이다. 문헌정보학 학위도 없고 대학 강의 경험 또한 없는 내게 과분한 영예이지만 냉큼 받아들였다. 비록 이론적 바탕은 약하지만 20여 년간 도서관장을 하면서 이루어온 실무 성과와 국립중앙도서관 자료심의위원회, 국회도서관 발전자문위원회, 서울시 도서관정보위원회, 대통령 소속 도서관정보정책위원회의 자문위원으로 봉사하면서 보고 듣고 고민해온 것들을 학생들에게 나누어주는 것은 의미 있는 일이 아니겠는가 싶어서 수락했는데 강의 준비 과정이 너무 힘들고 시간 소비도 많아서 너무 쉽게 결정했구나 하는 후회에 휩싸여 있다.

글을 쓰다가 보니 고대신문이 창간된 70년 전 1947년 그해가 바로 내가 평생직장으로 다녔던 회사가 창립된 해였음을 새삼 깨닫고 이런 우연이 있나 싶어서 무릎을 쳤다. 고대신문 기자로 일하며 젊음을 활활 태워서 충전한 에너지가 내 전 인생의 동력으로 삶을 이끌어왔음도 고백하지 않을 수 없다. 그래서 감사한다, 고대신문! 사랑한다, 고대신문!

지금도 나는 기자를 꿈꾼다

조영석

영문 86 | 아시아나항공 상무이사

#1. 나는 기자였다. 그리고 홍보맨이 되었다. 일간지 기자 시험 두 번 낙방하고 항공사에 입사했다. 신입사원을 대상으로 한 글이 사보에 실리고 홍보실로 배속되었다. 그렇게 훌쩍, 기자의 파트너로 25년이 흘렀다.

기자로 살고 싶어 했다. 신출내기 홍보맨은 늘 갈등했다. '45분 칼라'에서 인화한 행사 사진과 보도 자료를 들고 언론사를 '마와리(배정받은 출입처)' 돌 때마다 마음은 흔들렸다. 특히 옛 한국일보 사옥 5층 편집국으로 올라가는 계단에 걸려 있던 백상(百想) 어록을 읽을 때마다 가슴이 벌렁거렸다. "특종은 새벽 세 시 반에 나온다." 데스크 책상 위로 자료를 던지고 돌아 나오는 뒤통수는 늘 뜨끔거렸다. 나는 누구인가. 내가 있어야 할 곳은 어디인가.

참을 수 없어 팔랑거리던 마음을 잡아 준 건, 아이러니하게도 직장에 닥친 위기였다. 입사 후 1년이 채 안된 시점에 항공기 사고가 났다. "회사에 무슨 일이 난 겁니까?" 한적한 평일 오후 사무실에 뛰어들어온 방송사 기자는 정작 내용도 모르고 쳐들어왔다. 이후 한 달여 사고 수습을 위한 불면의 밤이 이어졌다. 모 일간지 헤드라인은 '44명 살았다'로 나왔다. 생존자에 방점이 찍히자 이후 구조작업 과정의 미담이 이어졌고, 회사의

조영석

신속한 사과와 수습 대책 등이 나오면서 신생 항공사의 사고 수습은 훗날 위기관리의 모범사례로 남았다. 기사 한 줄, 헤드라인 한 줄이 한 조직의 명운을 좌우할 수 있다는 걸 느꼈다. 무엇보다 위기 때 동고동락했던 선배들을 등지고 내가 언론사를 기웃거릴 수는 없었다. 이후 나는 홍보맨으로 남았다.

기자 같은 홍보맨이 되자. 방향이 분명해졌다. '미다시(제목)'가 바로 나오는 기사거리를 발굴하고 추가 취재가 필요 없이 딱 떨어지는 보도 자료를 써내자고 마음먹었다. 공항과 과천청사 기자실에서 기자들과 한솥밥을 먹었고 취재 현장을 함께했다. 그것으로 헛헛함이 다 채워지지는 않았다. 홍보 짬밥이 늘어가면서 스스로에게 미션(과제)을 부여했다.

술에 취해 귀가하는 택시 안에서 "세상은 종종 몰상식하다. 언론도 그러하다"고 적었다. 사실과 의견을 구분하지 못하는 기자들, 마감에 쫓겨 날림으로 생산되는 기사들. 성난 시민 한 명과 시민단체 그리고 실정 모르는 교수의 코멘트만 있으면 한쪽으로 각이 잡힌 기사들이 마구 쏟아져 나왔다. 나의 파트너들이 저널리즘의 중심을 놓치지 않도록 작은 자극을 주는 일을 하자고 다짐했다. 소시민이자 한낱 홍보맨이 할 수 있는 언론 밖의 '언론개혁 운동'이라고 의미를 부여했다.

몇 가지 사례들이 있다. 허락 없는 전화 녹취 보도에 맞섰다. 기자에게 장문의 메일을 보냈고 기자 역시 짧지 않은 사과 메일을 보내왔다. 이후 나쁜 관행을 끊었는지는 알 수 없으나 절절히 보내온 반성의 행간은 그의 변화를 예고했다. 그러면 됐다. 어쨌거나 나의 메일은 늘어 갔다.

팩트(사실)와 의견을 구분하지 못하는 기자들과의 논쟁도 포기하지 않았다. 사실의 힘은 기자들만의 몫은 아니라는 점, 어떤 개인이나 조직이라도 사실에 근거하면 힘이 있다고 믿었다. 절망과 포기가 없지 않았으나 의미 있는 논쟁의 결과는 늘 뒤끝이 좋았다. 신뢰가 먼저 오고 변화가 뒤따랐다. 언론인과의 호형호제는 덤으로 얻었다.

강산이 두 번쯤 바뀌고 언론 지형도 엄청난 변화를 겪었다. 방송이 신문을 압도하는가 싶더니 이제는 포털과 SNS(사회관계망 서비스)가 대세가 되었다. 다매체 시대를 넘어 1인 미디어 시대가 만개했다. '매체 관리' 홍보는 수명을 다했다. '콘텐츠 관리'가 중요해졌고 팔로어(Follower)와 좋아요(Like)를 챙겨야 하는 지금도 나는 기자를 꿈꾼다. 그 동력은 무엇인가. 나는 기자였다. 고대신문 기자였다. 대관절 그게 무어란 말인가. 건조하기 그지없어 건들면 바삭거리며 부서져버릴 것 같았던 나의 20대, 그 한복판에 고대신문이 있었다.

#2. 고대신문 수습기자 교육 끝에 배정받은 첫 출입처는 '학생복지위원회'였다. 학내 간이매점 음료자판기(디스펜서) 가격이 오른다는 내용을 원고지 다섯 장에 채웠다. 뉴스 가치를 가늠한 부장 손에서 분량이 대폭 줄었다. 그런데도 2단 기사가 됐다. 편집회의에서 국장은 취재부장을 깼다. 발로 뛴 꼼꼼한 취재는 뉴스 밸류를 넘는 지면을 허락받는다고 나는 믿기로 했다. 무모했다.

빈민가에서 어려운 사람들을 위한 목회 활동을 하는 청년 목사 이야기를 들었다. 물어물어 찾아간 성남의 한 개척교회에서 그를 만났다. 이야기를 나누다 차가 끊겼다. 시간가는 줄 몰랐던 그와의 인터뷰는 '이 사람을 만난다' 코너에 실렸다. 고되었으나 뿌듯했다. 훗날 그가 '외국인 노동자 지원센터'를 설립하고 이주 노동자의 대부가 되었으나, 이주 노동자를 성추행한 혐의로 사직했다는 소식을 접했다. 내 귀에는 한 시대가 꺾이는 환청이 들렸다.

동학농민전쟁 특별취재는 제주 4.3항쟁과 함께 당대 가장 위험한 기획물이었다. 동학운동을 농민전쟁의 시각에서 다루는

조영석

것은 학문적으로 의미 있는 시도였지만, 당국에선 불온하게 여겼다. 폭정에 맞선 저항의 상징이었던 '만석보'를 찾아가는 날, 눈앞을 구분하기 어려운 폭우가 쏟아졌다. 사진기자의 앵글에는 물방울이 튀었고, 우리는 영화 '고래사냥'의 한 장면처럼, 지나던 트럭 짐칸에 몸을 싣고 신태인 삼거리로 향했다. 난생 가장 큰 비를 맞았던 날이다. 젖었으나 뜨거웠다.

1989년은 온통 '학원 민주화 운동'의 진통을 앓던 한 해로 기록되어 마땅하다. 신년호부터 총장선출 방안 점검 기획기사가 나가고, 졸업 호와 개강 호 지면도 같은 이슈로 들끓었다. 학내 제 단체의 반발과 농성 끝에 고대 역사상 학내문제로 첫 휴업령이 떨어진다. 이후 고대신문의 논조는 강경 일변도로 치닫는다. 발행인인 총장의 퇴진을 요구하는 사설을 1면에 실었다. 한 일간지는 이를 두고 '패륜적'이라는 표현을 썼다. 24일 만에 휴업령은 철회되었으나, 총장도 발행인도 바뀌지 않았다. 세상도, 우리도, 과격했다.

민주화 운동 이후 대학언론의 편집자율권이 모처럼 만개되었고 정부는 이를 못마땅하게 생각했다. 학생 편집장을 직접 처벌하겠다는 문교부(교육부)의 발표가 있었고, 조선대 교지편집장이 의문의 변사체로 발견되면서 전국의 대학언론인들은 분노했다. 1989년 5월 전국의 대학언론인 1천5백 명이 대규모 연합집회를 열었다. 집행부 일부에서 폭력투쟁을 제안했다. 의장단 일원이었던 나는 끝내 동의하지 않았다. 팔자에 없는 혈서까지 써야 했지만, 폭력 투쟁은 용인하지 않았다. '펜 대신 화염병을 든 대학언론', 이런 프레임이 씌워지면 헤어나기 어렵다고 맞섰다. 비겁했다.

정부에서 운영하는 대학언론 편집/보도국장 공산권 견학 프로그램이 있었다. 난생처음 여권까지 만들고 안기부(국정원) 안보교육까지 받고 출국하기 하루 전, 모처에서 수상한 기류가 있다는 전갈을 받았다. 다음날 나는 공항 나가길 포기했다. 공항에 나갔던 대학언론 국장 몇 명이 연행되고 구속되었다. 비루했다.

자유언론실천 대학신문기자연합회 차원의 '광고 운동'이 일었다. 상업적 광고를 지양하고 이에 동의하는 광고 대행사를 세우자는 것이었다. 고대신문은 장고에 들어갔다. 취지에 공감하나 이상적이었을 뿐만 아니라, 기존 대행사와의 계약을 위반할 수는 없었다. 나는 버텼다. 퇴임 이후 이 문제로 신문 발행에 파행을 겪게 된다. 비록 후임 편집국장의 결정이었지만, 씨앗은 이미 앞서 움텄다. 나는 일찍이 그 씨앗의 삿되고 삿되지 아니함을 살피지 않았다. 나쁜 결정보다 더 나쁜 것은 늦은 결정이다. 누구는 '폭탄 돌리기'라고 했다. 누구는 내게 '전두환 같은 X'라고 했다. 그 말은 매우 적절치 않았으나 또 그 말은 매우 적확했다. 그 말에 맞아 나는 헛구역질을 했고 비틀거렸다.

#3. 내가 고대신문 기자였던 시간은 정확히 953일이다. 근 천 일간 나는 그곳 사람들을 사랑했다. 고려대학교 홍보관 2층의 50평 남짓한 공간. 강의실이나 서클룸, 잔디밭에서 만날 수 없는 유니크한 문화적 자극을 받았고 지적 자존심에 상처를 받았다. 그 자극과 상처에 새살이 돋고 나는 건강해졌다. 그곳에서 나는 무모했고 뜨거웠으며 과격했고 비겁했으며 비루했고 사랑했다. 그것들은 고스란히 내가 되었다. 고대신문을 투과한 성분의 내가 되었다. 그 알갱이들은 빚이로되 갚아지지 않았다. 하여 이렇게 해묵은 반성문을 구태여 남긴다.

조영석

10월 유신 이후 최초의 시위와 첫 농성 취재

최광식

사학 72 | 전 문화부 장관,
고려대학교 사학과 교수

1970년대 초반 위수령과 10월 유신으로 나라는 어수선하고 오랫동안의 군사정권의 강압 아래 대학생들은 우울한 나날을 보내고 있었다. 특히 고려대학교는 군사정권에 저항하면서 더욱 어려운 시절을 보내고 있었다. 1971년에는 군인들이 처음으로 고려대 캠퍼스에 진입하여 학생들을 구타하고, 연행하면서 학문의 전당을 유린하는 초유의 사태가 발발하였다. 더구나 1972년 10월 유신을 강행하면서 한국의 민주주의는 막을 내리는 듯하였다. 10월 유신 이후에는 어떤 집회도 허락하지 않았으며, 만약 이를 어기면 국가 내란 선동으로 몰아 반국가적 행위로 구속하고 감옥에 집어넣어 아무 소리도 낼 수 없게 만들었다. 소위 '고려대 NH회' 사건은 1973년 봄 함상근 등 고려대 학생들을 임의동행 형식으로 서울시경 대공분실이나 중앙정보부에 강제로 연행하여 조사를 하여, 이들을 내란 음모 및 내란 선동 등 혐의로 구속하고 형을 집행한 것이다.

이런 시기에 고대신문 기자가 된 나는 어수선한 분위기속에서도 기자의 소임을 다하며, 교수님들이나 선배 등에게서 여러 가지를 배우려고 나름의 노력을 하였다. 독서토론회인 호박회 토론을 취재하러 가서 학생들의 토론을 보고 토론에 참여도 하고, 결국 회원으로 가입하여 황현산(불문과), 최동호(국문과), 이상수(법학과) 선배와 같은 좋은 선배들을 만날 수 있었다. 여름에는 불교학생회가 10년 만에 월정사에 하계 수련회를 가는데 동행 취재를 하여 그 수련 내용을 기사로 쓰고, 불교에 매료되어 불자가 되기도 하였다. 또한 근대화 기획기사를 담당하여 근대화와 관련된 많은 전문가들을 직접 만나 좋은 의견을 듣는 행운을 누리기도 하였다. 그때 만난 분들은 조기준, 조동필, 신일철, 안병직 등 당시 우리나라 최고의 석학들이었다. 원고를 부탁하고, 원고를 찾아오는 과정에서 그분들을 직접 뵙고, 이런저런 좋은 가르침을 받을 수 있었다. 당시에는 강의가 제대로 이루어지지 않아 강의실에서 배운 것보다 호박회에서 일주일에 한 번씩 읽는 책과 토론 내용, 그리고 고대신문 기자로서 취재하고, 만난 분들에게서 배운 것이 더 많았던 것 같다.

그러던 중 1973년 가을 10월 유신이 감행된 1년이 된 날, 학생들이 본관 3층에서 농성 시위를 하고 있으니 취재를 하고 오라는 전갈이 왔다. 나는 '역시 고대답구나!' 하는 생각을 하며 다소 흥분된 상태로 수습기자인 김성수(신문방송학과)와 본관으로 달려갔다. 그때가 오후 3시쯤 되었는데 본관 3층 서편 강의실에 몇십 명이 모여 '유신철폐' 구호를 외쳐대며 농성을 하고 있었고, 그 아래에서는 몇십 명이 모여 그들을 응원하며 함께 구호를 외치고 애국가와 교가 및 응원가를 부르고 있었다. 그러다 5시쯤이 되자 아래에서 본관 3층 학생들에게 빵과 우유를 던져주거나 줄을 활용하여 보내주었다. 이는 아마 이것으로 저녁식사를 하고 철야 농성을 하도록 격려하고 지원하는 뜻이라고 생각하여 이 사태가 오래 가겠구나 생각하였다.

그러나 6시쯤 아래에 있었던 학생들이 뿔뿔이 흩어지자, 교직원들이 본관 3층 강의실의 바리케이트를 부수려고 시도하였다. 그러자 수습기자 김성수가 이대로 두면 농성이 무너질테니 도서관에 가서 공부하고 있는 학생들을 데리고 오자고 하여 도서관으로 향하였다. 거기서 학생들에게 고대신문 기자라는 것

　　최광식

을 밝히고 당시 상황을 설명하고 따라올 사람은 따라오라고 하니 백여 명이 따라 나왔다. 우리가 본관 앞에 모여 구호를 외치고 교가를 부르니 바리케이트를 부수던 교직원들이 본관 앞으로 달려 나왔다, 그래서 우리가 교문 쪽으로 나아가니 교직원들이 따라와 교문 밖으로 나가서는 정말 학교가 곤란해진다고 사정을 하였다. 그래서 우리는 본관 앞으로 다시 돌아가 구호를 외치고 노래를 부르며, 본관 3층에 있는 학생들이 농성을 이어 나가도록 격려를 하였다. 그러다 10시쯤이 되자 학교 측에서 내일 아침까지 농성장을 그대로 둘테니 학생들은 학교버스를 타고 귀가하라고 하여 귀가를 하였다. 그러나 우리가 귀가하자 농성장의 바리케이트는 뚫렸고, 농성하던 학생들은 해산되었다. 다음 날 학교에 오니 고대신문 기자가 데모를 주동하였다고 소문이 나고, 간사에게 불려가 "신문기자는 보도를 하는 것이다. 데모를 하는 것은 기자 본분에 어긋나는 것이라며 사표를 내라."고 하였으나 나는 잘못한 것이 없다며 버티었다. 이때 우연히 홍보관 앞에서, 제적을 당하였다가 복학한 이상수 선배를 만났는데 상기된 내 모습을 보고 묻길래 자초지종을 이야기하니 "집에 가지 말고, 친한 친구 집에 가지 말고 일단 피하라"며 갖고 있던 돈을 몽땅 나에게 주었다. 그제야 이거 큰 일이 났구나 실감을 하며, 그래도 어머니에게는 말씀을 드려야 할 것 같아 집에 가서 여행 좀 다녀오겠다고 하고 비상금을 챙겨 나왔는데 갈 곳이 마땅치 않았다. 그해 여름에 제주도에 갔다가 만난 친구가 있는데 이 친구는 가족이 모두 이민을 갔는데 병역 문제 때문에 이민을 가지 못하고 여행을 하며 시간을 보내는 친구였다. 그 친구 집에서 일주일 정도 지내니 부담이 되는 것 같아 대구에 있는 이모집에 가서 시간을 보내며 그동안 가보고 싶었던 팔공산과 동화사, 경주와 해인사 등 문화 유적지 답사를 하였다. 그러면서 신문을 계속 보았으나 그날의 일들과 관련된 기사가 보이지 않았다. 한 달이 지나자 외삼촌에게 연락을 하여 알아보니 이 사건은 별로 알려지지 않았으며, 오히려 알려지지 않도록 쉬쉬하는 것 같다는 것이다. 그래서 서울로 돌아와서 신문사에 나가니 아무 일도 없었다는 분위기였으나 고대신문에 누가 될까봐 사표를 제출하였다.

　이 농성과 시위는 10월 유신 이후 우리나라에서 처음으로 있었던 데모사건이었으나 알려지지가 않았다. 그래서 1995년 고려대 교수가 되고 나서 이런저런 자리에서 이야기를 하였더니 2005년 고려대학교 100년주년 기념사업으로 100년사 편찬을 하면서 민주화 학생운동사 부분을 맡은 정태헌 교수가 이송순 박사를 보내 당시의 상황에 대해 인터뷰를 하였다. 그런데 이를 입증할 증인이 필요하다는 것이다. 당시에 같이 있었던 김성수 수습기자와 본관 3층에서 농성하고 있었던 학생의 인터뷰가 있어야 한다는 것이다. 그런데 그때는 김성수 기자의 연락처를 몰랐으며, 더구나 본관 3층에 누가 있었는지 전혀 몰랐다. 그러다 2007년 고대신문 60주년 기념사업을 하면서 신영원 동인회장이 고려대 박물관장인 나를 찾아와 전시회를 하자고 하여 동인회 사람들을 만났으며, 마침내 김성수 동인을 만나 그 당시의 상황에 대해 오랜만에 회포를 풀며 사실 확인을 하였다.그러나 본관 3층에 누가 있었는지는 그도 몰랐다. 그러다 2016년 고대신문 69주년 기념식에 고대신문 동인인 정세균 국회의장이 참석하여 같은 테이블에 앉아 식사를 하다가 이 이야기를 꺼냈더니 당시에 자기가 본관 3층 강의실 안에 있었다는 것이다. 정세균 의장은 당시 고려대 총학생회장으로 강의실 안에 각 단과대 학생회장과 학생회 간부 등 20여명이 있었다는 것이다. 그리고 그날 10시가 넘어 바리케이트가 뚫렸으며, 다음날 학교측에서 농성을 하던 학생회 간부 전원을 제주도로 소위 '산업시찰'을 보내주어 일주일간 있었다는 것이다. 그리고 돌아와서는 그 사건을 불문에 부치기로 하였다는 것이다. 정세균 의장의 생각은 아마 이것이 알려지면 10월 유신 이후 최초

　　　　　　최광식

의 시위와 농성이 되므로 관계자들이 대책회의를 통하여 이를 공개하지 않고 덮으려고 하였던 같다고 보았다. 2017년 고대신문 70주년을 맞이하여 1973년 10월에 있었던 사건을 44년이 지나 특종 기사를 보도하는 기분으로 마치니 나는 이제 고대신문 기자의 소임을 다한 것 같아 홀가분하다. 또한 당시 사건의 취재원인 정세균 국회의장과 취재자인 김성수 동인의 확인을 받아 고대신문 동인회장인 내가 이 사건을 최초로 보도하는데 그 사건의 중심에 고대신문 기자와 동인들이 있었다는 것이 너무 자랑스럽다.

28년 전 대학생의 낭만, 그리고
최백호의 낭만에 대하여

최재현

사학 88 | 스타트업 Bezib 대표

"서로 다 확인했습니까? 옆에 모르는 사람 있는지 확인하세요."

행여 한마디라도 놓칠세라 나는 귀를 쫑긋 세웠다. 다음날은 세계청년학생 축전 참가를 준비하기 위한 남북 대학생 실무회담이 판문점에서 열리기로 되어 있는 날이다. 실무회담에 참가할 전국대학생대표자협의회(이하 전대협) 간부들이 갖는 사전 미팅에서 혹시 불순분자(?)가 없는지 확인하는 중이다. 세계청년학생 축전은 4년마다 혹은 부정기적으로 열리는 사회주의권 국가의 대대적인 청년 행사로 1989년 대회는 평양에서 개최될 예정이었다.

서울대 총학생회실에 모인 학생들 중에 학생기자는 나를 포함하여 셋뿐이었고 나머지 20여 명은 모두 전대협 소속이라 시선은 학생기자들에게 쏠렸다. 대학신문 기자들로만 구성된 공동기자단이라는 설명을 누군가가 해준 뒤에야 안도하는 듯 했다. 대규모 집회나 가두시위를 준비할 때는 항상 보안을 유지하면서 긴장 상태에서 움직이는 것을 많이 보아왔지만 이날은 유독 더했다. 정부는 한 달 전 예정되었던 회담 시도 때와 마찬가지로 이번에도 불허했고 전대협은 강행하려는 입장이라 충돌이 불가피해 보였기 때문일 것이다. 정부의 반대에도 불구하고 판문점에 가서 북한 대학생들과 회담을 하겠다니, 사실 이건 계란으로 바위치기였다.

제일 높은 건물로 가라고?

실무회담 대표 김상국이 좌중을 쓰윽 둘러보더니만 종이와 펜을 달라고 했다. 그는 받아 든 A4용지에 조그맣게 H-CH 라고 쓴 뒤 나지막이 얘기했다. "지금 이리로 이동하면 됩니다. 각자 흩어져서 최소인원 단위로 이동해주세요." 어이가 없었다. CH는 총학생회 같은데 H는 도대체 어디란 말인가. 한양대, 홍익대, 아니면 한성대? 사실 지리적으로 보면 판문점으로 가기에는 홍익대가 가장 좋은 위치다. 하지만 서울에 올라온 지 1년밖에 안된 나에게 그런 센스가 있을 리도 없거니와 혹시나 엉뚱한데 가서 시쳇말로 물을 먹는다면 그건 기자로서 용납할 수 없는 일이라 마음이 다급해졌다.

"저기 잠깐만요, 힌트 좀 주세요." 안되겠다 싶어선지 누군가가 소리쳤다. 고마웠다. "학내문제로 좀 시끄럽습니다. 제일 높은 건물로 가세요." 모두가 그제서야 알아들었다. 당시 홍익대는 등록금 인상 문제로 극심한 내통을 겪고 있었다. 총장실이 점거되었고 수업거부로 인해 정상적으로 학사가 진행되지 못하고 있었다. '아, 오늘은 거기서 자고 내일 아침에 같이 출발하는구나.' 정보기관의 도청으로 인한 노이로제 때문에 중요한 정보는 필사로 전하던 시절의 해프닝이었다.

홍익대에서 가장 높은 건물인 본관은 밤 열 시가 넘은 시각인데도 철야농성중인 학생들로 인해 불야성을 이루고 있었다. 총장실로 들어서니 푹신한 카펫이 먼저 눈에 들어왔다. 우리는 삼삼오오 둘러앉아 얘기를 나누며 친해졌다. 몸을 누이자 피곤이 몰려왔다. 그런데 잠이 잘 오지 않았다. 나는 취재를 하기 위해 참가하는 기자라서 별문제 없을 거라고 애써 진정하려 했지만 판문점으로 간다니 걱정을 안 할 수 없었다. 노태우 정권 역시 전두환 정권과 마찬가지로 학생운동에 대해서는 무자비하게 탄압했다.

부모님 얼굴이 떠올라 밤새 뒤척이다 아침에 누군가 흔들어 깨우는 통에 일어났다. "식권 받은 사람들은 가서 아침 식사를 하고 버스가 오면 같이 탑승할 수 있게 대기해주세요." 어디에서 버스를 빌려오는 모양이었다. 생각해보니 기차나 시외버스를 타고 갈 수 있는 곳은 아니니 당연한 일이었다. "입맛 없더라도 아침밥 다 먹어야 합니다. 다음 식사가 언제가 될지는 몰라요." 마지막 한마디는 안 듣는 게 나았다. 가뜩이나 심란한데 그 말을 들으니 더 우울했다. 그날 홍대 학생식당의 아침메뉴는 된장국이었다. 밥을 말아서 후루룩 마시다시피 넘겨버렸다.

아침을 먹고 초조하게 담배를 물고 한참을 기다렸다. 버스는 오지 않았다. 판문점에 가자고 하는 통에 미리 예약해둔 버스가 홍대까지 왔다가 손사래를 치며 내뺐다고 한다. 두어 시간 더 기다리니 성균관대학교라고 큼지막하게 쓰인 학교버스가 왔다. 어떻게 설득했는지는 모르겠지만 나이 지긋한 기사님이 편안한 표정으로 우리를 맞아주었다. 나는 예상했다. '아무리 보안을 철저하게 유지했더라도 안기부나 경찰이 다 알고 있을 것이다. 홍익대 정문을 나서는 순간 이 버스에 탄 사람들은 모두 연행된다.'

아, 그런데 참으로 이상하게도 그러한 일은 일어나지 않았다. 버스는 순조롭게 홍대를 빠져나가 신촌 로터리에서 신호대기를 받으며 잠시 정차했으나 교통경찰도 그냥 우리를 쳐다만 볼 뿐 제지를 않는 것이었다. 우리는 유인물을 창밖으로 던지며 목청이 터져라 노래를 불렀다. 나는 속으로 중얼거렸다. '아, 이러면 안 되는데. 여기서 안 잡히면 판문점까지 가는데. 거기까지 가면 일이 너무 커지는데.' 취재 중인 기자였지만, 그래서 나는 당사자가 아니라고 스스로 위안하고 있었지만, 불안한 건 어쩔 수 없었다. 실무회담 대표와 집행부들은 태극기를 온

257   최재현

몸에 두르고 머리에도 질끈 태극기를 동여맨 채 노래를 부르며 여전히 굳건하게 버스 안을 진두지휘하고 있었다.

나는 운동권학생이 아니라 기자?

버스는 제지당하지 않았고, 난지도로 진입했다. 현재의 상암동 월드컵경기장 인근 지역이다. 상전벽해라는 말이 어울릴 듯하다. 지금의 공원과 아파트 단지를 보면 과연 이곳이 당시의 쓰레기 더미 천지였던 난지도였나 라는 생각이 절로 들 정도이니 말이다. 버스는 질주했고 나의 불안감은 점점 커졌다. 차 한대 보이지 않는 한산한 길을 달리는 버스는 점점 속도가 붙는 듯했다. 버스가 수배 안 되었을 땐 절망하다가 이번에는 판문점으로 달리니 이제는 그게 또 걱정이 되었다. 학생운동의 현장에서 늘 운동권 학생들 주변에 있었지만 나는 기자일 뿐 운동권은 아니라고 생각했다. 기사를 객관적으로 쓰기 위해서이기도 했지만 내가 편해서였던 것이 더 큰 이유였던 것 같다. 그들의 입장을 공감하고 지지하면서도 한 발짝 물러나 나는 기자로서 사진을 찍었고 기사를 썼다. 이것은 비겁해서도 아니고 기회주의적이어서도 아니라는 내 나름의 논리를 가지고 있었고, 혹 누군가 문제제기를 하더라도 나는 그러한 생각을 방어했고 지키려 했다.

그런데, 그날 달리는 버스에서만큼은 혼란스러웠다. 버스라는 작은 공간에서 함께 달리면서 마치 한배를 탄 운명공동체 같은 느낌이 들어서인지도 모르겠다. '학생들의 회담을 왜 막는 거지? 학생들끼리라도 만나야 교류를 하든 통일을 하든 할 것 아닌가. 이번 실무회담은 기필코 성사되었으면 좋겠다!' 나는 맘속에서 이들과 함께 하고 싶었다. 아니 이미 함께 하고 있었다. '그래, 잘된 거야. 그냥 이대로 판문점까지 쭈욱 달려!'

"끼익~ 덜컹!" 달리던 버스가 갑자기 멈추었다. 밖을 내다보니 난지도 검문소였다. 경계근무를 하던 군인이 우리 버스를 보고 깜짝 놀라 급하게 제지시킨 것이었다. 보안유지를 너무 철저하게 한 덕에 검문소에 이르러서야 발각(?)이 된 듯 했다. 두 명의 군인이 버스에 올라타서 눈을 있는 대로 부라리며 큰소리로 "모두 눈감고 머리 박아!"를 외쳤다. "딱! 딱!"영문을 모른 채 눈을 멀뚱멀뚱 뜨고 서로 쳐다보던 학생들이 뒤통수 맞는 소리가 군인들의 욕설과 함께 들렸다. 나는 맞지 않으려고 붉은 색 고대신문 취재수첩으로 머리를 감싼 채 최대한 아래로 숙였다. 버스 안 여기저기서 소란이 일다가 잠잠해질 무렵 또 다른 군인이 버스에 올라탔다. 장교인 듯했다. "야야! 이제 그만하고 옮겨 태워." 뒤를 보니 소위 닭장차라고 불리는 전경버스가 이미 도착해 있었다. 우리는 모두 대기 중이던 버스로 갈아타고 마포경찰서로 직행했다.

경찰서에서 조사를 받고 학생기자라는 신분 덕에 쉽게 풀려났다. 역시 나는 운동권이 아니라 기자였음을 경찰도 인정해줬다고 생각하니 우쭐해지면서 잠시나마 버스 안에서 가졌던 동지애는 바로 사라져버린 듯했다. 마포경찰서 정문을 막 나오려는데 누군가 불러 세웠다. "학생들 배 안고파?" 허기가 느껴졌다. 이끌리듯 리치몬드 제과점에 따라 들어갔다. 빵을 몇 개 허겁지겁 먹어 치우는 걸 물끄러미 보고만 있던 그는 그제서야 자신이 연합통신 기자라는 걸 밝혔고 학생기자들을 통해서 보충취재를 하려고 한다는 것도 얘기했다. '조금 전까지 같이 있던 실무회담 대표들은 아직 경찰서에서 고초를 당하고 있는데 나는 여기서 이렇게 비싸고 맛난 빵을 맘껏 먹고 있다니……'

김상국과 집행부는 구속될 것이 거의 확실했다. 평소 희망대로 운동권 학생들과는 다르게 취급 받아서 안도했지만 시시각각 변하는 나의 의도적이고 인위적인 정체성에 대해 뼈아픈 자책감이 들었던 것은 아직도 아프다. 나는 그 친절한 연합통신 기자에게 그날 집회와 판문점 회담 시도에 대해 상세히 설명해주고 참가자들의 한자 성명까지 모두 다 적어주었다. 조금이라

최재현

도 더 기성 언론에 보도가 되기를 바라는 순수한 의도에서이지 빵을 사줘서 그런 것은 아니라고 자위하는 것도 물론 잊지 않았다.

분단 70년 우리는 어디로 가고 있나?

1989년 봄의 대학가는 통일운동을 주도하는 소위 NL(민족해방)세력들이 전반적으로 학생운동권의 분위기를 주도하고 있던 때였다. 통일 논의가 들불처럼 번진 계기가 되었던 것은 한 해 전인 1988년 서울대 총학생회장 후보로 출마한 김중기가 남북 학생 체육교류를 제안하면서부터였다. 이어서 많은 NL계열 총학생회가 탄생되었고 대학가의 통일운동 논의가 본격화되었다. 어느 학교 총학생회는 NL계열이 당선되고 또 어느 학교는 PD(민중민주)쪽이 당선되었다는 식의 소식이 봄 총학생회 선거철이면 여기저기 대학가에서 뉴스가 되곤 했다.

빵집에서 나온 우리는 다시 서울대로 향했다. 그날은 서울대에서 '김세진 이재호 열사 3주기 추모 및 평양 청년학생축전 참가 결의대회'가 열리는 날이었다. 전국에서 상경투쟁(당시에는 대학생이 집회 참가 목적으로 상경할 때 연행되는 경우가 많아 그냥 '상경'이 아니라 '상경투쟁'이라 했다)을 통해 집결한 전국의 1만 명 이상의 대학생들은 집회를 마치고 청년학생축전 판문점 실무회담을 원천봉쇄한 데 대한 항의로 화염병을 던지며 격렬한 시위를 하고 있었다. 전두환 정권의 탄생을 묵인하고 지원한 미국에 대해 항의했던 21살 김세진 이재호 두 학생의 분신 사망을 추모하고 이들의 유지를 이어 남북화해의 물꼬를 트고자 했던 노력은 또 이렇게 허무하게 진압되었고 대학생들은 저항했다. 이후 김상국이 구속되고 관련자 일제 검거령이 떨어지는 등 정부는 강경하게 대처했다. 실무회담에 실패한 전대협은 두 달 뒤 임수경을 일본과 독일을 거쳐 평양 청년학생축전에 대표로 파견하게 된다.

요즘 한반도에서의 긴장의 수위가 날이 갈수록 높아만 가고 있다. 북한의 ICBM(대륙간 탄도미사일) 시험발사 후 국제사회는 큰 혼란에 빠졌다. 유엔 안보리는 대북제재를 결의하였고 미국과 북한은 연일 거친 발언을 쏟아내며 상대를 자극하고 있다. 남북한 간의 대립과 반목은 도대체 언제쯤이나 해소될 수 있을 것인지 앞이 보이지 않는다. 북한의 도발과 국제사회의 제재는 거의 정해진 패턴 같아 이제는 새로울 것도 없어 오히려 무감각해지는 느낌이다. 남북한 간의 평화와 통일은 여전히 미완의 과제로 남아 우리에게 묻고 있다. 한반도가 분단된 지 70년이 지난 지금 우리는 그 동안 무엇을 했으며 앞으로 어디로 가야 하는지.

학생운동권의 통일운동을 탄압하거나 반대하던 논리는 대학생들이 구상하는 통일방안이 '낭만적'이라는 것이었다. 철없는 대학생들의 현실성이 결여된 감상적 발상이라는 이유였다. 그런데 요즘 북한 문제에 직면하고 보니 조금은 다르게 생각해보고 싶어진다. 그때 그 낭만에 한 번쯤 관용을 베풀어볼 수는 없었을까. 세상 이치가 그렇듯 크고 작은 시도들이 모여서 뜻밖의 결과를 만들어낼 수 있는 것 아닐까.

흘러간 노래 한 구절이 떠오른다. 가수 최백호는 청춘을 보낸 한 남자를 통해 낭만을 '잃어버린 무엇에 대한 그리움'으로 노래했다. 낭만이 청춘의 전유물도 아니요, 더군다나 그것이 간절한 대상에 대한 그리움 같은 것이라면 통일에 대한 낭만도 그리 배척할 것만은 아니지 않았겠는가 말이다. 나더러 낭만주의자라고 해도 할 말은 없다. 하지만 한국전쟁 이후 최대의 위기를 맞고 있는 한반도를 사는 지금, 아쉽다. 생각해보니 낭만의 문제는 아닌 것 같아 더더욱 아쉽다.

최재현

자물쇠 없는 문

한지수

심리 83 | SM Culture & Contents 프로듀서

불이 꺼졌다. 사방이 캄캄했다. 공포가 엄습했다. 짧은 정적이 있은 후, 술렁임 속에 다급한 목소리들이 터져 나왔다. 이미 단단히 각오를 하고 있었지만 막상 닥쳐온 현실은 두려움 그 자체였다. '진압', 그 무시무시한 '작전'이 곧 시작될 기세였다. 전투경찰투입이 임박한 것이다. 누구였는지 모른다 그때, "여학생은 나가주세요."라고 말한 사람이.

나도 모르게 숨을 집어삼켰다. 여학생은 방해가 된다. 보호해줄 수 없다. 그러니 더 버티지 말고 나가달라는 요구. "저는 여학생이 아니라 기자예요." 좀 더 단호하고 싶었지만, 이미 목소리가 심하게 떨려 나온 뒤였다. 그때부터 실랑이가 시작됐다. 다쳐도 책임질 수 없다. 누가 책임지라고 했냐? 죽을 수도 있다. 죽어도 좋다. 이미 나가고 싶은 학생들은 자진해서 다 나갔고, 아픈 학생들이나 몸이 불편한 학생들도 안전하게 다 내보낸 후였다. 그 과정에서 수차례 나가는 게 좋겠다는 권유를 받았지만 끝내 남아 있었던 내가, 왜 지금? 지금이야말로 무슨 일이 벌어지는지 똑바로 취재를 하고 생생히 기록하고 기사로 남겨야 하는 절체절명의 순간인데.

때는 1983년 가을, 돌연 '정기 고연전' 취소라는 전무후무한

사태가 벌어졌다. 수만 명 학생들이 합법적으로 거리에 모이게
될 것을 우려한 군사 정권의 강압조치였다. 학생들은 즉각 이에
항의하며 고연전 취소 철회 요구를 했고, 학생회관에 모여 철
야 농성을 하고 있는 중이었다.

그런데 나가달라는, 아니 나오라는 요청이 또 있었다. 학생
회뿐 아니라 고대신문 선배 역시 농성 현장에서 당장 나오라는
것이 아닌가. 학생회관에 있는 구내전화로 전화가 걸려왔다. 거
기 있다가 시위대에 휩쓸리지 말고 빨리 나오라는 불호령이었
다. 긴 통화가 계속됐다. 안위에 대한 걱정도 있었지만 주로 중
립성, 균형감각, 객관성, 역사성, 현장, 기자의 본분 이런 말들
이 오갔다. 전화통을 붙들고 학생회관과 바로 정면으로 마주보
고 있는 고대신문사 편집실을 바라봤다. 통화가 계속될수록 농
성현장과 고대신문의 거리가 점점 더 멀어지는 걸 느꼈다. 그
사이에 놓여 있는 작은 광장도 더 이상 공감대를 형성할 수 없
을 만큼의 긴장으로 팽창했다. 끝이 안 나 끊었다. 그리고 돌아
서서 나가달라는 학생들한테 말했다. "안 나갑니다. 못 나가요.
저는 현장에 있어야 하는 기자입니다." 이번엔 보다 분명하고
강경한 목소리였다.

"저는 현장에 있어야 하는 기자입니다"
무수하게 설정해야 하는 비밀번호를 만들어야 할 때면 요즘
도 1, 9, 8, 3 이 4개의 숫자와 어떤 기호들을 더 조합해서 사용
할 정도로 그해, 나의 몸을 통과한 1983년은 잊혀져간 과거가
아니라 현재의 삶에도 여전히 살아 숨 쉬는 기억이다. 그리고
고대신문 기자로 지낸 시간들은 짧지만 각별하다.

아직 대학 합격의 기쁨이 채 가시지 않은 1983년 3월, 이대
로는 더 이상 학교를 못 다니겠다 싶어 수업을 포기하고 서둘
러 집으로 돌아왔던 날이 있다. 오랜 시간 나의 색채감각을 억
압해온 교복에서 벗어났다는 해방감에 나름 대학 신입생다운

한지수

폼을 잡느라 아침마다 부산을 떨던 즈음이었다.

노란색 블라우스에 하얀색 재킷, 당시 유행하던 청바지에 파란색 표식이 선명한 나이키 운동화를 신고 입학 초의 설렘과 하늘하늘 따스한 봄기운을 만끽하려던 나는, 그러나 계속 되는 초초함 불안함 두려움을 느끼며 점점 작아지고 있었다. 급기야 그날은 조퇴를 한 후 황급히 짙은 색 티셔츠와 검은색 진바지 그리고 회색 재킷으로 최대한 '나'라는 존재가 눈에 띄지 않도록, 땅이거나 건물 벽들에 묻힐 색깔의 옷들로 몸을 감싸서 어떤 만반의 준비를 한 후에 다시 학교로 돌아왔다. 겨우 조금 마음이 편해졌다. 바보 같고 소심한 짓이었지만 그때는 그랬다. 푸른 잔디밭에 누워 책을 보거나 환한 웃음을 날리며 나풀나풀 스커트 차림으로 걸어다니는 캠퍼스의 이미지들은 'University'라는 영문 글자가 박힌 홍보용 캘린더에서나 볼 수 있는 풍경에 불과했다.

정작 실제 캠퍼스를 짓누르는 현실의 무게는 너무도 무겁고 암울했다. 매일 매일 검은 먹구름이 내려와 학교 전체에 두텁게 깔려 있는 듯했다. 단 한마디 말을 하기 위해서도 누가 들을세라 눈치를 봐야 했고 하고 싶은 말을 다하기 위해서는 서관 시계탑 같은 곳에서 밧줄을 타고 내려와야 했으며, '민주주의'라는 구호라도 외칠라치면 그렇게 매달린 채 유인물을 뿌리며 절규해야 했다. 경찰들의 무자비한 몽둥이세례가 일상처럼 있었으며 학생들은 그에 맞서 돌멩이도 모자라 콘크리트 바닥과 화장실변기를 조각조각 깨뜨려 던져도 제대로 방어를 할 수 없었던 참담한 상황들. 아름다워야 할 하얀 벤치는 표정 없는 사복경찰, 일명 '짭새'들이 독차지하고 있었고, 탱크를 방불케 하는 최루탄 차가 아무 때나 캠퍼스를 누비고 다녔다.

밤이 되면 학생들은 감시의 눈을 피해 화장실 문에, 건물 벽에, 강의실 칠판에 열망하는 구호를, 시를 썼다. '내 머리는 너를 잊은 지 오래, 내 발길도 너를 잊은 지 너무도 오래. 오직 한

가닥 타는 가슴속 목마름의 기억이 네 이름을 남몰래 쓴다. 떨리는 손 떨리는 가슴 치 떨리는 노여움에 서툰 백묵 글씨로 쓴다. 타는 목마름으로 타는 목마름으로 민주주의여 만세.'

'타는 목마름으로 민주주의여 만세'

기사마감을 하느라 밤늦게 학교에 남아 화장실을 오갈 때면 나는 감시의 눈을 피해 밤새 움직이는 학생들을 봤다. 그리고 아침에는 백묵가루가 손끝에 남아 있는 친구가 강의실에 앉아 있는 모습을 봤다. 그 무렵 나는 점점 고대신문 기자로 일하고 공부하고 취재하고 기사 쓰는 날들에 회의를 느끼고 있었다. 한편으로는 고대신문을 '어용언론'이라 비판하는 학생들과 부딪치며 치열한 토론을 해야 했고 한편으로는 단어 하나하나까지 사전 검열하며 기사 삭제명령을 내리는 기관과 싸워야 하는 현실이 고통스러웠다. 의미 있는 심층기사나 진실 탐사는 고사하고 단순 사실보도도 힘든 막막함과 답답함 그리고 원칙의 모호함과 가치관의 혼란 속에 길을 잃고 속수무책으로 헤매고 있었다.

그러던 어느 날 아침 편집국의 한 선배가 신문사 일이 끝난 후 홍파국민학교 앞에서 좀 보자고 했다. 아, 무슨 일일까? 내가 뭘 잘못했나? 그 선배는 뭔가 다른 선배들과는 좀 다른 분위기였다. 처음 고대 신문사에 입사한 날, 그 선배는 칠판 앞에 무심히 서서 분필로 뭔가 써 내려가고 있었다. '春來不似春(춘래불사춘).' 봄이 와도 봄이 아니로다. 한참 잊지 않는 말이 되었다. 그 선배는 술도 잘 마시고 노래도 잘했지만 항상 뭔가 좀 더 진지하고 예의 바르고 후배들을 살뜰히 챙겼다. 게다가 큰 키에 긴 다리로 경쾌하게 옮기는 걸음걸이, 금테안경을 쓴 잘생긴 얼굴도 드물게 멋있었다. 이를테면 만화 '캔디'에 나오는 안소니의 상냥함과 스테아의 환한 미소와 테리우스의 따스한 카리스마를 다 겸비한 모습으로 아침마다 편집국에 들어서곤

한지수

했다. 때론 '올훼우스의 창'에 나오는 유리우스의 신비함까지 겹쳐져 순정만화의 주인공을 이상형으로 그리던 소녀 감성의 내 마음을 설레게 하곤 했다.

특히 기사를 쓰기 위해 앉아 있을 때 반팔 소매 사이로 길게 뻗은 팔이 슥슥 움직이는 뒷모습이 좋았다. 무슨 글을 쓰는 걸까, 채 잉크가 마르지 않은 원고지를 훔쳐보거나 교정지가 나올 때면 제일먼저 그 선배의 글을 찾아 읽었다. 그런 선배가 따로 보자고 하니 당연히 기뻐서 어쩔 줄 몰라야 했음에도 불구하고 나는 두려움과 불안함으로 하루 종일 더딘 시간을 보내고 있었다. 심지어 별의별 상상을 다 했다. 혹시 어디 이상한 데로 데려가면 어떻게 하지? 선배들이 후배들 데려다가 막 세뇌시키고 그런다는데 혹시 그런 거 아닐까? 여전히 반공교육의 굴레에서 완전히 벗어나지 못했던 나는 심지어 드라마 '113수사본부'의 어두운 지하실 천장 위 흐릿한 전등 빛을 떠올리다 머리를 가로젓기도 했다.

역시나 우려했던 대로 그 선배는 만나자마자 오늘 어디 좀 같이 갈 데가 있다는 게 아닌가. 앗, 정말 올 것이 왔구나 하는 심정이었지만 달리 피할 도리도 없었다. 어쩔 수 없이 무작정 따라가 보니 데려간 곳은 청량리의 허름한 술집이었다. 아 우선 술을 먹이려고 하나 보다. 술에 취하게 한 다음엔 어디로 데려가는 건가? 거기까지 가기 전에 탈출해야 하는데 어떻게 해야 하나, 머릿속이 복잡했다. 나는 우선 입술을 깨물고 술에 취하지 말아야겠다고 다짐하며 정신을 똑바로 차려야지 하면서 꼿꼿이 앉아 있었다. 막걸리 한 사발을 받아놓고 마시는 척하며 계속 홀짝거리고 있는 동안 그 선배는 혼자 여러 가지 이야기를 했다. 많은 얘기를 했는데 역사, 철학, 지식인, 언론, 시대적 사명감 이런 말들이 귀에 들어오기 시작했다. 처음엔 무관심한 얼굴로 묵묵부답 듣고만 있던 나는 어느새 점점 두 눈을 빛내며 집중하고 있었다. 그리고 이제 나도 무언가 말을 시작하려고 했을 때 그 선배는 이미 많이 취해 있었다. 시간도 벌써 자정이 한참 지났고. 택시를 태워 먼저 보내드리고 집에 돌아 와서야 나는 선배의 취재수첩이 내 것과 바뀌었다는 것을 알았다. 당시 고대신문 기자들이 다 똑같이 두껍고 까만 용수철 달린 취재수첩을 쓰고 있던 터라 바뀌는 게 그리 대단한 일은 아니었다. 그걸 열어본다는 게 대단한 일이라면 대단한 일이었다. 자연스레 펼쳐진 수첩을 보고 바뀐 걸 알았을 때 얼른 닫았어야 했지만 한 장 가득 빼곡히 적힌 글을 보았을 때 그럴 수가 없었다. 몇 장을 넘기며 정신없이 읽어 내려갔다. 수첩 안에는 사회적 맥락 안에서 기자의 역할을 정의해보려는 치열한 고민의 흔적이 가득했다. 부당하고 부조리한 시대의 압력에 직면하여 역사적 소명의식을 어떻게 실천해야 할지, 학생신문 저널리즘의 바탕이 무엇인지, 기능적으로 언론 전문직 종사자들의 흉내를 내고 있는 것은 아닌지, 스스로를 기자라고 불러도 될지, 아픈 고백과 처절한 반성과 맹렬한 다짐이 고스란히 있었다.

김준엽 총장님의 목소리에 울다

그날, 바로 그 선배가 학생회관 철야농성 현장에 있었다. 내가 믿고 의지하고 나의 생각이 틀리지 않았다는 것을 검증 받을 수 있는 기자 선배가 바로 거기 있었다. 나는 응원과 지지를 바라는 표정으로 선배를 바라봤다. 많은 이야기가 오갔지만 결론은 나가야 한다는 것이었다.

이후의 현장에는 자신이 남을 테니 지금까지의 '현장 목격자'(Witness Bearer)로서 기사를 쓰라는 주문이었다. 강제 진압이 시작되어 다 끌려가게 되면 언제 나올지 알 수 없고 그럼 이마저도 제대로 말할 수 있는 기자가 없으니 역할을 나누자는 것이었다. 불과 2주 전 서울대에서 철야농성을 하던 학생들을 전투경찰이 무자비하게 진압하고 2백여 명 학생들을 다 잡아간 사건이 있었기에 충분히 예견되는 현실이었다. 선배의 자명

한지수

한 논리와 차분한 설득에 그만 계속 남아 있겠다고 우기는 것이 마치 개인적인 공명심과 만용처럼 느껴졌다.

결국 나는 학생회관을 나가기로 했다. 현장에는 끝까지 남아 있던 또 한 명의 여학생이 있었다. 정외과 83학번 여학생. 나와 마찬가지로 1학년인 여학우였다. 5층 계단을 한 층 한 층 내려와 학생회관 문을 나서기까지의 길은 너무 길고 험하고 고통스러웠다. 계단은 이미 경찰진입에 대비해 책상, 의자, 회의탁자, 모든 써클실의 집기란 집기는 다 동원해 촘촘히 막아 놓았고 바리케이드를 쳐놓은 상태였다. 책상을 타고 넘고 탁자위로 구르며 바리케이드 위를 다시 기어올라 틈바구니를 헤집고 내려오는 동안 여기저기 긁히고 부딪혀 온 몸은 멍투성이가 되어가고 있었다. 그렇게 문을 향해 내려가던 어디쯤에서 순간 나는 바닥으로 굴러 떨어지고 말았다. 발을 헛디딘 것은 아니었다. 미끄러져서도 아니었다. 한순간에 나의 머리를 때려 넘어뜨린 것은 누군가가 외친 한마디 말이었다. 배신자! 아, 울컥 뭐라 표현하기 힘든 감정이 복받쳤다. 어디 혼자 나가서 얼마나 잘 사는지 보자! 계단을 지키고 있던 학생들의 외침이었다. 위의 상황을 모르는 학생들이 볼 때 내 꼴은 딱 그런 위중한 상황에서 혼자 살겠다고 빠져나가는 모양새가 분명했으므로 나는 눈물을 삼키며 모든 비난을 감수해야 했다. 이후 어떻게 학생회관 밖으로 나왔는지 기억이 아득하다. 튕겨져 나오듯 밖으로 나와 쓰러졌다.

예상대로 교문 밖에는 전투경찰들이 열을 지어 겹겹이 포진해 있었다. 당장 작전을 개시할 태세였다. 그때 대형 확성기에서 학생회관을 향해 외치는 소리가 들려왔다. 아, 그런데 그 외침은 당장 해산하지 않으면 진압하겠다는 식 전투경찰의 협박이 아니라 진정 진심 어린 절박한 호소였다. "몸을 조심해라. 다치지 마라. 아픈 학생이 있으면 빨리 밖으로 내보내라. 여기 앰불런스가 대기하고 있다." 김준엽 총장님의 목소리였다. 총장님이 직접 확성기를 들고 밤새도록 전투경찰과 대치하며 안에서 긴박한 불안과 두려움에 떨고 있을 학생들을 안심시키고 계셨다. 순간, 참았던 울음이 터져 나왔다. 알 수 없는 서러움이었다. 한참을 멍하니 앉아 있을 때 차가운 밤 바람이 눈물로 범벅된 뺨을 때렸다. 정신 차리고 잘 살라고.

지금 잘 살고 있나요?
　그 일이 있은 얼마 후 나는 고대신문을 그만뒀다. 그 후 나와 함께 학생회관을 나온 그 여학생은 시위를 주도하고 감옥에 투옥됐다는 소식이 들려왔다. 나는 대학원에 진학했다. 서로 다른 길을 걷기 시작했다. 무슨 인연인지 그 후로도 우리는 서로의 안부를 묻거나 들을 기회가 종종 있었다. 같이 신문을 만들던 때로부터 함께 가정을 만들고 있는 지금까지도 항상 존경의 대상인 '그 선배', 그러니까 나의 남편과 그 여학생의 남편이 한 직장동료가 되었기 때문이다. 가끔 만날 기회가 있을 때마다, 나는 그때 일을 생각하며 잘 살고 있지? 라고 묻곤 했다. 그녀는 말없이 미소로 응답했다. 잘 살고 있다는 뜻으로 받아들였다. 그러는 나는? 나는 어떠한가? 언젠가부터 나는 가끔 그날의 기억을 떠올리며 자문자답하는 버릇이 생겼다.

　그날도 그랬다. 눈앞이 캄캄했다. 공포가 엄습했다. 응급실 침대에 누운 건 난생처음이었다. 짧은 침묵 후 진료를 본 의사가 입을 열었다. "좋지 않습니다. 안 좋아요. 이런 경우가 흔하진 않은데, 암이 복부로 전이됐을 가능성이 있습니다." 네? 암이 복부까지 전이됐다니요……, 그럼 그건 거의 말기 아닌가요? 나는 의사의 얼굴과 컴퓨터에 띄워놓은 복부초음파 사진을 번갈아 보면서 정신이 아득해졌다. 멍한 상태가 되었다.
　정밀 진단을 위해 CT 촬영을 했다. 결과가 나오기까지 기다려야 하는 시간 8시간. 눈을 감았다. 정말 내가 말기 암에 걸려 남은 생이 6개월 남짓밖에 없고 결국 그대로 죽는다면? 어둠 속에 잠긴 생각이 흑백필름처럼 흘러갔다. 그간 살아온 날들을 거꾸로 되돌려 감기 시작했다. 다시 그날의 기억이 떠올랐다. 그리고 한 가지 질문이 들려왔다. 잘 살고 있나요? 그건 지금까지 잘 살아왔냐고 하는, 지난 시절 삶에 대한 총체적 반성을 요구하는 질문이 아니었다. 현재 잘 살고 있냐는 물음이었다. 아팠던 과거나 어제의 상처 따위 모두 지난 시절로 돌리고 오직 오늘을 살 수 있게 하는 질문이다. 지금 이 순간에 집중하게 하는 질문.

응급실에 들어오기 전 나는 한참 가을 개봉을 앞둔 영화의 후반작업에 몰두해 있었다. 긴 제작 기간 동안 첩첩이 쌓여온 부채감, 한꺼번에 와르르 쏟아진 가방 속 소지품들처럼 바닥을 뒹구는 감정들, 함수식이 깨져버린 엑셀파일 같은 관계들을 떠올리며 8시간 동안 머릿속은 뒤죽박죽. 죽기 전에 이 모든 것을 온전히 복구해 놓아야 한다는 책임감에 식은땀이 흘렀다. 3년 동안 단 한 마디 불평도 의문도 없이 나를 믿고 기다려준 주인공 두 사람 그리고 어서 잘 완성되기를 기다려온 스태프들. 그 모든 것을 뒤로하고 혼자 빠져나올 수는 없었다. 이윽고 마음을 정리했다. 나에게 주어진 시간이 한 달이든 3개월이든 6개월이든 남은 생이 있다면 하던 일을 계속하리라, 흔들림 없이 작업을 마무리하리라. 그러지 않고는 살아도 사는 게 아니고 죽어도 죽는 게 아닐 테니까.

검사 결과 암은 아니었지만 무려 한 달 동안 두 번의 전신마취 수술을 해야 했다. 하루에 네 번씩 항생제 주사를 맞으며 입원해 있는 동안에도 오로지 한 가지 생각뿐이었다. 후회 없는 결과물을 내놓아야 한다는 각오. 퇴원 후 회복기가 필요하다는 말을 들을 시간이 없었다. 영화 '시소'의 개봉 시점은 이미 잡혀 있었고 남은 시간은 3개월. 피 말리는 시한부 삶의 시작이었다. 네모난 상자처럼 좁은 편집실에 스스로를 가둔 채 오로지 편집과 후반작업에 매달렸다. 하지만 역시 휴식이 필요했던 걸까. 작업하는 손에 구멍이 났다. 하루 이틀 지나면 낫겠거니 했는데 아물기는커녕 점점 커져만 갔다. 움직이는 오른손과 구멍 난 왼손을 번갈아 바라보며 버티는 사이 아침이 오곤 했다. 하루하루가 어떻게 갔는지 알 수 없다.

『잃어버린 시간을 찾아서』의 작가 마르셀 프루스트는 어느 날 아침 잠에서 깨어나 침대에 누운 채 이렇게 선언했다고 한다. "'끝'이라는 단어를 썼소, 이젠 죽을 수 있겠어"라고. 감히 그런 심정이었다 할 수 있겠다. 기억하는 한 도움주신 분들을 모두 빠짐없이 넣은 엔딩 스크롤이 다 올라가고 영화는 끝났다. 제때에 맞춰 개봉을 했지만 급박하게 돌아간 정치의 소용돌이 속에 사람들은 '극장'이 아닌 '광장'을 택했다. 당연했지만 허무했다. 허무했을망정 슬프지는 않았다. 잘 살고 있나요? 라는 물음에 답했기에. '시소'는 오늘도 관객들을 만나며 계속 상영을 이어가고 있다. 소규모 기획 상영이다. 영화를 본 관객들은 한결같이 진심을 다해 말한다. 이런 영화를 만들어줘서 고맙다고. 이런 인사를 받을 자격이 나에게 있는가? 없다. 부끄러움으로 어딘가에 숨고 싶을 뿐이다.

영화의 마지막 컷이 끝난 후에도 실제 삶에는 영화보다 더 영화 같은 장면들이 지속된다. 앞으로도 수많은 우연과 선택과 예측불허의 고통이 기다리고 있을 것이다. 어쩌면 생명이 다한 후에도 마찬가지일거란 생각. 아마도 그건 'L'Insoutenable légèreté de l'être', '존재의 참을 수 없는 가벼움'과 그만큼이나 참기 힘든 무거움 사이에서 끊임없이 변하는 균형점을 찾아 오르락내리락 계속되는 시소놀이 같다고나 할까. 반복해서 찾아오는 고통을 피하지 않을 용기와 상상력, 그리고 호기심만이 지금 이 순간을 간신히 즐길 수 있게 한다. 그런데 이 운명을 나는 언제까지 사랑할 수 있을까?

한지수

자물쇠 없는 문

여러 해가 흘렀지
결국 두드리는 소리가 들렸고
나는 잠글 자물쇠가 없는
문을 떠올렸어.

나는 촛불을 끄고
발끝으로 바닥을 디디며
양손을 높이 들어
문을 향해 기도했지.

하지만 또 다시 두드리는 소리가 들렸어
나의 창은 활짝 열려 있었고
나는 창턱으로 올라가
밖으로 내려갔어

돌아서 창문턱 너머 안으로
"들어오라" 일렀지.
문을 두드리는 자가
누구든

그 두드림에 나는
나의 새장을 벗어나
세상 속으로 숨어들어
세월과 함께 변화해간다.

The Lockless Door

It went many years,
But at last came a knock,
And I thought of the door
With no lock to lock.

I blew out the light,
I tip-toed the floor,
And raised both hands
In prayer to the door.

But the knock came again
My window was wide;
I climbed on the sill
And descended outside.

Back over the sill
I bade a "Come in"
To whoever the knock
At the door may have been.

So at a knock
I emptied my cage
To hide in the world
And alter with age.

한지수

미국 시인 로버트 프로스트의 '자물쇠 없는 문'(The Lockless Door)이라는 시다. 많은 사람들이 프로스트의 '가지 않은 길'을 좋아하고 나 역시 그랬지만 언젠가부터 나는 이 시를 더 좋아하게 되었다. 태어난 것은 내 의지가 아니었을지라도 현재의 삶을 구성하는 것은 나의 선택과 행동이다. 그리고 이런 행동과 존재를 일치시키려는 시도들. 내가 살아가는 현실은 그래서, 스스로 경계를 만들어놓은 우리, 어떤 상자 같은 것이 아닐까. 나는 마치 '슈뢰딩거의 고양이'처럼 그 상자 안에 들어가 있다. 하지만 누군가 말을 걸지 않으면, 누군가 상자를 열어 보지 않으면 나는 살아 있는 건지 아닌지 알 수 없다. 그래서 나는 이 상자의 문에 자물쇠를 채우지 않는 건지도 모른다. 어느 만큼 시간이 흐를 때마다 누군가 문을 두드리며 물어주기를 바라며. 잘 살고 있나요? 물론 나는 화들짝 놀라 창턱에 기어올라 밖으로 내려간다. 그리고 말한다. 네가 들어와서 보렴. 하지만 누군가 문을 열었을 때 나는 이미 그 상자에서 빠져나와 또 다른 세상으로 숨은 뒤일 것이다. 그리고 그 세상이 다시 나의 새로운 상자가 되어 있을지도. 하지만 그날의 기억은 또 나를 찾아낼 것이고 다시 문을 두드리며 말하겠지. 잘 살고 있나요? 나는 창턱을 넘어 밖으로 뛰어내리며 대답한다. 살아 있다고, 엉망진창이 된 하루를 고쳐 다음 날을 살고 다시 그 하루를 새로 고쳐 다음 날을 살아 낸다고. 어느 날은 아침에 망친 시간 오후에 고쳐가며 살기도 한다고. 깨어 있는 동안은 계속 그럴 거라고. 정원을 아름답게 일군다는 게 결코 쉽지 않아 여전히 서툴고 빈번히 실패하겠지만.

인생이 한 번뿐이라고, 지나간 시간이 다시 올 리 없다고 누가 말했나? 정말 그러한가? 경험에 비추어볼 때 일생 단 한 번뿐일 거라고 생각했던 사태들은 불현듯 다른 모양의 탈을 쓰고 다시 등장한다. 어떤 때는 거의 유사하게, 어떤 때는 좀 다르게.

어느 날은 자라가 솥뚜껑의 모습으로 나타나기도 하듯이. 고흐의 그림 속 '밤의 카페 테라스'에 앉아 '별이 빛나는 밤' 하늘로 뻗어가는 사이프러스 나무와 초승달, 굽이쳐 흐르는 열한 개의 별을 바라보며 우리가 모르는 시간의 신비로움을 상상한다. 혹시 시간은 직선형으로 흘러 지나가버리는 것이 아니라 원형으로 계속 돌고 돌아오는 그 무엇이 아닐까? '달팽이집, 해마 꼬리, 거미줄, 바다 산호, 태곳적 화석 같은 데서 발견되는 생성의 나선형', 나의 세계도 바로 이런 거대한 나선형의 궤도를 따라 돌면서 적응하고 변화하고 확장되고 있는 게 아닐까? 밖에서 안으로. 가장자리에서 중심으로.

그래서 빛의 움직임, 그 시간 속 어느 한 철, 고대신문 기자 시절, 그 기억 속에 새겨져 지워지지 않는 각성(覺醒)의 질문 하나가 어떤 모습으로든 언제고 또다시 찾아오리라는 예감. 태풍의 눈 속, 고요함으로 있다가 흔들릴 때마다 살아나는 에너지의 근원으로. 바다에서 돌아와 누운 노인처럼 잠들어 있는 동안에도 다시. 나의 심장을 두드리며, 똑똑. 변하려면 이때, 나는 꿈에서 깨어나야 하나? 현실에서 깨어나야 하나? 시간 기록이 가득한 책들 촘촘히 채워진 투명한 책장 벽 너머로부터 두드리는 소리가 들려온다. 잘 살고 있나요?

한지수

백 투 더 퓨처(Back to the Future)

현인택
정외 74 | 고려대 정외과 교수,
전 통일부 장관

이제 아주 고전이 되어버린 미국 영화 '백 투 더 퓨처(Back to the Future)'가 있다. '미래로의 귀환'이란 제목의, 당시만 해도 매우 신선한 발상의 SF 영화가 1987년에 한국에서 개봉됐으니 이제 딱 30년이 된 셈이다. 당시 주인공 역을 맡아 명연기를 펼쳤던 마이클 J. 폭스는 매우 앳된 소년이었는데 이제 중년이 다된 남자가 되어 있다.

나의 고대신문에 대한 추억을 회상하는 일은 마치 '백 투 더 퓨처'의 마이클 J. 폭스가 타임머신을 타고 30년 전으로 여행하는 일만큼이나 '익사이팅(exciting)'한 일이다. 그것도 30년 정도가 아니라 무려 40년을 넘어선 '과거로의 귀환'이다. 대학 1학년에서 시작된 인생의 새로운 여정이 1년 몇 개월 남짓 기간으로 끝이 났으나 그 여정의 진한 흔적들이 일생을 갔다면 그것이 얼마나 깊이 각인되었는지 짐작 가고도 남을 일이다.

우연이면서 필연인 만남

나의 고대신문 입사는 그야말로 우연인 (그러나 결국 필연이 아닌가 하는) 사건이었다. 대학 입학 후 갑자기 나는 무언가 목표상실감 같은 것에 빠져 무기력해져 있었다. 그럴 때면 종종 찾는 곳이 인촌묘소의 잔디밭이었다. 조용히 명상도 하고, 책도 읽고 때론 드러누워 낮잠도 잠깐씩 청하기 맞춤한 장소였기 때문이다. 그 길목에 홍보관이 있었다. 어느 날 홍보관에 붙은 고대신문 수습기자를 뽑는다는 공고를 보고 호기심에 입사 시험을 치른 것이 고대신문과의 오랜 인연의 시작이 되었다. 무슨 대단한 목표가 있었던 것도 아니었다. 그저 약간의 호기심만 있었을 뿐이었다. 시험은 논술시험이었는데 운 좋게도 붙었고 발표 첫날 바로 일이 시작되었다. 동기들과 오리엔테이션 비슷한 걸로 하루 종일 일을 한 후 저녁에 소집당하고, 곧바로 전통적인 입사식이 시작되었다. 곡기도 없는 터에 다 알다시피 오징어 다리 한 개에 소주 한 병. 그 당시 술을 전혀 못했던 나, 그 뒤의 일은 상상에 맡기겠다.

고대신문이 나에게 준 첫 번째 경험은 '조직생활'이었다. 즉, 엄격한 상하관계가 있는 조직에 적응하는 일이었다. 여기에는 수습, 기자, 부장, 국장이라는 '엄청난' 위계로 이어지는 조직이 있었다. 대학 1학년 때 이미 사회 냄새 나는 조직을 맛보게 된 것이다. 그리고 거기서 일생의 인연이 된 사람들을 만났다.

나는 대학에 그렇게 '늙은' 대학생이 있다는 것도 그때 처음 경험하였다. 편집국장은 정병규 형이었다. 불문과생답게 약간 문학적인 까다로운 모습에 범접하기가 어려운 선배였다. 총무국장은 마음씨 좋은 동네 아저씨 같은 김효중 형이었다. 연배가 우리와 너무 차이 나 형이라 하기도 약간 거북할 정도였다. 69학번의 김창욱 형도 나이 든 복학생이었다. 그의 글쓰기는 항상 우리의 로망이었는데 당시 조선일보의 '젊은이들의 칼럼'에 그 형의 글이 실리고 전국에서 팬 레터가 쇄도하였다. 그 편지들을 같이 하나 씩 뜯어보는 재미가 며칠을 갔던 기억이 새롭다. 창욱 형은 졸업 후 중앙일보 기자로 활약을 하고 재미 중앙일보 사장을 지냈고 지금도 현역으로 활발하게 활동하고 있다.

우리 동기들에게 그래도 가장 기억에 남는 선배는 바로 1년

현인택

위 선배들이다. 그 중에서 우리들과 가장 많이 부딪치고 생활한 선배가 바로 취재부장 박보균 형이다. 우리의 기사 실력은 다 박보균 형의 조련 덕분이라 해도 과언이 아니다. 박보균 형은 졸업 후 중앙일보에서 기자, 편집국장을 거쳐 지금도 대기자 겸 부사장으로 언론계의 최고참으로 대단한 활약을 하고 있다. 박보균 형과 같이 73학번으로 강성빈, 고명화, 박현철, 이병완 형들이 있다. 모두 한국 사회의 각 분야의 한축으로 활동하고 있다.

74학번의 입사 동기들은 순천대 교수인 마음 넉넉한 김민배, KBS 부사장을 거쳐 K-TV 사장을 하는 여걸 류현순, 사업 후 화가로 멋진 은퇴 생활을 즐기는 석용해, 정부 고위 관료를 지낸 손석희, 언제나 순수 청년인 계명대 교수 이종광, 그리고 사진 기자였던 문경모(신공항하이웨이 대표) 등이 있다. 여느 동기들도 마찬가지겠지만 우리 동기들의 동기애는 그야말로 극성에 가까울 정도였다. 이 동기들과 거의 365일을 동고동락함으로써 1, 2학년 때는 학과 동기들과의 기억이 별로 없을 정도였다. 우리 동기들이 일으킨 대형사건 중의 하나가 바로 '캐나다 이민사건'이었다. 손석희 극본에 우리 모두가 진실을 모른 채 충실한 연기자가 되었고, 당시 편집국장이었던 마음씨 좋은 김창욱 형은 없는 돈을 쪼개어 거대한 송별회를 열어 주었다. 이들 중 류현순과 손석희는 부부가 되었다.

우리와 학번은 같지만 한 학기 늦게 입사한 김역호(PD), 박영학(의사), 임정훈(미디어 대표), 이학영(고대 평생교육원 지도교수) 등이 있다. 75학번인 이두엽(전주대 객원교수), 권태경(회사 대표), 김병대(재미), 방세도(사업), 전종훈(연구소 소장) 등도 훌륭한 후배들이었다.

같이 신문사 생활은 못했지만 존경하는 선배로서는 가천대학교 교수인 박종렬 형이 있다. 후배로서는 가깝게 지낸 76, 77학번들이 있다. 모두 다 고대신문이 아니었으면 인연이 닿지 않을 그런 훌륭한 후배들이다. 76학번으로 서명숙(제주올레 이사장), 유열종(사업), 이상환(회사대표), 임양원(재미), 정윤석(LG재단 전무 역임), 홍태화(회사대표)등이 특히 친하게 지냈다. 77학번으로는 김대호(그린경제신문사), 김용태(와이즈 커뮤니케이션즈 대표), 박광온(국회의원), 전병헌(청와대정무수석) 등이 오랜 인연을 이어온 훌륭한 후배들이다.

고대신문의 인연 중 빼놓을 수 없는 분이 바로 목정균 선생님이시다. 당시 부주간을 맡고 계셨고 우리에게는 스승과도 같은 분이었다. 목정균 선생님은 남재 김상협 총장님이 가장 신임하고 아낀 후학이었다. 그런 목 선생님을 우리는 철없이 여러 모로 많이 속 썩이고 괴롭혀드렸다. 권위주의 체제 하의 엄혹한 현실 속에서 20대 초반의 객기 넘치는 우리들을 다루시기가 얼마나 힘드셨을까 하고 생각해보면 지금도 등에 땀이 흐를 정도로 죄송한 마음이 가득하다. 목 선생님은 내가 정부에서 일을 할 때 정신적으로 많은 격려를 주셨다.

고대신문이 준 선물

고대신문이 나에게 준 선물은 '다독(多讀)'이다. 그야말로 닥치는 대로 분야에 상관없이 책을 많이 읽었다. 그 중에서도 소설을 많이 읽었다. 70년대 중반 당시 소위 '청년문화논쟁'이 한참인 때라 그에 대해 토론하는 것이 유행일 때였다. 소설, 가요, 영화계에 새로운 바람이 불 때였다. 나는 당시 통기타도 약간 쳤고, 문학토론을 위해 소설은 가리지 않고 읽었다. 그리고 나이가 들면 소설가가 되겠다고 말하고 다닌 기억도 있다. 물론 그 정도로의 문학수업으로는 어림없는 일이었지만 말이다. 그러나 그 시절 쌓은 감성적인 바탕이 내가 나중에 엄격성을 요하는 사회과학(국제정치학)을 하게 되면서 필수적인 '이성'과 결합되어 좋은 시너지 효과가 나타났다고 생각한다.

다독과 더불어 '글쓰기'의 기초가 그때 생겨났다. 기사를 쓰

현인택

기 위해 나름대로 엄청난(?) 노력을 했는데 매일 일간지 기사를 눈으로 읽고, 소리 내어 읽어보기도 하고, 또 심지어는 써보기를 반복했다. 그것이 나의 고대신문 기사 작성의 기초가 되었다. 좋은 글쓰기를 위해 당시 주요 신문의 유명한 칼럼은 빠짐없이 읽고 분석하였다. 당시는 유신체제 하여서 주요 논설위원들의 글은 '행간을 읽어야' 진위를 알 수 있었다. 그 행간의 의미가 뭔지가 종종 우리들의 대화의 주제였다. 그뿐만 아니고 당시 내가 가장 즐겨 읽고 공부했던 칼럼이 바로 뉴욕 타임스의 제임스 레스턴 칼럼이다. 동아일보가 번역 게재하고 있었는데 제임스 레스턴의 글은 항상 그 내용과 글을 다루는 솜씨가 나에게 깊은 감명과 영향을 주었다. 이러한 과정을 거쳐 점차 글을 보는 눈이 생겨났다. 나중에 미국유학 시절 전문적인 학자로서의 수련을 쌓는 데도 그때의 바탕이 내게 큰 힘이 되어 주었다.

고대신문이 나에게 준 가장 큰 선물은 아마도 '사회를 보는 눈'이 아니었나 생각된다. 평범한 대학생활을 했다면 아마도 느끼지 못했을 당시 권위주의 체제의 피폐를 깨닫게 되었다. 고대신문 기사를 통해 나간 존경하던 김상협 총장님의 사회에 대한 일성에 함께 희열을 느끼고, 당시 총학생회 취재기자로서 1975년 고대휴교령의 원인이 된 민주화 데모를 지면으로 전하기에 여념이 없던 시절이었다. 민주주의에 대한 깨달음이 싹트기 시작한 시절이었다. 내가 눈으로 보고, 글로 쓰고, 이성으로 느끼는 사회에 대한 프레임이 이때 만들어지기 시작했다. 이것은 국제정치학을 공부하던 미국 유학시절 나에게 던져진 '엄혹한 국제정치의 현실에서 약소국은 어떻게 생존해야 하나'라는 질문과 함께 나의 전 인생을 통해 가장 소중한 두 화두가 되었다.

영화 '백 투 더 퓨처'는 과거에서 다시 미래, 즉 현재로 돌아오는 스토리이다. 그런데 실제로 더 미래로 가면 어떨까? 고대신문 100주년이 되는 앞으로 30년 후에서 과거인 지금을 본다면 어떨까? 물론 그때까지 생존한다는 보장도 없을 터이지만 말이다. 40여 년 전의 그 짧은 고대신문 시절이 나의 지금까지의 인생에 중요한 족적을 남겼는데 이것이 앞으로 30년 더 어떠한 영향을 미치게 될 것인가. 영화에서처럼 과거로 돌아가서 어떤 것을 바로 잡으면 미래가 어떻게 달라질까? 아마도 하나 있다면 그것은 바로 고대신문 시절 꿈꿨던 미래인 전문 기자로서의 삶이 아닐까 생각해 본다. 그 때 내가 학문을 선택하지 않고 기자를 선택했다면 현재의 나는 어떠한 모습이고, 또 미래의 나는 어디에 있을 것인가. 타임머신을 타고 그것을 고쳐 볼 수는 없을까?

현인택

고대신문아, 끝내 버텨라

황보경

사학 81 | 중국어 번역가

글쓰기 비법을 가르쳐 준 아랍 왕자 선배

1981년 11월 으스름한 저녁, 고대신문 시험장에서 표적을 발견했다. 표적은 '카리스마는 이런 거야' 싶은 외모와 쫙 깔은 목소리로 시험에 대해 설명한 선배. 저 표적과 썸을 타기 위해서는 고대신문에 발을 들이밀어야 한다는 강렬한 염력, '우주적 기운'의 감응에 힘입어 필기시험, 면접을 통과하고 미래의 남친(?)이 있는 그곳에 순조롭게 입성했다.

고대 입학 이후 1년 만에 기적적으로 발견한 미남자(라고 착각했던)인 선배는 수습보는 그 앞에서 숨도 제대로 못 쉬는 까마득히 높은 취재부장이었다. 하지만 선배에 대한 환상은 1주일도 안 돼 완전 끝장났다. 후배들에 대한 진한 애정과 격려를 순전히 거친 어법(=욕)으로 대체한 선배. 아랍 왕자 같은 선배의 입에서 튀어나오는 생경한 언어에 시달리다 나는 환상은 깨지기 위해 존재한다는 진리를 절감했다. 취재부장에서 편집국장이 된 선배는 대단한 리더의 면모를 보여주었다. 그 복잡다단한 스토리는 생략하고, 글을 쓸 때마다 내 머리 속에서 튀어나오는 죽비 같은 명언을 남겼다.

"남들 씹다버린 껌 다시 씹는 거 같은 글 쓰지 말라고!"

강호에 글 잘 쓰는 비법은 차고 넘치지만 이보다 더 멋있고

(?) 간결한 '비급'은 아직까지 알지 못한다. 그렇기에 며칠 만에 이성적 감정이 싹 사라지는 신기한 경험을 하게 만든 선배가 아직도 고맙다. 고향집에서 가끔씩 올라오신 어머니가 싸준 도시락을 가져온 선배가 '나만' 불러서 몇 숟갈 뜨라고 강권했던 인간미도 잊지 않고 있다.

'씹다버린 껌'은 기자라는 타이틀을 달고 있는 동안 악몽이 되었다. 취재를 하고, 기사와 칼럼을 쓰고, 기획을 해서 내가 책임지는 한 면을 만들어내는 단계까지 가면서 내가 귀중한 지면에 들러붙은 껌딱지는 아닌지 자기검열을 했기 때문이다. 그래서 하루에도 몇 번씩 신문사를 때려치우고 싶었지만 여기서 못 견디면 앞으로 어디서도 뿌리를 내리지 못할 거라는 오기와 불안함으로 버텼다. 남몰래 능력 있어 보이는 선배, 동기들을 보면서 그들의 '암기(暗器)'를 훔치기 위해 전전긍긍, 절치부심, 나름 노력 끝에 얻은 결론은 허무하게도 '나답게!'였다. 자기 색깔을 내지 못하는 글과 인생은 얼마나 지루하고 재미없는가!

이쯤에서 수줍은 고백을 하지 않을 수 없다. 나는 고대신문에서 많은 것을 배우고 깨달았다. 물론 그때는 알지 못했다. 젊고, 시건방지고, 사실과 진실을 눈치 채고 받아들일 객관적인 눈과 여유가 없었으니까.

전두환보다 먼저 갈 수는 없지!

고대신문에 대해 생뚱맞게 애정이 싹튼 것은 2015년. 지구와 함께 50번 넘게 공전했던 내 광음을 곱씹어 봐야하는 '병동 34일' 시간을 보낼 때였다. 흘러간 것들에 대해서는 언급조차 않는 쌀쌀맞은 성격이지만, 어쩔 수 없이 지나온 삶을 정리하고 의미를 부여할 수밖에 없는 처지가 된 것이다. 수술 전에는 '죽기야 하겠어?' 하면서 명랑함을 잃지 않았지만 수술 며칠 후 화창한 아침, 외과 병동의 체중계에 찍힌 '37'이란 숫자를

황보경

본 나는 '암은 이렇게 가는 병이었어?!' 하는 패닉에 빠졌다. 그렇다고 느닷없이 회개 모드로 돌변하여 살려달라고 죽도록 기도를 할 체력조차 없었다. 쓸개, 담도, 십이지장, 췌장을 잃었으니 밥 한 술 넘기기가 계단 50개 오르기만큼 힘들었다. 고통을 잊기 위해 추억이란 퍼즐 조각들을 맞추다 보니 뜻밖에도 안암동이 줌인 되었다. 문병 온 사람들이 찔끔거릴 정도로 바짝 마른 육신은 '라면 먹고 잔 강수연'이란 별명을 지녔던 그 눈부신 20대 초반을 기억하고 있었던 것이다. 그때는 정말 예뻤다. 젊었으니까! '젊은 것들에게는 젊음을 주기가 너무 아깝다'는 버나드 쇼의 탄식을 이해하지 못하는 순진함이 빛을 발했던 시절이니까.

그 찬란했던 나의, 우리의 20대는 짓밟힌 상태였다. 더욱이 고대신문은 1주일마다 어김없이 우리가 악독한 독재정권에 유린당하고 있다는 현실을 일깨워줬다. 그 더러운 군홧발의 주인공은 아직도 멀쩡하다. 한나 아렌트의 '악은 힘이 세다!'를 40년 동안 온몸으로 증명하고 있는 전두환.

잘 써지지 않는 원고지를 구겨서 바닥에 팽개치던 시대에서 '高大新聞' 로고가 찍힌 원고지는 박물관에서나 찾아야 할 인터넷 시대로 천지개벽했다. 하지만 내가 드러누워 있는 S병원에서 1킬로미터도 떨어지지 않은 곳의 연희동 궁전에 그가 있었다. '독은 독으로 다스린다'는 말을 떠올리며 어금니에 힘을 주었다. "내가 전두환보다 먼저 갈 수는 없지!"

고대신문을 짝사랑 했던 시절, 왜 그랬지?

이 시절 나는 오스카 와일드의 "나는 폭력을 참을 수 있다. 하지만 폭력의 이유는 참을 수 없다!"를 일기 앞장에 적어두었다.

편집실은 언제나 무겁고, 자못 비장했고, 닮지 말아야 하지만 뿌리 깊은 군사독재 문화의 학습 후과와 찌꺼기를 확인하는 지점이었다. 특히나 자유로운 공기가 희박했다. 선배의 의자에 앉는 것조차 치도곤을 당할 일이었고, '까라면 까는' 식의 억압적 분위기는 신문사 바깥사람들에게 말할 수 없는 수치였다. 그러면서도 진보적인 집단이 외부 공격에 패배하지 않고 '투쟁'하려면 내부적으로 엄격한 기율이 있어야 한다는 궤변이 맹위를 떨쳤다. 속으로만 불만을 삼켰던 비겁함이 역으로 내밀한 동지의식으로 작용했다. 지금 복기해 보면 부끄럽냐고? 그렇지만은 않다. 숨통을 틔울 구석들은 있었고, 낭만이란 말로 덧칠할 만한 즐거움도 분명히 있었으니까.

고대신문에 대한 나의 애정적 행동은 무례하거나 거칠었다. 그 하나는 외부의 공격을 방어한 에피소드. 별걸 다 입력하지만 별거는 잘 기억하지 못하는 나에게 동기 이강세 동인이 리와인드해준 장면이다. 기자들의 자질 향상을 위해 각 분야의 전문가를 초빙해 듣는 특강 프로그램이 있었다. 그 중의 한 주제가 한국 미술계의 현황이었다. 당시 동아일보 문화부의 미술 담당인 이 모 기자는 사실 반, 뻥 반의 취재 비화를 털어놓았다. 그이는 우리를 기죽이려는 의도로 "한국 화단에서 그림 값이 가장 비싼 화가 열 명이 누군지 아는 사람?"이라는 높은 난이도의 질문을 던졌다. 나는 문화부 기자의 티를 내기 위해 8명을 열거했고, 나머지 두 명은 이강세 동인이 거들었다. 기자의 눈이 왕사탕이 되더니 "맞췄네요! 이런 거는 문화계 기자들도 잘 모르는 건데!"했다. 학과 공부 빼고 재미있는 게 너무 많아서 '당장 선데이서울 편집국장'이었던 내겐 조각 케이크스러운 문제였다. 내부적으론 편집회의 때마다 서로의 무식을 비판했지만 순전히 '까도 내가 깐다' 의식의 변주였다.

두 번째 행동은 주로 신문사 지도교수인 주간 교수와의 신경전이었다. 160센티도 안 되는 키에 밥도 많이 안 먹지만 이 질긴 싸움에서 나는 제법 전투력을 발휘했다. 매주 배포를 앞두고 겹겹의 시비와 검열에 시달리는 지도교수의 고충을 너무도

황보경

잘 알지만 빨리 'OK사인' 내달라고 싸움질을 하는 게 우리의 자존심이었다. "이러면 곤란한데……"의 화법으로 엄살을 떠는 서진영 교수에게 나는 "뭘 이 정도로 그러세요!"라고 가장 싸가지(?) 없게 대들었다. 미안한 마음은 많지만 반성은 하지 않는다. 시대가 나를 그렇게 만들었다고.

셋째, 이건 좀 심각한 사건이었다. '탁류세평'이란 칼럼을 내가 처음으로 만들었다. 칼럼 제목이 탈모 직전까지 가는 고민 끝에 나온 것이어서 잘 해보자는 의욕이 드높았다. 한 학기에 네 명의 교수님으로 필진을 짜서 지면을 화려하게 장식하려는 야무진 꿈은 처음부터 난관에 부딪쳤다. 자기 목소리를 내려 하지 않는 교수들 때문에 만만하거나(!) 원만한 필자를 찾는 선에서 주저앉았다. 그런데 영문과의 여 모 교수님은 실로 충격이었다. 셰익스피어 연구의 대가라는 이 분은 괴팍하다는 소문을 들었지만 실제로는 더 후덜덜! 예상보다 글도 별로였지만 가장 기본적인 룰인 원고량의 제한조차 지키지 않았다. 청탁 분량을 넘는 글을 쓰셔서 지면 제약으로 인해 약간 들어낼 수밖에 없다고 양해를 구했다. 그런데 막상 신문이 나온 뒤 천장이 무너지도록 호통을 치더니 편집간사 선배에게도 욕을 바가지로 퍼부었다. 지도교수까지 들먹이자 나는 "정 그러시면 다음부터 안 쓰셔도 됩니다!"라고 쏘아붙였다. 나의 당돌함에 기가 막혔는지 더 이상 아무 말도 않은 여 모 교수님은 그 다음부터 집필을 중단했다. 편집실 사람들은 '잘 했어!'라는 말로 전우애를 보여주었다. 학생기자에 대한 그 교수님의 도가 지나친 분노 폭발은 '지성'에 대한 회의감을 증폭시켰다.

한편 글 청탁 하나는 잘 한다는 말을 들었던 나는 좋은 '선생님'들도 많이 접했다. 경영학과의 유세환 선생님은 원고를 받으러 갈 때마다 비서를 불러 음료와 과자를 가져오게 했다. 언제나 웃는 얼굴로 이름 대신 '아가'라고 불러주시는 게 민망했지만 넉넉한 인품은 지금도 감사하게 기억한다. 졸업을 앞두고는 신문사를 그만둔 지 오래된 나를 불러 대 그룹 회장실에서 비서 채용 요청이 왔으니 며칠 후부터 출근하라고 하셨지만 나는 단칼에 '싫다'고 했다.

가장 인격적인 교수로 기억하는 분은 법대의 유병화 선생님이다. 외교관에서 교수로 전업한 젊은 선생님은 학문에 대한 순정과 학생들에 대한 애정이 남달랐다. 원고료 독촉 전화를 하는 교수들도 봤지만, 이 분은 원고료를 용돈으로 쓰라고 돌려주셨다. 물론, 받지 않았다. 하루는 선생님의 조교가 찾아와 선생님이 원고료를 자기한테 주면서 수고 많은 나에게 밥이나 차를 사주라고 했다며 어두컴컴한 경양식집 '준마'로 데려갔다. 법학과 대학원생과는 할 말이 없어 몸이 꼬이다가 살짝 의심과 확신을 했다. 선생님이 조교와 나를 자연스럽게 엮어주려 하는 교묘한 작전 같다는. 홍보관 앞에서 잠복근무를 하다가 우연한 만남을 가장하며 몇 번 밥을 사주었던 그 어설펐던 조교는 지금 교수로 있다.

마지막 편집회의, 아름다운 밤이었어요

이쯤에서 자아비판 겸 변명을 해야겠다. 이제는 꽤나 흐물흐물해졌지만 그때는 심하게 살벌한 선배였(다고 한)다. 평소에는 철딱서니 없는 캐릭터인데 발행된 신문을 평가하는 편집회의에서는 편집실 공기를 냉각시키는 주역이었다고 한다. 한 소심한 후배는 자기 칼럼이 10분은 족히 지적질 당하는 굴욕을 당했다고 지금도 궁시렁 거린다. 그런데, 나는 정말 기억이 안 난다. 그 정도의 만행은 기억도 안 나는 애교였을 뿐, 나의 '모두까기' 화력은 그야말로 무지막지했기 때문이다.

제법 싹수가 보인다는 선배들의 쑥덕임에 기고만장했던 한 후배는 슬쩍 나를 불러내더니 "누나는 왜 나를 그렇게 못마땅하게 생각해요? 나는 열심히 하고 있다고요!"라고 펀치를 날렸다. 순간 훅 들어오는구나 싶었지만 공주('공포의 주딩이'라

　　　황보경

고 불리기도 했다)의 워딩으로 입을 막았다. 아니 기를 꽉 죽여 버렸다. "너는 너무 건방져. 고대신문은 학교라는 안정적인 독자를 확보하고 있는 무지 편한 신문인 거 알지? 고정 독자가 1만 명은 되는데 너는 처음보다 나아진 게 하나도 없더라. 네가 팔아먹어야 하는 신문을 만들면 독자가 얼마나 될 거 같니? 네가 쓴 글들을 한번 잘 읽어봐. 그래도 모르면 넌 기자 자격 없는 놈이야!"

절대로 후배를 아끼는 심정에서 나온 말이 아니었다. 갸륵한 너그러움은 전혀 없었다. 다만 선배들이 기막히게 만들었던 신문에 비해 우리가 너무 후지면 안 된다는 강박의 발로였다. 창간부터 50년대 선배들의 글은 학생들의 것이라고는 믿을 수 없는 지사적 열정과 품위를 보여주었다. 60, 70년대의 기획 기사와 칼럼들은 지성과 야성을 표방하는 고대정신을 고스란히 증명했다. 이는 다른 대학 '학보' 기자들도 이의를 제기하지 못하는 진실이다!

중편소설 분량은 족히 될 만한, 1년 반의 편집실에서의 나날을 마감하는 편집회의에서 농담 아니면 독설로 일관하던 나답지 않게 무의식에서 나온 애드리브를 날리고 말았다. "잘 한 거 하나 없이 잘난 척만 한 나를 '사랑해준' 고대신문의 사람들을 잊지 않겠습니다!" 진심이 느껴지는 긴 박수를 받으며 고대신문에 대한 짝사랑을 끝내기로 결심했다. 후배 놈 몇몇은 뒤풀이 장소로 가는 길목에서 장난스럽게 "사랑해요 누나~" 하며 어깨를 껴안았다. 아, 아름다운 밤이었다.

졸업 후 발견한 고대신문에서 키운 정신적 근육

사학과 학생이 아니라 고대신문 기자로 살았던 나는 박완서의 '부끄러움을 가르칩니다'를 떠올리며 늘 스스로에게 부끄러움을 일깨우는 사람이 되고 싶었다. 그래서 고대신문에서 세운 '조용한 교양인' 되기의 준비를 시작했다. 고집 센 딸에게 법대 진학을 은근히 권했던 아버지에게 '역사 공부해서 글 쓸 거예요'라는 쏘아붙였던 공약을 지키고 싶었다. 아버지는 내가 4학년 때 돌아가셨다. 취직해서 경제적 독립을 하려는 마음이 전혀 없는 딸을 무조건 지지해준 엄마 덕분에 일단 석사를 하면서 전공 무식자에서 벗어나기로 했다. 그래서 곁눈질하지 않고 공부만 할 수 있는 환경을 찾다가 대만 유학을 선택했다.

중국사는 울고 들어갔다 울고 나오는 전공이라는 말에 삐딱선 기질이 발동했다. 홍콩영화, 고우영의 중국 고전 소재 만화, 무협지의 순으로 중국을 기웃거렸던 취향과 근대 이후 공산혁명까지 근대 중국의 '파란만장'에 대한 호기심이 무모한 도전을 하게 만든 것이다. 문제는 유학이라는 칼을 빼들었지만 1학년 때 배운 '교양 중국어'와 몇 달간 설렁설렁 익힌 생활 중국어를 싸들고 비행기를 탄 것이다. 학교는 도올 김용옥 선생이 팡둥메이(方東美)라는 중국철학의 대가를 사사한 곳이라고 대대적인 선전을 해서 유명세를 탔던 국립대만대학. 운 좋게 대만 최고의 학부에 입학했지만 무려 4년간 석사를 하면서 매일매일 눈물에 밥을 말아먹었다. 다른 분야도 아닌 중'국학'을, 그들의 기초 상식을 '지식'으로 공부하려니 자유낙하하고 싶은 순간이 셀 수 없이 많았다. 자살 충동의 '총량 법칙'을 다 채운 덕분에 그 후로 자살은 꿈도 꾸지 않는 낙천 체질이 되었다.

외국 학생으로서의 갖가지 어려움을 견디게 한 근육은 절대적으로 고대신문에서 만들어졌다. 근육의 정체는 책임감과 자신감이었다. 책임감은 '하늘이 두 쪽 나도 신문은 나와야 한다'는 미션 수행에서 얻었다. 자신감은 '글은 시작만 하면 끝내진다'는 경험치의 산물이었다. 이 두 가지 병기로 머리에 쥐가 나는 페이퍼를 써냈고, 졸업시험과 논문을 통과했다.

박사 과정은 이런저런 사정으로 하지 않았지만 아쉬움은 없다. 내 지향은 교양인이지 지성인의 자격증이라는 박사'쯤'을 따는 게 아니었기 때문이다. 한국에 돌아와 통번역대학원 석사

황보경

과정을 마쳤고, 통역과 번역, 10여 년의 대학 시간강사라는 세 가지 일을 했다. 지금의 밥벌이는 번역이다.

통역과 번역을 생업으로 하는 것이 의외라는 말을 많이 들었다. 조직에 속하지 않아 '월급' 없이 사는 것이 녹녹하지는 않다. 매번 다른 주제의 통역과 번역을 하고, 다음 달에는 일 하나 들어오지 않을지 몰라 통장 잔액을 확인해야 하는 프리랜서는 자유와 불안을 실감하는 사우나 같다. 하지만 쏠쏠한 재미가 있다. 어떤 주제라도 소화하기 위해 해야 하는 공부는 끔찍하다가도 즐겁다. 그리고 '교양 있는 딸'이 되기를 바랐던 아버지에게 이렇게라도 대속한다는 위안도 해본다.

그래도, 이래서 고대신문!

지성은 '척'이 가능하지만 교양은 연출이 아닌, 그저 우러나는 태도와 향기일 것이다. 이는 '지성의 전당'이라는 대학 속의 다양한 사람들을 만나고 겪게 하는 기회를 준 고대신문에서 깨달았다. 그래서 고대신문과 그 속의 사람들이 고맙다. 그중 대표라고 말해줘야 할(아니면 삐칠) 한 사람이 있다. 고대신문 동인들로 나의 소소한 팬덤을 형성하는 데 혁혁한 기여를 해 준 동기 이용백 동인. 생색 잘 내는 그답지 않게 최근 2년간 나에게 알게 모르게 에너지를 공급해주었다. (문학성이 아직까지도 발견되지 않았지만) 언젠가 시인이 되고 싶다는 이 친구가 재롱스럽게 나에게 헌정한 시 '우리 보경이!'는 고대신문에서 내가 얻은 총자산이자 감동적인 결론이다. 달리 말하면, 마지막 편집회의에서 내가 쏘아 올렸던 작은 공이 허공에서 떠돌다 32년 만에 내 가슴으로 들어온 감동의 절창이다.

보경이가 암이란다, 그것도 담도암이란다.
주변머리 없는 것이 암씩이나 걸렸단다.
담도암이라니.

간담이 서늘해진다는 그 담인가?
입원실에 누워 카톡을 하는 여자,
입만 열면 인문학이 줄줄 나오는 여자!
몸무게만 빠졌을 뿐, 어렸을 적 고대로다.
농담도 고대로, 삐침도 고대로다.
그러고 보니, 대학도 고대를 나왔다.
동기들에게 잔소리가 많았지, 그녀!
아는 게 많아, 지나치기 어려웠다는 건, 핑계.
며칠 전 보경이가 수술로 담도를 잃었다.
완쾌는 됐으려나,
아직 얼굴은 못 봤지만
카톡이 왕성한 걸로 봐서는
식욕이 없다니까
먹는 게 부실도 하겠건만
위로시를 써 보내라는 둥
소싯적 그대로, 이래라 저래라.
그렇지, 이래야 보경이지.
그래야 황보경이지.
담도를 버렸으니 거칠 것도 없어라.
쾌차를 바라는 수없는 이들이 뒤에 섰다.
이제, 더 담대히 나아가라, 황보경

후배 양성동 동인이 야구 기자로서 3천 게임 이상을 보고 얻은 결론이 "야구에서 승리의 비결이 있다면 딱 하나예요. 끝까지 버티는 팀이 이겨요!"란다. '씹다버린 껌' 같지만 무시무시한 성실함의 무게가 느껴지기에 뭉클하다.
고대신문, 종이신문이 종말을 고할 때까지 끝내 버텨라!

황보경

'서울의 봄', 3중고의 청춘이 그립다

황호곤

중문 79 | 대한체육회
100주년 기념사업부장

1.

오랜만에 37년 전 고대신문에 발을 들여놓았던 때를 되돌아
봤다. 지금에서야 먼 과거의 일이고 다시 그 때로 되돌아 갈 수
없다는 생각에 조금은 동경하면서 회상할 수 있지만 그 당시
'긴조세대(긴급조치 세대)'의 막내인 79학번들은 재수 또는 삼
수, 예비고사, 본고사라는 관문을 넘어 꿈에 그리던 석탑의 문
안에 들어섰어도 그 흔한 신입생 환영회도 없었고 누구하나 반
기는 이 없는 그저 그런 대학 신입생이었던 것으로 기억한다.

여기에 어문1반, 어문2반으로 나눠 학사가 관리되던 문과대
어문계열, 난해하고 지루한 정관사(the), 부정관사(a) 강의가
2~3시간씩 이어지는 교양영어 수업은 고교 3년의 연장과 다
름없었다. 다만, 한 주간의 강의를 하루 3시간 연속으로 진행
하며 3학점을 부여하는 교양세미나 정도가 대학입학의 색다른
맛을 느끼게 해줄 뿐이었다. 이처럼 1979년 봄, 여름의 석탑 교
정은 마치 구름이 잔뜩 끼었으나 비는 오지 않는 희멀건 잿빛
하늘과 같았다. 입학 후 한참을 지나 그 이유가 당시 대학사회
는 물론 우리 사회 전반을 짓누르고 있던 '긴급조치 9호' 라는
비상한 조치 때문으로 이해하였다.

입학과 함께 그 지긋지긋한 입시지옥을 벗어나 꿈에 그리던

대학생활을 학수고대하던 당시 대학 새내기들은 그야말로 갈 팡질팡 그 자체였다. 열정적으로 후배 새내기들을 끌어들이려는 동아리 선전도 없었던 것 같고 다정하게 대학생활을 소개하는 친절한 고교 선배들을 만나기도 힘들었다. 가끔씩 수업에 들어가려는 새내기들을 붙잡고 가입을 권유하는 종교서클을 제외하고는. 대신 우리 79학번들은 각자도생 방식으로 어떤 동기는 당시 '언더'로 불렸던 이념서클로, 어떤 동기는 오락서클로, 또 종교서클로 뿔뿔이 흩어졌고 나는 교내에서 동기들과 독서토론을 하는 한편 교외서클인 '대학산악회' 활동을 하면서 1학년을 보냈다. 그러면서 마음 한편으로는 이렇게 대학생활을 하다가는 아쉬움이 클 거라는 걱정에 군 입대를 하고 다시 생각해 봐야 하는 거 아닌가하는 고민을 심각하게 하던 차에 고대신문 신입기자 모집공고를 접하게 되었다.

2.

종종 나의 대학시절을 되돌아볼 때마다 우리나라 근현대사에서 가장 치열했던 시기로 평가되는 1980년에 고대신문 기자로 활동했다는 사실에 한편으로 고무되고 또 한편으로 낙담할 때가 있다. 그 중요한 시기에 과연 제 역할을 했는지에 대한 자괴감과, 주어진 여건에서 대학생의 시선으로 역사적 현장을 충실히 증언했다는 자부심이 매번 충돌하곤 한다. 문과대 출신이라 그런대로 원고지를 메울 수 있고, 평균 이상의 독서량을 갖고 있을 거라는 막연한 자신감을 갖고 시작한 나의 고대신문 기자생활은 처음부터 빗나갔다. 여기에 2학년에 들어가면서 본격적으로 시작된 중국어 전공과목과 맞물려 수업과 기자생활의 병행, 군 입대 문제까지 더해져 나는 고대신문 기자생활 내내 3중고에 시달렸다.

1980년 초부터 시작된 소위 '서울의 봄'은 우리사회와 대학가를 휩쓸었고 그 중심에 고대신문이 있었던 것으로 생각된다.

황호곤

우리는 1980년 수습 시작과 동시에 불어닥친 대학민주화 현장을 지켜야했고, 고대신문이 대학민주화를 흐름을 주도해야 한다는 당시 이심전심으로 전해진 편집국의 분위기로 인해 참신한 기획보도 아이템 선정에 애를 먹었다. 3월 개학과 함께 전개된 총학생회 직선제 부활 등 다양한 학내민주화 투쟁 열기를 제대로 담아내느라 힘겨워했고 거의 매일 이어지는 민주화시위 열기에 동참하느라 학과수업에 출석하지 못하는 일이 점점 잦아졌다. 특히 3월부터 시작된 총학생회의 민주화 요구 교외 시위 상황을 어떻게 다루느냐로 많은 논쟁이 오갔던 것으로 기억한다.

'안개 정국', '서울의 봄'으로 기억하는 1980년 우리나라 대학가의 민주화 열기를 고려대가 주도했고 바로 그 중심에 고대신문이 자리했다. 당시 선배들로부터 고대신문의 논조와 기획이 대학언론 전체의 흐름을 좌우한다는 말을 기사 한 줄 작성하고 특집을 기획할 때마다 수도 없이 들었다. 어떤 때는 원고지 한 장를 메우지 못해 몇 시간동안 7, 8차례의 소위 '빽(back)'을 맞아 다시 쓰기를 반복했다. 특집 아이템을 작성하기 위해 중앙도서관과 이공대도서관을 돌아다니고 그 시기 소위 감각이 있다는 학과의 교수들을 찾아가 아이디어를 구했던 기억이 새롭다.

그러는 사이 고대를 포함해 전국의 대학가는 민주화의 열기 속으로 빠져들어 갔고, 고대신문도 점점 교외활동을 중시하는 쪽으로 편집방향을 옮겨갔다. 문과대 어문학과 소속인지라 1979년 말부터 영문과, 불문과, 독문과 동기들이 번역해 전해주는 외신소식, 여기에 막 대학으로 돌아온 복학생들의 주장과 그때까지 익명으로만 나돌았던 국내 주요 재야인사들의 움직임까지 더해져 고대신문은 어느덧 내 생활의 중심으로 옮겨와 있었고 전공 학과 공부는 뒷전으로 밀린 지 오래였다.

수습기자들은 신문제작에 열중하는 한편 학교 축제 기간 중

고대신문이 선보이는 시대극 '역사상 인물 가상재판' 대본을 준비하고 연기 연습할 짬을 내야했고, 점점 빈번해지는 교외 시위를 외면할 수도 없었다. 고대신문의 '역사상 인물 가상재판'은 시국 악화로 중간에 무산됐다. 결국 1980년 5월의 우리나라와 대학가를 가장 사실에 가깝게 증언한 고대신문은 전국으로 확대된 비상계엄령에 따른 폐교 조치와 함께 발행을 중지해야 했고, 학생기자들은 그해 8~9월 개교까지 학교 앞과 시내를 전전해야만 했다.

개교와 동시에 외견상 전반적인 학사일정은 정상화되었으나 불과 3~4개월 전의 석탑과 대학가의 분위기는 아니었다. 1979년 긴급조치 이전으로 완전히 돌아가 버렸고 그 분위기는 1979년 때보다 더 위압적이었다. 특히 전라남도의 중소도시 순천시에서 고교를 나온 나는 그 당시 광주 소재의 대학으로 진학한 많은 고교 동기생들로부터 그해 '5월의 광주' 이야기를 전해 듣고는 8월 이후 거의 매주 신문사 동료, 고교 동창들이나 선배들을 만나 학교 앞 막걸리 집에서 울분을 토했던 기억이 생생하다.

1980년 말에서 1981년 초의 대학가는 '80년 광주'의 후유증과 이에 따른 짙은 두려움에 둘러싸인 채 겉으로는 각자 자기의 일에 열중하면서 그럭저럭 흘러갔던 것 같다. 모두들 1980년 초의 열정을 찾아볼 수 없었고 하나둘씩 군에 입대하거나 고시준비에 들어가는 동기들이 많았다. 나도 이제는 고대신문에서 벗어나 그동안 미뤄뒀던 군 복무를 마치고 학과공부에 전념해야겠다는 생각으로 시기를 엿보고 있었다. 하지만 결정을 못하고 머뭇거리는 사이에 많은 선배, 동료, 후배들이 신문사를 그만두는 일이 일어났고 그 상황에서 나까지 그만두었다가는 비난을 받을 처지가 되었다. 일부 선배들이나 동기들은 은근히 내가 좀 더 남아서 선, 후배간의 연결을 원활히 해주었으면 하는 눈치였다. 나 또한 당장 고대신문을 그만두고 군 입

황호곤

대를 하지 못할 경우 미뤄뒀던 전공수업을 이수해야 하는데 솔직히 전공수업을 따라갈 준비가 되어있지 않았다. 차선으로 군 입대 후 복학을 염두에 두고 우선 입대할 수 있는 방법을 알아보았으나 휴학 후 군 입대를 기다리는 동기, 후배들이 수두룩했다. 그러는 사이 등록 마감이 다가와 떠밀리다시피 새로운 학기를 맞으면서 고대신문에서 맡은 역할은 더욱 커져 있었다.

신문을 만들면서도 전공 수업은 빠지지 말자고 굳게 마음을 먹었지만 지켜내기가 만만치 않았다. 그렇게 학기가 지날수록 전공에 대한 이해도는 점점 떨어져 걱정 또한 커져만 갔다. 1981년 말의 대학가 또한 심한 무기력감에 빠져 있었고 이를 타개할 유일한 수단이기도 했던 고대신문도 뾰족한 방법을 찾지 못한 채 현상 유지에 급급한 처지였다. 나에게는 대학시절을 통틀어 이때가 가장 고민이 많았던 것으로 생각된다. 대학 3학년으로 진지하게 향후 진로를 고만해야 했고 여기에 전공에 대한 걱정, 그러면서 매주 눈앞에 닥쳐오는 신문 제작에 온 신경을 쏟으면서 힘들게 신문사 생활을 이어갔다.

3.

겨우겨우 140학점을 이수하고 졸업과 동시에 대한체육회라는 곳에 직장을 얻었다. 일반에 생소하고 잘 알려지지도 않은 정부 산하단체의 하나다. 당시 이곳에 입사하기로 결심한 것은 곧 다가올 1988년 제24회 서울올림픽대회를 준비하는 주관 단체라는 것과 정부 기관의 하나라 시간적 여유가 많을 거라는 생각에서였다. 국내에서 처음 개최되는 올림픽대회에 내가 직접 참여할 수 있다는 사실이 흥미를 끌었고 올림픽을 마치고 다른 직장을 알아보더라도 그 기간은 충분히 의미 있을 거라는 생각을 많이 했다.

이런 기대는 순진했고 오래가지도 못했다. 나도 당시 올림픽 준비에 참여는 했지만 보조적인 업무에 그쳤고 입사하기 전에 생각한 것처럼 개인시간도 그리 많은 편이 아니었다. 마음속으로 생각했던 민간 영역으로 옮겨서 다시 다른 일을 해 보겠다는 생각도 이루지 못하고 오히려 이곳에서 정년을 맞이하게 되었다. 30년이 넘게 한 곳에서만 직장생활을 한 셈이다.

내가 한평생을 바쳐 종사한 체육행정은 몇 가지를 제외하고는 일반 행정 업무와 비슷하다. 다만, 우리국민 전체나 전 세계를 대상으로 하고 규모가 많게는 수만에서 수천, 수백에 이를 정도로 참가인원이 많아 사전 준비와 운영에 시간과 힘이 많이 든다는 것이다. 여기에 어느 정도 성과를 내기까지에는 많은 비용과 투자가 뒤따라야 한다는 특징이 있다. 예를 들어 올림픽대회나 세계선수권대회, 아시안게임에 참가하여 우수한 성적으로 금메달 등 상위 입상하기 위해서는 미리 우수한 선수와 지도자를 육성하고 기량을 높여야만 하므로 오랜 시간을 정성을 들여야 한다는 말이기도 하다.

공공이든 민간 부문이든 모든 일에는 성과가 필수적이지만 내가 맡은 이런 업무는 여러 사람, 분야의 이해관계를 잘 조정하는 일이 중요했고, 되도록이면 많은 사람들에게 고루 혜택이 돌아가도록 공공성을 높여서 일을 처리하는 것이 더 좋은 평가를 받았다. 이런 환경에 잘 적응하기 위해서는 적극적으로 아이디어를 내고 능동적인 태도를 갖는 것이 필요했으며 많은 사람들을 만나 서로 소통하는 자세가 어느 능력보다 효력을 발휘할 때가 많았다.

그래서인지 고대신문 때문이라고 특정할 수는 없지만 고려대학교와 고대신문을 경험하면서 들어 왔던 많은 사람들과의 대화나 자료들의 비교 검토를 통한 의견 제시, 최대한의 공통사항이나 바람에 접근하려는 자세는 내가 이 분야에서 한평생 일을 해나가는 데 큰 도움이 되었다. 여기에 외국어나 국제화에 대해서 다른 사람들보다는 조금 일찍 중요성을 의식하고 좀 더 노력을 기울이게 했다는 점도 빼놓을 수 없을 것 같다.

　　　　황호곤

사회생활을 하면서 줄곧 든 생각은 직장이든 가정이든 우리의 삶에 정해진 답은 없는 것이 아닌가 하는 것이다. 시간이 지나고 장소와 세대가 달라지면서 과거에 정답이었던 것이 어느 순간 오류가 되고 과거에 찾지 못했던 것을 오늘날 누구나 쉽게 찾게 되면서 이런 생각을 점점 많이 하곤 한다. 생각해 보면 예전이나 지금이나 중요한 것은 마음가짐이나 삶의 태도가 아닐까 한다.

특히 내가 일하는 정부 산하 기관이나 정부 기관, 유관 기관에서는 이런 자세나 소질로 인해 더 중요하고 좋은 결과를 얻을 때가 많았다. 다행히 79학번으로 입학한 우리들은 대학 졸업 학점이 대폭 줄어들고 단과대 사이의 교차 수업이 강화되는 실험대학이라는 독특하고 다양한 커리큘럼을 이수해야 했고 이외에 학내외 여러 활동들을 고루 경험했던 터라 보다 개방되고 포용적인 자세를 견지하려는 훈련을 많이 받아 알게 모르게 도움이 됐다. 특히 그 시대 고려대학교와 고대신문에 적을 두었던 것을 큰 행운이라 여기고 있다.

4.

나의 고대신문 기자시절을 한마디로 요약하면 처음부터 마지막까지 쫓기면서 지냈다는 것이 가장 먼저 떠오른다. 이유는 어제의 교과 수업을 바탕으로 오늘의 수업이 이뤄지는 어문학과의 특성상 두 가지를 병행해야 하는 개인 역량에 따른 것이기는 하지만 좀 더 설명하자면 고교 시절 제2외국어로 독어를 했고 대학 1학년 탐색과목으로 영어와 러시아어를 택했던 내가 정작 처음 접하는 중어중문학을 전공과목으로 정하고 대학 공부의 색다른 재미를 느껴보려는 시기와 동시에 고대신문 입사를 결심하고 또 다른 대학생활을 시작한 나의 무모함에 있을지도 모른다. 지금 그 시기를 돌아보면 하루하루가 힘들었던 것으로 기억된다. 이런 처지로 인해 처음에는 6개월 정도 기자

생활을 한 후 학과 공부에 전념하려고 했다가 앞뒤 기수의 공백 등으로 다시 1년 뒤로 미뤄지고 결국 2년이라는 기간을 고대신문과 함께하는 영광(?)을 누리게 되었다. 어문계열에 적을 둔 학생으로서 상당히 긴 시간 동안 재직했다고 볼 수 있다. 이 자리를 빌려 그 시절 의지가 되고 너무나도 큰 도움을 받았던 78, 77학번 선배 동인들과 80, 81학번 후배 동인들에게 감사 인사를 전하고 싶다. 그동안 항상 마음속에 품고 있었지만 밖으로 드러낼 기회를 찾지 못해 편치 않았었다.

또한 고대신문 시절을 생각할 때마다 떠오르는 것은 왜 그때 좀 더 많이 고민하지 못했을까 하는 아쉬움이다. 혹독한 고교 시절과 재수를 거쳐 1979년 대학에 입학한 후 '긴급조치'라는 시대를 겪으면서 1년여를 허송세월한 나에게 고대신문의 기자 역할은 너무 준비되지 않았고 과분하지 않았나하는 생각을 떨쳐 버릴 수 없다. 그런 와중에도 더 많이 생각하고 의견을 나누고 주위의 조언을 받았다면 더 나은 고대신문을 만들지 않았을까 하는 생각을 자주 했다.

곰곰이 생각해 보면 나로 인해 고대신문의 위상이나 평판이 크게 높아진 것 같지는 않다. 이 점에 대해서는 내가 아니고 더 역량이 있는 다른 누군가가 있었더라면 하는 아쉬움이 있고 고대신문에 항상 미안함을 느끼고 있다. 그렇지만 한편으로는 고대신문의 자랑스러운 전통과 분위기를 선후배간에 자연스럽게 이어주는 징검다리 역할에 충실하자는 생각을 많이 했고 그 부분에서는 다소 위안을 얻기도 한다.

또 다른 위안도 있다. 고대니까 가능했겠지만 80년대 초반 당시 대학언론으로서는 파격적인 기획인 해외취재를 어느 대학보다 먼저 추진하여 우리 대학사회가 국제화에 관심을 갖게 하고 미리 준비해야 한다는 필요성을 역설한 점, 한편으로 우리사회에서 배제되고 소외된 삶, 계층 등에 대해 문제제기를 하

황호곤

면서 보다 진전되고 민주화된 제도의 도입과 개선을 촉구한 점 등이 함께 떠오른다.

그래도 고대신문과 함께한 나의 대학생활이 매우 그립다. 곧 40년이 되지만 그때의 방황, 좌절, 고민, 성취가 그 이후 나의 생활을 풍부하게 해주었고 더 많은 성취를 가져다주었으며 더 나은 삶을 위해 부단히 노력하게 만들었다고 자신 있게 말할 수 있다. 앞으로도 고대신문의 발전을 믿어 의심치 않는다.

고대신문 연혁

1947년 • 11월 3일, 고대신문 창간호 발행. 제호는 이상은 교수가 쓰고 정병환 선생이 도안한 것으로 지령 19호까지 유지되었다.

　　　　— 대학신문의 효시인 고대신문은 학생 서클인 여우회(麗友會) 회원들이 주축이 되어 1947년 11월 3일 '학생의 날'을 기념해 창간했다. 첫 호는 타블로이드 4면. 순간제(旬刊制)로 명시되어 있다. "국제정세의 전변(轉變)은 수수단예(袖手端倪)할 바가 못 되며 조국의 독립 역시 용이하지 않은 터이라, 비상한 시국에 처한 당금(當今)의 학도는 자기의 진로에 심각하고도 부단한 자기비판이 없을 수 없다."로 시작하는 창간사가 실렸다. 현상윤, 김성수, 유진오, 조지훈 등 낯익은 역사적 인물들이 축사 등을 기고했다. 교수, 학생의 소논문, 시론, 문예물을 실었다. '고대신문부 진용'이 소개되어 있는데, 창간 때부터 고문, 지도교수, 간사, 총무부, 편집부, 사업부 등으로 완벽한 조직을 갖추고 있었다. 조직체계에서뿐만 아니라 내용에서도 고대신문은 순수한 학생의 힘으로 창간됨으로써 대학신문 본연의 자율성과 독립성을 확보할 수 있었다.

1948년 • 3월, 학생 주간제 채택하고 초대 주간에 이순종 선임.
　　　　• 11월, 지도교수에 조지훈 임명. 2대 주간에 이용재 선임. '고대신문부'에서 '고대신문사'로 개칭. 창간 1주년 기념문

화제 명동 시민회관에서 개최.

1950년 · 3월 18일, 3대 주간에 윤주영 선임. 특대호 8면 발행(지령 13호).

1952년 · 2월 4일, 한국전쟁 중 대구 원대동 임시교사에서 속간호 15호 발행.

· 6월 6일, 지령 17호에 '석탑춘추' 첫 게재.
— '석탑춘추'는 고대신문의 대표적인 가십란으로 지금까지 이어지고 있다. 한때 '국장 칼럼'이라고도 불렸다. 고대의 상징인 '석탑(石塔)'과 역사서를 뜻하는 '춘추(春秋)'를 결합해 고려의 역사를 기록하겠다는 의지를 밝힌 이름이다.

· 7월 12일, 이상은이 집필한 "중화인민국과 원세개"(지령 18호)로 최초의 필화.
— 대학신문 최초의 필화사건을 낳은 이상은 교수의 "원세개와 중화민국". 이승만 대통령의 정치 행각을 원세개(위안스카이)에 빗대 비판했다. 필자인 이상은 교수와 당시 편집국장 서태일이 대구 경찰서에 연행되어 고초를 겪었다. 후에 검찰에서 불기소 처분을 받았다. 대구 피난 시절은 고대신문 수난의 시기이기도 했다.

· 10월 20일, 지령 20호부터는 서예가 배길기 선생이 쓴 제자에 석탑 빗무늬를 바탕으로 한 제호로 변경.

· 11월 5일, 지령 21호(1952년 11월 5일)에 실린 "문화재 해외반출" 관련 사설과 기사를 문제삼아 공보처 허가 후 발행할 것을 요구함. 이로 인해 대학신문 사상 최초로 무기정간 처분을 받는다.

1953년 · 2월 10일, 지령 25호부터 고대신보로 제호 변경되면서 총장 직속기구로 개편되고, 학생주간제도 폐지됨. 전임주간에 오주환 임명.

· 5월 1일, 이상은 친필로 제호 변경. 칼럼 '냉전(冷箭)' 게재.
— 고대신문의 대표적인 칼럼이며 최장수 칼럼인 '냉전(冷箭)'이 지령 26호(1953년 5월 1일)에 첫 게재가 된다. '냉전'의 문자 그대로의 뜻은 '차가운 화살'이지만 '숨어서 쏘는 화살'(느닷없는 공격)을 가리키는 단어다. 은유와 풍자를 통해 화살을 쏘듯 냉철한 글이라는 의미를 담아 이상은

교수가 중국 한 신문 단평란의 이름을 차용해 지었다. 일반적으로 날카롭고 비판적인 기사나 칼럼을 쓰는 사람을 '냉전자'라 부르기도 했다. 잘 안 쓰는 한갓말이라 고대신문 수습기자 입사 시험에 단골로 출제됐다.

- 12월 1일, 'GIVE US OUR CAMPUS' 영문 사설 게재.

1954년
- 3월, 학생 1인당 신문구독료 연간 500환씩 수령.
- 4월 30일, 지령 38호부터 대판 2면으로 판형 변경. 월 2회 발행에서 주간 발행으로 발행주기 변경.
- 7월 5일, 지령 47호에 최초 연재소설 "두 무덤"(현재훈. 철학과) 게재.
- 10월 14일, 지령 54호부터 대판 4면으로 증면 발행. 만평 '대학사회 만평' 첫 게재.

1955년
- 5월, 개교 50주년 기념 논문집 발간. 고대영화부와 「영광의 반세기」 기록 필름 공동 제작.
- 6월 20일, 첫 4칸 만화 '노고지리'(강선동 사학53) 연재 시작.
- 7월 11일, 지령 78호. "민주주의와 해방 10년" 기사가 문제가 되어 학교 당국과 마찰이 생김. 결국 신문은 학교당국에 의해 배포 금지.
- 9월, 지도위원제 신설. 구독회수권제 신설. 학생 필자에게 원고료 지급 확대.
- 9월 5일, 최초의 견습기자 모집 공고 게재. 첫 학생기자 공채시험은 10월 15일 실시.
  ― 모집인원은 약간 명으로 표시되어 있고 2, 3학년 재학생이 대상이었다. 시험과목은 영어, 논문, 구술시험(면접)이었다. 시험은 10월 15일 실시되었고 응시 인원은 정확히 알 수 없으나 합격자는 단 1명. 당시 2학년인 나규오(정치54) 동인이 그 주인공이다. 1955년 10월 24일자 신문에는 '나규오 군 입사'라는 합격자 발표 기사까지 실렸다.

1956년
- 4월 16일, 지령 100호 8면 특집호로 발행하면서 권두논문제 채택. 김충현 휘호로 제호 글자 변경.

1957년
- 11월 4일, 창간 10주년 12면 특집호 6,000부 발행. 창간 10주년기념 현상공모. 독자 300명 대상 고대신문 평가 설

문조사. 고대신문 동인회 창립. 초대 대표간사 윤주영(정치 47).

1959년 • 2월, 고대신문 광화문 분실 운영.

• 2월 28일, 지령 200호 발행. 지령 200호 기념 현상공모.

1960년 • 3월 26일, 1960년도 졸업생에게 전하는 사설 "낡은 사회에 신선한 피를 수혈하라"(지령 234호)가 학교의 사후검열 과정에서 과격한 용어가 수정, 삭제되었지만 독재정권에 대한 고대생들의 저항의식에 불을 댕기는 역할을 했다.

• 4월 2일, 신입생에게 주는 사설 "우리는 행동성이 결여된 기형적 지식인을 거부한다"(지령 235호)를 게재하여 4월 혁명의 기폭제가 됨.

• 4월 28일, '4월 혁명 사진전' 개최.

• 7월 2일, 지령 247호부터 '고대신보'에서 '고대신문'으로 제호 환원.
   — 제2공화국 이승만 정권의 탄압으로 지령 25호(1953년 2월 10일)부터 강제로 변경되었던 '고대신보'라는 제호가 지령 247호(1960년 7월 2일)부터 다시 '고대신문'으로 환원되었다. 4월 혁명의 성공으로 7년 5개월 만에 다시 찾은 이름이다.

• 12월 15일, 전국대학신문기자협회 부활 및 고대신문사 박찬세 편집국장 회장 피선.

1961년 • 6월, 본관 뒤 사무처 분실 2층으로부터 서관 3층으로 고대신문 편집실 이전.

1962년 • 3월 3일, 지령 300호 기념 특집대판 16면 발행. '고대신문 문학상' 제정, 전국 남녀 대학생 문예작품 현상모집.
   — '드라마의 마술사' '드라마 언어의 연금술사' '드라마의 마녀'로 불리는 극작가 김수현(국문 61). 높은 명성에도 불구하고 젊은 시절은 별로 알려진 바 없다. 제때에 학교를 졸업 못했다거나 일찍 낳은 딸을 홀로 키우느라 온갖 고생을 했다는 등의 설만 있다. 잘 알려지지 않은 사실 중 하나는 그의 첫 데뷔 작품이 고대신문을 통해 발표됐다는 것이다. 김수현 작가는 대학 2학년때 '밍크 코-트'라는 소설을 써서 고대신문 지령 300호 기념 문예작품 현상모집에 '김

윤경'(본명 김순옥)이라는 필명으로 응모해 가작으로 당선
됐다. '밍크 코-트'는 315호(1962년 8월 11일)부터 6회에
걸쳐 연재됐다. "어려웠던 시절 모든 현상문예에 응모를 했
었다"고 인터뷰에서 짧게 언급한 바 있다. 이 작품을 눈여
겨 본 어느 방송국 PD가 그를 드라마 작가로 발탁했다. 그
의 대학 동기인 서원호(국문 61) 동인의 증언.
- 3월 31일, 칼럼 '냉전'이 고정란으로 됨.
- 5월 5일, 제1회 석탑축전 맞아 '5월의 노래' 공모. 제1회 '역
  사상 인물 가상재판' 개최.
    — '역사상 인물 가상 재판'은 궤변과 풍자로 역사를 비판
  하고 오늘의 현실을 똑바로 인식하자는 의도로 기획한 현
  실풍자극. 고대신문 기자들이 직접 각본을 쓰고, 연출을 하
  고, 기자 전원이 출연하는 공연이었다.

1963년 • 5월 5일, 제2회 '역사상 인물 가상재판' 개최.
1964년 • 5월 5일, 제3회 '역사상 인물 가상재판' 개최.
      • 9월 7일, '한국대학신문기자협회' 창립 총회.
1965년 • 3월, 부주간제 신설. 초대 부주간에 박찬세 취임.
      • 5월 5일, 개교 60주년 기념 '60주년 기념 사진전' 개최. 제
        4회 '역사상 인물 가상재판' 개최.
1966년 • 5월 5일, 제5회 '역사상 인물 가상재판' 개최.
      • 5월, 학생처 게시판에 본사전용 속보판 설치.
      • 6월 10일, 경향신문사 주최 제1회 대학신문 콘테스트에서
        고대신문이 1위로 입상.
        — 경향신문사 주최 제1회 전국 대학신문 콘테스트에서
      고대신문이 우승했다. 오종식(당시 한국신문연구소장) 심
      사위원은 "고대신문은 학구적인 태도로써 문제점에 대해
      이론적·평론적으로 취급 보도했고, 대학사회에 관련된 생
      생한 기사로 활발한 보도기능이 돋보였다"라고 평했다. 심
      사 기준이 된 학구적인 면, 사회에 대한 지도성, 내용의 질
      적 수준, 보도적 기능, 편집기술 등에서 타 대학과 비교할
      수 없이 앞서가고 있는 고대신문이 우승을 차지한 것은 당
      연한 결과였다. 이 콘테스트는 단 1회로 끝났다. 아마 2회,
      3회 계속 열렸어도 우승자는 단 한 곳일 것이기 때문 아니

었을까.

1967년
- 5월 5일, 제6회 '역사상 인물 가상재판' 개최.
- 11월 3일, 창간 20주년 특집 12면 발행. 대학신문 최초로 1면 컬러 인쇄 단행. 창간 20주년 기념식. 동인회에서 고대신문사에 취재전용 승용차 기증(이양섭 동인). 창간 20주년 기념 현상문예 공모.

1968년
- 3월 25일, 지령 493호부터 매주 월요일 발간 체제로 전환.
- 3월, 고대신문 사용 한자 1,300자로 제한. 해외 거주 유학생, 교우, 교수들에게 고대신문 보내기 운동 실시.
- 5월 4일, 제7회 '역사상 인물 가상재판' 개최.
- 5월 13일, 지령 500호 특집 발행.
- 9월 2일, 홍보관 준공과 함께 고대신문 편집국과 주간실을 홍보관 2층으로 이전.

1969년
- 5월 5일, 제8회 '역사상 인물 가상재판' 개최.
- 11월, 고대신문 최초로 정기고연전 관련 호외 10만 부 발행. 서울 시내 각처에서 배포.

1970년
- 5월 5일, 제9회 '역사상 인물 가상재판' 개최.

1971년
- 5월 5일, 제10회 '역사상 인물 가상재판' 개최.

1972년
- 5월 5일, 제11회 '역사상 인물 가상재판' 유산.
- 11월, 창간 25주년 기념 고대신문 논설선 『민족과 대학』 발행.

1973년
- 5월, 역사상 인물 가상재판 대용으로 '석탑대왕 시상식' 개최.
- 11월, 대학신문 최초의 주 8면 정기발행 단행. 고대신문 전용 암실설치.

1974년
- 4월 3일, 고대신문 주최 제1회 학술대강연회 개최.
- 5월 5일, '역사상 인물 가상재판' 부활.
- 6월 18일, 4단 만화 '타이거' 200회 연재 마감.

1977년
- 5월 24일, 지령 780호부터 총 30회에 걸쳐 오주환의 "고대신문 30년" 게재.
- 11월 3일, 창간 30주년 기념 특집 18면 발행. 대학신문 사상 최초로 전국 대학생 대상 '회화. 서예 공모전' 개최.

1978년
- 3월 7일, 지령 800호 기념 12면 발행.

- 3월, 고대신문 동인회에서 장학금 조성운동 시작.
1979년 • 1월, 대학신문 최초 "세계 속의 고대인" 해외 특별취재 실시.
- 8월, "세계의 대학" 해외 취재 실시.
1980년 • 3월 20일, 사규개정 관련 고대신문 기자일동 명의의 성명서 발표.
- 9월, 중앙도서관 고대신문 마이크로 필름 제작 보관.
1981년 • 3월 2일, 칼럼 『냉전』 단행본으로 발간.
1982년 • 1월, "세계의 석학을 찾아서" 해외 취재 실시.
- 3월, 고대신문 동인장학회 정관 및 시행세칙 제정. 매학기 현역 기자들에게 장학금 전달.
1983년 • 5월 17일, CI작업 결과 지령 940호부터 고대신문 심벌마크 사용.
- 10월 31일, 창간 36주년 기념호에 '역사상 인물 가상재판' 지상 중계.
1984년 • 7월 9일, 지령 974호부터 전면 가로쓰기 단행.
- 10월 27일, 제16회 '역사상 인물 가상재판' 부활.
1985년 • 6월, 고대신문 축쇄판 1권에서 10권까지 발행(이후 2002년 5월까지 총 19권 발행).
- 6월 30일, 지령 1000호 발행.
- 7월, "유럽의 대학" 해외 취재.
- 7월 14일, 홍보관 3층 고대신문사 자료실 화재로 보관자료 전소.
- 10월, 제17회 '역사상 인물 가상재판' 개최.
1986년 • 10월, 제18회 '역사상 인물 가상재판' 개최.
1987년 • 3월, '안암골 게시판' 신설.
- 5월 25일, 지령 1051호 배포 금지와 이에 대한 항의활동 전개.
  ― 1051호는 "고 박종철군 고문 치사 조작을 보는 대학인의 목소리" 1면 게재로 당국으로부터 배포 금지를 당했다. 이와 관련하여 '검열제 철폐와 언론자유 쟁취를 위한 고대인의 서명운동'(5월27일~5월29일)을 펼쳐 총 8,211명의 서명 참여를 이끌어냈다. 배포 금지된 신문은 일반적으로

결호 처리, 즉 발행되지 않은 것으로 처리해왔으나 1051호
는 달랐다. 배포되지 않았지만 발행된 신문으로 살아 있게
만든 것이다. 당국의 검열에 강력히 항의하는 의미였다. 이
후 고대신문은 어떤 검열도 받지 않았다. 결국 1051호의 배
포 금지는 당국과 학교에 의한 검열을 철폐하는 결과를 낳
았다.

- 10월, 제19회 '역사상 인물 가상재판' 개최.
- 11월 2일, 창간 40주년 기념 특집 20면 발행. 창간 40주년
  기념 사진집 『고대학생운동사 1905-1985』 발간.
- 11월 29일, 전국대학신문기자연합 출범. 출범식 고려대에
  서 열림.

1988년
- 5월, 고대신문 편집스타일북 『신문을 어떻게 만들 것인가』
  발간.
- 5월 5일, 제20회 '역사상 인물 가상재판' 개최 (이후 가상
  재판은 열리지 않음).

1989년
- 8월, 광고계약 문제로 발행 중단.
- 11월 18일, 고대신문 재발행.

1990년
- 2월, 활판인쇄에서 옵셋 인쇄로 제작 방식 전환.
- 5월 5일, 편집권 관련 분쟁으로 9월3일 까지 발행 중단.
- 9월 3일, 지령 1119호부터 신문발행 재개. 12면 체제에서
  8면 축소 발행.

1991년
- 8월 12일, 보도면이 2,3면으로 옮겨짐.
- 9월, 학점제한 규정 대두. 일부 기자 퇴직. 내부문제로 4주
  간 발행 중단.

1992년
- 5월 11일, 지령 1151호부터 고대신문 속간.
- 8월, 신문제작용 컴퓨터 도입, 원고 입력에 사용.
- 9월 19일, 고대신문 주관 KBS관현악단 연주회 개최.
- 9월 28일, 취업특집 호외 발행 시작.

1993년
- 11월 5일, 컴퓨터통신 Hitel '석탑동호회' 내에 '고대신문
  열린마당' 개설.

1994년
- 3월, 1987년 3월부터 게재된 '안암골 게시판' 폐지.

1995년
- 8월 28일, 1면을 주제탐구형으로 전환하는 등 편집 일대
  혁신. 권두논문제 폐지. 고대신문 제호를 가로 일자형에서

정사각형 스타일로 변경. 고대신문 내에 자체 조판용 컴퓨터 도입.

1996년 · 7월, 『냉전 2』『탁류세평』『고대신문 사설선』 등 고대신문 총서 3종 발간.

1997년 · 1월, "세계의 고대인" 기획 1차 해외 취재(영국. 프랑스. 독일).

· 3월, 고대신문 창간 50주년 기념 엠블렘 제작.

· 5월 12일, 지령 1291호부터 표지면 컬러판으로 제작.

· 5월 15일, 고대신문 인터넷 홈페이지 개설.

· 6월, 고대신문 최초의 여성 편집국장 최미랑 취임. 고대신문 축쇄판 14, 15, 16권 발간.

· 7월, "세계의 고대인" 기획 2, 3차 해외 취재(캐나다, 미국, 일본, 호주, 피지, 케냐).

· 10월 20일, 취업특집 호외로 발행.

· 11월 3일, 창간 50주년 기념 특집호 발행(1303호). 창간 50주년 기념행사 성료. 대학언론 세미나 '대학언론을 생각한다' 개최. 고대신문 선정 '자랑스러운 고대언론인' 메달 수여.

· 11월, 고대신문 총서 해외 취재 기사 모음집 『지축박차 천지혼들』 발간.

1998년 · 3월, 『고대신문 50년지』 발간.

· 7월, '고대신문 동인회보' 창간 (2007년 10월 현재 통권 21호 발간).

2000년 · 3월 31일, 인터넷 홈페이지 리뉴얼. 신문의 독자적인 컨텐츠 제공. 디자인 개선, 검색, 커뮤니티.

2002년 · 5월, 고대신문 축쇄판 17, 18, 19권 발간.

· 5월 27일, 지령 1429호부터 지면 리뉴얼. 정사각형 제호를 일자형 제호로 변경. 인터넷 신문 리뉴얼.

2003년 · 9월 1일, 고대신문 1면에 보도면 배치.

· 9월, 인터넷 고대신문 전면 개편 후 새로운 사이트 오픈. kunews.korea.ac.kr을 www.kunews.ac.kr로 주소 변경. 인터넷뉴스레터 서비스 실시.

2004년 · 1월, 주제탐구 폐지. 시사, 기획, 특집 등 면제목 부활.

- 5월, 인터넷 기자 대상으로 학번무관으로 선발.
- 8월 30일, 서창 보도면을 3면에 분리 신설.
- 11월, 웹진 쿠키(www.kukey.com) 오픈.

2005년
- 3월 7일, 지령 1500호 32면 발행.

2006년
- 9월 27일, 수습기자 전 학년 대상 선발.
- 9월, 인터넷 고대신문(www.kunews.ac.kr)과 웹진쿠키(www.kukey.com) 통합. 새로운 쿠키 로고 적용.

2007년
- 7월 30일, 고대신문 지면 리뉴얼. 활자 변경 및 행간 조정.
- 11월 2일, 고대신문 창간 60주년 기념식. 기념특별전 '지축 박차 천지혼들' 고려대 박물관에서 12월 30일까지 전시.
- 11월 5일, 고대신문 창간 60주년 기념 특집호(지령 1572호) 36면 발행.

2008년
- 11월 17일, 지령 1600호 16면 발행.

2009년
- 2월, 고대신문사 로고 및 시그니처 개정.

2010년
- 2월, 1차 미주횡단 취재.
- 7월, 2차 미주횡단 취재.

2011년
- 2월, 기존의 대판 판형에서 현재의 베를리너 판형으로 변경.
- 7월, 페이스북 페이지 개설(www.facebook.com/ku-news1947).

2012년
- 6월 11일, 지령 1700호 28면 발행.
- 12월 3일, 18대 대선특집호 1713호 28면 발행.

2014년
- 12월, 중앙일보 올해의 대학신문상 사진부문 우수상.

2015년
- 12월, 중앙일보 올해의 대학신문상 기사부문 최우수상.

2016년
- 1월, 『시사IN』 대학기자상 사회취재보도상.
- 5월 2일, 지령 1800호 28면 발행.
- 5월, 제1회 KU아이디어 축제 '지성발광' 개최.
- 7월, 고대신문 홈페이지 리뉴얼, 메인주소 변경(www.ku-news.ac.kr)

2017년
- 11월 3일, 고대신문 창간 70주년 기념식. 기념 동인 문집 『우리는 기자였다』 발간. 38대를 이어간 1,500여 편의 연재 만화를 모두 모은 『고대신문 연재만화 전집: 네 칸에 담아 낸 시대정신』 발간.

고대신문 창간 70주년 기념 동인 문집 편집위원회
위원장 정재숙 편집위원 정병규 강무성 이주현 김진국 박상욱

우리는 기자였다

고대신문 창간 70주년 기념 문집

초판 1쇄 인쇄일 2017년 10월 25일 • 초판 1쇄 발행일 2017년 11월 3일
지은이 고대신문동인회
디자인 정병규 강무성

펴낸곳 (주)도서출판 예문 • 펴낸이 이주현
등록번호 제307-2009-48호 • 등록일 1995년 3월 22일
전화 02-765-2306 • 팩스 02-765-9306 • 홈페이지 www.yemun.co.kr
주소 서울시 강북구 솔샘로 67길 62(코리아나빌딩) 9F

ⓒ 2017 고대신문동인회

ISBN 978-89-5659-338-8 03070